개정판

모든 기획자와 디자이너가 알아야 할
사람에 대한 100가지 사실

개정판

모든 기획자와 디자이너가 알아야 할
사람에 대한 100가지 사실

지은이 수잔 웨인쏀크 | 옮긴이 이재명, 이예나, 전이주
펴낸이 박찬규 | 엮은이 김윤래 | 표지디자인 Arowa & Arowana

펴낸곳 위키북스 | 전화 031-955-3658, 3659 | 팩스 031-955-3660
주소 경기도 파주시 문발로 115, 311호(파주출판도시, 세종출판벤처타운)

가격 25,000 | 페이지 312 | 책규격 175x235mm

1쇄 발행 2021년 11월 17일
2쇄 발행 2023년 07월 28일
ISBN 979-11-5839-276-5 (13000)

등록번호 제406-2006-000036호 | 등록일자 2006년 05월 19일
홈페이지 wikibook.co.kr | 전자우편 wikibook@wikibook.co.kr

모든 기획자와 디자이너가 알아야 할
사람에 대한 100가지 사실

Things Every Designer Needs to Know About People 2ED　개정판

수잔 웨인쉔크 지음
이재명, 이예나, 전이주 옮김

위키북스

감사의 말씀

이 책의 1판과 2판 개정판 작업은 물론, 그사이 집필한 다른 많은 책의 작업을 도와준 실력 있는 편집자 제프 라일리(Jeff Riley)에게 감사를 표합니다. 피어슨 출판사 직원분들에게도 표지 디자인과 그래픽, 레이아웃, 출판 및 배포 작업을 도와주고 훌륭히 마무리해준 것에 감사를 표합니다.

헌정사

이 책을 마일즈 슈월츠와 지네트 슈월츠에게 바칩니다. 이 책을 함께 나눌 수 있었다면 좋았을 텐데 하고 바라봅니다.

디자인의 심리학

웹사이트를 디자인하든, 앱이나 소프트웨어, 의료기기를 디자인하든 상관없이 사람들에 관해 많이 알수록 고객에게 더 나은 경험을 디자인할 수 있다.

고객의 경험은 디자이너가 고객에 대해 얼마나 알고 있느냐에 크게 좌우된다.

고객은 어떤 생각을 할까? 어떻게 결정할까? 클릭이든 구매든, 고객을 우리가 원하는 대로 행동하게 하는 것은 무엇일까? 이 책에서는 이런 내용을 다룰 것이다.

아울러 사람들의 시선을 사로잡는 것이 무엇이고, 사람들이 저지르는 실수의 종류와 실수를 저지르는 이유, 그리고 그 밖의 더 좋은 디자인 작업을 위해 알아둬야 할 사항도 배울 것이다.

필자가 대부분의 어려운 주제를 미리 파헤쳐 놨기에 여러분은 훨씬 쉽게 디자인 작업에 다가갈 수 있을 것이다. 필자는 연구하고 공부하는 것을 대단히 좋아하는 매우 이상한 유형의 인간이다. 그래서 나는 연구 자료를 읽고(어떨 때는 반복해서 읽고) 수백 권의 책과 연구 논문을 끊임없이 찾아서 읽는다. 그중에서 필자가 좋아하는 이론과 개념, 그리고 연구 자료를 골랐다. 그런 다음 수년간 인터페이스 디자인 실무에서 쌓은 경험과 연구 자료를 융합하는 작업을 진행했다. 그리고 마침내 고된 작업의 결과물로『모든 기획자와 디자이너가 알아야 할 사람에 대한 100가지 사실』이라는 책을 여러분 앞에 내놓게 되었다.

2판 개정판에 부쳐

1판을 내놓을 때 당연히 이 책이 인기를 얻어 많은 사람에게 두루 읽히기를 바랐다. 하지만 사람들이 책에 어떤 반응을 보일지는 예상하지 못했다. 놀랍고 감사하게도 많은 이들이 책에 대해 아주 긍정적인 반응을 보여줬다. 1판은 몇 가지 다른 언어로도 번역 · 출간되었고 많은 대학에서 교재로도 사용되었다. 책에 중요 표시를 하고 메모를 붙여 잘 활용하고 있는 모습을 보내주는 독자도 있었다.

1판이 나온 지 여러 해가 지났고, 대부분 책에 사용된 자료는 시간이 흘러도 변함없는 사실임이 검증되었다. 하지만 몇몇 새로운 연구 결과가 나왔고, 이제 2판을 내놓을 때라는 생각이 들었다. 『모든 기획자와 디자이너가 알아야 할 사람에 대한 100가지 사실』 2판에서는 책의 내용이 최신 흐름을 반영할 수 있게 일부 내용을 업데이트하고 설명이나 용어, 그림 등을 새것으로 교체했다.

독자 여러분의 지지에 진심으로 감사드린다.

수잔 웨인�크

01장 **사람은** 어떻게 보는가

02장 사람은 어떻게 읽는가?

03장 사람은 어떻게 기억하는가?

04장 사람은 어떻게 생각하는가?

05장 사람은 어떻게 주의를 집중하는가?

06장 무엇이 사람에게 동기를 부여하는가?

07장 사람은 사회적 동물이다

08장 사람은 어떻게 느끼는가?

09장 사람은 실수한다

10장 사람은 어떻게 결정하는가?

모든 기획자와 디자이너가 알아야 할
사람에 대한 100가지 사실

Things Every Designer Needs to Know About People 2ED   개정판

01장

사람은
어떻게 보는가

시각은 모든 감각을 지배한다. 인간 뇌의 절반은 우리가 사물을 보고 해석하는 데 사용된다. 물리적으로 우리 눈이 지각하는 상(像)은 실제하는 것에 비해 아주 작은 부분에 불과하다. 우리 뇌에 인식되는 이미지는 바뀌고 해석된 것들이다. 실제로 뭔가를 보는 것은 뇌다.

01 / 우리가 보는 것 그대로
뇌가 받아들이는 것은 아니다

길을 걷고 있다고 해보자. 눈은 열심히 눈 앞에 펼쳐진 것에 대한 실제 경험을 시각 신호로 뇌에 전송한다. 하지만 실제로 뇌는 눈이 보낸 정보를 곧이곧대로 받아들이지 않는다. 뇌는 우리가 보는 모든 것을 끊임없이 해석한다. 그림 1.1을 예로 들어보자.

무엇이 보이는가? 처음 이 그림을 본 사람은 배경에 깔린 검정 경계선으로 이루어진 삼각형을 지각하게 되고, 위아래가 뒤집어진 흰색 삼각형도 볼 수 있다. 물론, 이 삼각형은 실존하는 도형이 아니다. 그저 완성되지 않은 선 몇 개와 원 조각 몇 개가 있을 뿐이다. 우리의 뇌는 텅 빈 공간에서 실존하지 않는 아래위가 거꾸로인 삼각형을 만들어냈다. 그렇게 보이길 바라는 제작자의 의도대로 뇌가 착각해줬기 때문이다. 이러한 착시 현상을, 1955년 이 삼각형을 고안한 이탈리아의 심리학자 가에타노 카니차(Gaetano Kanizsa)의 이름을 따서 카니차 삼각형이라고 한다. 이번에는 그림 1.2를 보자. 그림 1.2는 이와 비슷한 방법으로 사각형 모양의 착시 효과를 보여준다.

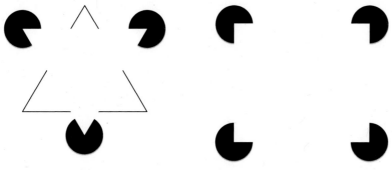

그림 1.1 두 종류의 삼각형이 보인다. 하지만 실제로 존재하는 삼각형은 하나도 없다.

그림 1.2 카니차 사각형의 예

뇌는 지름길을 만들어낸다

뇌는 주변 환경을 빠르게 인식하고자 지름길을 만들어낸다. 뇌는 초당 수백만 개의 신경 자극을 받아들인다(초당 약 4천만 개). 뇌는 입력 정보를 과거의 경험을 바탕으로 주먹 구구식으로 조합해 우리가 보는 것에 대해 추측한다. 대부분의 경우, 이렇게 만들어지는 지름길은 정확하지만 가끔씩 오류가 생길 때도 있다.

형태와 색상을 이용하면 사람들이 보는 것, 혹은 보고 있다고 생각하는 것에 영향을 줄 수 있다. 그림 1.3은 색상이 어떤 식으로 메시지에 대한 주목을 이끌어낼 수 있는지를 보여주는 좋은 예다.

STOP	WAR
PEACE	**NOW**

STOP	WAR
PEACE	**NOW**

그림 1.3 색상과 모양은 사람들이 보는 것에 영향을 미친다.

어두운 곳에서 뭔가를 봐야 한다면 정면을 똑바로 응시하지 마라

눈은 밝은 빛에 민감하게 반응하는 7백만 개의 원추세포와 상대적으로 어두운 빛에 민감한 1억 2천 5백만 개의 간상체를 보유하고 있다. 원추세포는 중심와(망막의 중심부에서 상의 초점이 맺히는 부분)에 위치하고 간상체는 중앙에서 약간 벗어나 있다. 따라서 어두운 곳에 있다면 정면을 똑바로 보지 않아야 실제 물체가 어디에 있는지 정확하게 알 수 있다.

착시는 왜곡된 정보를 전달한다

착시는 눈이 전달한 정보를 뇌가 어떻게 잘못 해석하는지 보여주는 예다. 그림 1.4에서 보면 화살표의 방향에 따라 왼쪽의 선이 오른쪽의 선보다 길어 보인다. 사실 두 선의 길이는 같다. 그림 1.4는 창시자인 프란츠 뮐러–라이어(Franz Müller–Lyer)의 이름을 딴 매우 고전적인 착시 현상의 한 예다.

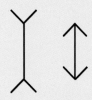

그림 1.4 두 선의 길이는 같다.

우리는 사물을 입체가 아닌 평면으로 인식한다

가시광선은 각막과 수정체를 통해 눈으로 들어온다. 수정체는 망막 위에 이미지의 초점을 맞추게 된다. 실제로 3차원적 입체 사물이라 하더라도 망막 위에 투영되는 것은 평면적인 이미지다. 이 이미지는 뇌의 시각피질로 전달되는데, 시각피질은 "아, 저기에 있는 게 문이구나."와 같은 시각 정보를 뇌가 인지할 수 있게 한다. 시각피질은 뇌로 전달된 평면적 이미지를 입체 이미지로 다시 변환해서 인식한다.

시사점

- 제품을 디자인할 때 디자이너가 사람들이 볼 것이라고 생각하는 것과 실제로 사람들이 보는 것은 차이가 있다. 그것은 시각 정보를 받아들이는 사용자의 배경, 지식, 대상에 대한 친밀감과 기대 심리에 따라 달라질 수 있다.

- 정보와 시각적 요소를 어떻게 보여주느냐에 따라 사람들이 사물을 특정 방식으로 보게 설득할 수도 있다. 명암이나 색상을 이용해 어떤 것들이 조화로워 보이게도, 그렇지 않게도 할 수 있다.

시각 정보의 핵심을 인지할 때는
주변시가 중심시보다 더 많이 사용된다

시야에는 주변시(peripheral vision)와 중심시(central vision) 두 종류가 있다. 중심시는 사물을 직접 보면서 상세하게 파악할 때 쓰인다. 주변시는 사물을 둘러싸고 있는 주변 환경(사실상 눈에 보이기는 하지만 실제로 집중하고 있지 않은 배경)을 파악한다. 이처럼 시야각에서 벗어난 사물을 볼 수 있다는 점은 유용하지만 캔자스 주립 대학에서 내놓은 새로운 연구 결과에 따르면 주변시는 우리 주위를 둘러싸고 있는 세계를 이해하는 데 상상 이상으로 훨씬 더 중요한 역할을 한다. 우리는 주변시로부터 어떤 종류의 장면을 보고 있는지에 대한 정보를 수집한다.

화면 내 움직임에 짜증이 나는 이유는?

사람들은 어쩔 수 없이 주변시를 통해 움직임을 보게 된다. 예를 들어, 컴퓨터 화면에 띄운 텍스트 문서를 읽고 있는데, 같은 화면 한쪽에 영상이 재생되기 시작하면 그쪽으로 눈이 갈 수밖에 없다. 눈 앞에 놓인 글자를 집중해서 읽으려고 하는데, 이런 일이 벌어진다면 짜증이 날 것이다. 이때 주변시가 작동한다! 이 때문에 웹 페이지 한 켠에 있는 광고에서 깜박임이나 번쩍이는 효과를 사용하는 것이다. 그것이 짜증은 유발하지만, 사용자의 주의를 끄는 것은 분명하다.

애덤 라슨과 레스터 로쉬키는 2009년 중심시와 주변시에 관한 연구를 실시했으며, 2019년 로쉬키는 훨씬 더 많은 연구를 진행했다(Adam Larson and Lester Loschky, 2009). 연구에서 그들은 사람들에게 주방이나 거실 같은 흔한 장면이나 도시나 산처럼 야외 풍경이 담긴 사진을 보여줬다. 일부 사진은 사진 외곽을 가리고, 일부 사진은 사진의 중심부를 가렸다(그림 2.1). 그러고 나서 연구 참가자들에게 사진에 어떤 장면이 담겨 있는지 물었다.

로쉬키는 사진의 중심부가 없는 경우에도 사람들이 여전히 사진이 무엇을 나타내는지 인지한다는 사실을 알아냈다. 하지만 사진의 외곽부가 없어지면 사람들은 자기가 보고 있는 것이 무엇인지 알아내는 것을 훨씬 더 어려워했다. 이에 로쉬키는 중심시가 특정 사물인지에 중요한 역할을 하는 반면, 주변시는 장면의 핵심을 알아내는 데 사용된다는 결론을 내렸다.

그림 2.1 라슨과 로쉬키 연구에 사용된 사진

누군가 데스크톱 컴퓨터 화면을 바라보고 있다면 그 사람은 주변시와 중심시를 둘 다 사용한다고 생각할 수 있다. 노트북 컴퓨터 화면이나 커다란 태블릿 화면을 보고 있을 때도 마찬가지다. 모바일 스크린의 경우, 기기의 크기에 따라 스크린에서 주변시를 사용할 수 없을 수도 있다.

주변시는 인간의 진화 과정 중에 발달했다

진화론자들의 주장에 따르면 초기 인류는 부싯돌을 갈거나 하늘의 구름을 쳐다볼 때도 원거리에 있는 맹수의 공격을 민감하게 살펴야 하기 때문에 주변시가 발달한 개체가 살아남아 후대에 유전자를 전달했다. 즉, 주변시가 미약했던 개체는 자신의 유전자를 후대에 전달할 수 없었다.

이와 같은 주장을 뒷받침하는 연구 결과가 나왔다. 디미트리 베일은 피실험자의 중심시와 주변시 영역에 공포심을 조성할 수 있는 사진을 배치했다(Dimitri Bayle, 2009). 그리고 편도체(뇌에서 감성적인 반응을 보이는 부분. 이 연구에서는 공포 사진에 반응하게 된다)가 사진에 반응하는 시간을 측정했다. 중심시 안에 공포 사진이 들어왔을 때, 편도체에 반응이 도달하기까지 약 0.14~0.19초가 걸렸다. 하지만 주변시의 경우, 0.08초가 걸렸다.

시사점

- 데스크톱이나 랩톱 화면을 위해 디자인한다면 사람들이 주변시와 중심시를 둘 다 사용한다고 가정해야 한다.

- 화면의 중앙부도 중심시에 영향을 미치므로 매우 중요하다. 그러나 사용자의 주변시 내에 있는 요소도 간과해서는 안 된다. 웹 페이지상의 보조적인 정보가 웹 페이지의 목적과 페이지에서 보여주는 정보를 명확하게 전달하게 해야 한다.

- 감정을 보여주는 이미지가 있다면 중앙보다는 주변에 놓는다.

- 사용자의 시선을 화면의 특정 부분에 집중하게 만들고 싶다면 애니메이션이나 깜박거리는 요소를 사용자의 주변시에 놓지 않는다.

03 / 사람은
패턴 인식을 통해 사물을 인식한다

패턴 인식은 매 순간 발생하는 감각에 대해 사람이 빠르게 판단할 수 있게 해준다. 우리의 눈과 뇌는 실존하는 패턴이 없더라도 패턴을 만들어내고 싶어 한다. 그림 3.1을 보면 '두 개씩 묶인 점들이 4쌍 있다'라고 생각하지, '점이 8개 있다'라고 인식하지 않을 것이다. 이것은 뇌가 빈 공간이나 사물 사이의 공간을 패턴으로 인식하기 때문이다.

그림 3.1 뇌는 패턴을 만들어내고 싶어 한다.

각 세포는 특정 모양/형태에 반응한다.

1959년, 데이빗 후벨(David Hubel)과 토르슈텐 비젤(Torsten Wiesel)은 시각피질의 일부 세포가 수평선에만 반응하고, 어떤 것들은 수직선에만 반응하며, 또 모서리나 특정 각도에만 반응한다는 사실을 알아냈다.

사물 인식과 기하소자 이론

인간의 사물 인식 과정에 대해 수년 동안 셀 수 없이 많은 연구와 이론이 쏟아져 나왔다. 연구 초기 이론에서는 뇌에 기억 장치가 따로 있어 그 안에 과거에 본 이미지가 수백만 개 저장돼 있으며, 사물을 인식할 때마다 기억 장치에 저장된 모든 이미지와 비교해 최적의 짝을 찾아낸다고 봤다. 하지만 최근 연구에서는 뇌가 특정 이미지를 인식하는 게 아니라 특정 형태를 인식한다고 본다. 뇌는 기하소자(geometric)라고 하는 기본 도형을 바탕으로 사물을 인식한다. 어빙 비더만(Irving Biederman)은 1985년에 최초로 기하소자에 대한 이론을 제기했다(그림 3.2). 기하소자는 총 24개의 기본 도형으로 구성돼 있으며, 이러한 도형의 조합으로 우리는 사물의 형태를 보고 인식한다.

사람들이 사물을 재빨리 인식하게 하고 싶다면 단순한 도형을 사용해야 한다. 그렇게 하면 그 도형을 구성하는 기본 기하소자를 더 쉽게 인식할 수 있다. 인식할 대상의 크기가 작을수록(예를 들어, 작은 프린터나 문서 아이콘) 군더더기가 많이 없는 단순한 기하소자를 사용하는 것이 더 중요해진다.

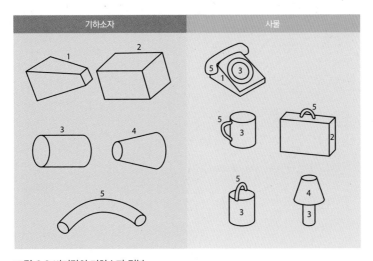

그림 3.2 비더만의 기하소자 견본

04 / 뇌에는 사람의 얼굴을 인식하는
특별한 부위가 있다

복잡한 도심 한복판을 걸어가고 있다가 가족의 얼굴을 갑자기 찾아 냈던 경험을 떠올려 보자. 그 사람을 딱히 주시하고 있지도 않았을뿐더러, 무수히 많은 사람들 속에 섞여 있었음에도 친근한 얼굴은 바로 알아볼 것이다. 그리고 그에 상응하는 감성적 반응, 즉 사랑, 증오, 두려움 등의 감정을 느낄 것이다.

뇌의 상당 부분은 시각피질이 차지하지만, 시신경 바깥에 특별한 용도의 부위가 있다. 뇌의 시각피질 밖에 사람의 얼굴을 인지하는 특별한 부위가 있다. 낸시 칸위셔가 알아낸 바에 따르면 방추형 얼굴 인식 영역(FFA, Fusiform Face Area)은 얼굴이 뇌의 해석 채널을 우회해 다른 사물보다 빠르게 인식될 수 있게 돕는다(Nancy Kanwisher, 1997). FFA는 뇌의 감성을 관장하는 부위인 편도체 근처에 존재한다.

이는 얼굴이 우리의 주의를 끌고 감정 반응 또한 일으킨다는 뜻이다. 디자인할 때 웹 페이지나 화면에 얼굴을 넣으면 즉각적으로 관심을 끌고 감정적 정보를 전달할 것이다.

얼굴을 이용해 주의를 끌고 감정적 반응을 일으키고자 한다면 정면을 향하는(옆면이 아닌) 얼굴을 사용하고 눈에 쉽게 띌 정도로 크면서 전달하고자 하는 감정을 보여주는 얼굴 사진을 사용해야 한다.

자폐증이 있는 사람은 사람들의 얼굴을 인식할 때 FFA를 사용하지 않는다

카렌 피어스의 연구는 자폐증 환자가 사람의 얼굴을 인식할 때 FFA를 사용하지 않음을 보여준다 (Karen Pierce, 2001). 대신 그들은 뇌의 다른 부위와 시신경, 즉 사물을 인식할 때 이용하는 기관 을 이용해 얼굴을 인식한다.

우리는 사진 속 얼굴의 시선이 향하는 곳을 본다

시선 추적(eye-tracking) 연구는 웹 페이지에서 사진 속 얼굴이 상품을 바라보고 있으면(그림 4.1) 우리의 시선도 그 제품을 보게 되는 경향이 있다는 사실을 보여준다.

하지만 사람들이 무언가를 본다고 해서 관심을 갖는다는 뜻은 아 니다. 감정적 연결을 형성하고 싶은지(사용자를 똑바로 쳐다보는 얼굴), 아니면 직접적인 주의를 원하는지(제품을 직접 바라보는 얼굴)를 결정해야 할 것이다.

그림 4.1 사용자들은 사진 속 인물 이 바라보는 곳에 시선을 둔다.

사람들은 태어날 때부터 각자 선호하는 얼굴이 다르다

캐서린 몬로크 팀의 연구 결과는 만 1세 이하의 영아들도 각기 얼굴 형태, 생김새에 대한 선호도가 있 음을 보여준다(Catherine Mondloch et al., 1999). FFA의 얼굴에 대한 민감성은 타고 나는 것 같다.

누군가가, 혹은 어떤 것이 살아있음을 눈으로 판단한다

크리스틴 루저와 휘틀리는 특정인의 사진을 찍은 다음, 조금씩 변형되게 편집하고 나서 배열 뒷부분에 마네킹의 얼굴을 끼워 넣었다(Christine Looser and T. Wheatley, 2010). 그들은 이 방법을 통해 관찰 대상이 사람이 아니고 살아 있는 상태가 아닌지를 어떻게 판단하는지 연구했다. 그림 4.2는 그들이 제시한 사진의 예다. 루저는 연구에서 실험 대상자가 살아있는 사람이 아닌 것으로 보이는 지점이 약 75% 지점임을 밝혀냈다. 또한 사람들이 그림의 인물이 실제 살아있는 사람인지를 주로 눈을 기준으로 판단한다는 사실을 발견했다.

그림 4.2 루저와 휘틀리의 사람–마네킹 안면 배열

시사점

- 사람들은 얼굴을 재빨리 인식하고 그에 반응한다. 따라서 주의를 끌고 싶다면 얼굴을 보여준다.

- 사용자를 직접 응시하는 사진은 상당히 감성적인 효과가 있는데, 이는 얼굴에서 눈이 가장 중요한 부위이기 때문이다.

- 사진이나 웹 페이지의 얼굴이 페이지의 다른 부분이나 특정 아이템 혹은 제품을 바라보고 있으면 그 이미지를 보는 사람들 또한 얼굴의 시선이 가는 위치나 제품을 바라볼 것이다. 그렇다고 해서 반드시 그들이 그것에 관심을 갖는다거나 반응을 보이는 것은 아니다. 단순히 사람들의 시선이 화면의 시선을 따라간다는 뜻이다.

단순한 시각 정보를 처리하는
뇌의 특수 부위가 있다

1959년 데이비드 허블과 토르스튼 위즐은 시각 피질에 있는 일부 세포는 수평선에만 반응하고 일부 세포는 수직선에만 반응하며, 또 다른 세포는 모서리에만, 그리고 다른 세포는 특정 각에만 반응한다는 사실을 보여줬다(David Hubel and Torsten Wiesel, 1959).

수년 동안 망막이 우리가 보는 것으로부터 전기적 패턴을 수신해서 그 패턴으로부터 여러 트랙을 만들어낸다는 이론이 있었다. 어떤 트랙에는 그림자에 대한 정보가, 다른 트랙에는 움직임에 대한 정보가 들어 있다는 식이었다. 그다음 12개의 정보 트랙이 뇌의 시각 피질로 전송된다. 시각 피질에는 정보에 반응하고 정보를 처리하는 특수 영역이 있다. 예를 들면 한 영역은 40도로 기울어진 선에만 반응하고, 다른 영역은 색에, 다른 영역은 움직임에, 또 다른 영역은 모서리에만 반응하는 식이다.

결국 모든 데이터는 단 2개의 트랙으로 조합된다. 움직임에 관한 것 하나(사물이 움직이는가?), 그리고 위치에 관한 것 하나(사물이 나를 기준으로 어디에 있는가?)다.

어쩌면 한 번에 하나씩만 인지하는 것은 아닐 것이다

허블과 위즐의 연구는 60년간 이어졌다. 하지만 최근에 이루어진 가르그(2019)의 연구는 색과 방향의 두 특성을 한 번에 처리하는 뉴런이 있을 수 있다는 사실을 보여줬다. 어쨌든, 시각 정보는 하나 또는 어쩌면 두 가지 특성으로 한 번에 조금씩 처리된다는 것이 핵심이다.

이 말은 곧 시각적으로 주의를 끌고 싶다면 하나의 요소를 나머지와 다르게 보여주는 것이 최고의 방법이라는 뜻이기도 하다. 하나의 아이템을 다른 색으로 나타내든지, 하나의 아이템을 다른 모양으로 나타내는 것이다.

그림 5.1의 이미지와 그림 5.2의 이미지를 비교해 보자. 첫 이미지에는 원 하나만이 색이 달라서 바로 그 사실을 알아챈다. 그림 5.2에서는 모든 원의 색이 달라서 아무 원도 도드라져 보이지 않는다.

그림 5.1 하나의 원만 색이 다를 경우 눈에 띈다

그림 5.2 모든 원의 색이 다를 경우 어느 원도 도드라져 보이지 않는다

시각 피질은 상상할 때 더 활발하게 활동한다

시각 피질은 뭔가를 실제로 인지할 때보다 상상할 때 더 활발하게 활동한다(Solso, 2005). 활동은 시각 피질 내 같은 위치에서 발생하지만, 상상할 때 그 활동성이 더 높다. 이론적으로 보면, 자극이 실제로 존재하지 않기 때문에 시각 피질이 더 힘들게 일해야 하는 것이다.

디자이너들이 가끔씩 범하는 실수는 이러한 시각적 특징 여러 개를 함께 사용하는 것이다. 한 페이지 혹은 하나의 이미지에 여러 가지 색과 모양, 각을 사용하면 그로 인해 시각 피질이 그 정보를 처리하는 시간이 더 오래 걸릴 수 있다. 시각적 주의를 끄는 데는 그리 효과적이지 못한 방법인 것이다.

시사점

- 시각적 주의를 빨리 끌고 싶다면 적을수록 좋다는 말을 기억하라.

- 하나의 이미지나 페이지에서 어떤 것이 됐든 나머지 아이템과 다른 색이나 모양, 방향을 가진 아이템이 가장 먼저 주의를 끌 것이다.

- 한 번에 하나의 특성만 사용한다면 더 많은 주의를 끌 것이다. 하지만 두 개의 특성을 사용할 거라면 색과 방향(기울기 또는 각)을 함께 사용하는 것이 좋다.

06 / 사람들은 과거의 경험과
기대에 근거해 화면을 훑어본다

사람들은 컴퓨터 화면의 어느 부분을 가장 먼저 볼까? 그리고 두 번째로 보는 곳은 어디일까? 이 순서는 사용자들의 과업과 기대에 따라 부분적으로 다르게 나타난다. 왼쪽에서 오른쪽 방향으로 읽는 언어를 사용한다면 화면의 왼쪽부터 보기 시작해 서서히 오른쪽으로 시선을 옮기는 경향을 보인다. 만약 오른쪽에서 왼쪽으로 읽는 언어를 사용하는 경우에는 이와 반대로 행동한다.

하지만 대부분 최상단 구석에서 시작하지는 않는다. 사람들은 스크린이나 페이지상에 로고나 빈 공간처럼 진행 중인 작업과 관련이 덜 한 것들이 있다고 이미 생각하고 있기 때문에 중심시를 사용해 대략 가장자리에서 1/3, 위쪽에서 1/3 안쪽 위치에서 의미 있는 정보를 찾으려는 경향이 있다. 그림 6.1의 메뉴 바와 '메디케어 시작하기(Get Started with Medicare)' 버튼이 페이지 위쪽과 옆쪽에서 각각 1/3 정도 안쪽에 있는 것을 볼 수 있는데, 거기가 바로 대부분 사람들이 중요한 정보를 찾기 시작하는 위치다.

그림 6.1 사람들은 화면의 가장자리는 지나치고 의미 있는 정보를 찾아 시선을 옮긴다.

어떤 화면을 처음 본 후 사람들은 자신이 속한 문화권의 보편적인 독서 패턴에 따라 시선을 옮긴다(왼쪽에서 오른쪽, 오른쪽에서 왼쪽, 위에서 아래로). 따라서 큰 사진(특히 사람의 얼굴 사진)이나 움직임(애니메이션 배너나 혹은 동영상)이 이러한 일반적인 행동 패턴에 위배된다면 화면에서 치워버리는 것도 좋다.

사람에게는 보고 싶어하는 사물과 보고 싶어하는 장소에 대한 멘탈 모델이 있다

사용자들은 특정 사물이 화면이나 페이지에서 어디에 위치하는지에 관한 멘탈 모델과 자신이 사용하는 애플리케이션이나 웹사이트에 대한 멘탈 모델을 갖고 있다. 사용자들은 자신의 멘탈 모델에 의거해 화면을 본다. 예를 들어, 아마존에서 검색창을 이용해 쇼핑한 경험이 많다면 아마존이 아닌 다른 사이트에서도 화면이 나타나면 바로 검색 영역을 찾을 것이다.

문제가 생기면 사용자의 시야는 좁아진다

과업을 수행하는 가운데 예기치 못한 문제나 오류가 생기면 사용자는 문제가 발생한 부분에만 시선을 집중한다. 이 내용은 '사람은 실수한다' 장에서 더 자세히 다루겠다.

시사점

- 중요한 정보(혹은 이목을 끌고 싶은 대상)는 화면 위를 기준으로 3분의 1 지점, 화면 왼쪽 끝에서 3분의 1 지점(또는 오른쪽에서 왼쪽으로 읽는 언어를 사용하는 나라라면 화면 오른쪽 끝에서)에 배치한다.

- 화면의 모서리는 사람들이 잘 보지 않는 곳이므로 중요한 내용은 배치하지 않는다.

- 가장자리는 주변시를 위해 남겨둔다. 거기에는 로고나 브랜드 소개, 탐색 메뉴 등 장면의 '요지'를 제공하는 감정 등이 담긴 이미지가 들어갈 수 있다.

- 독서 패턴에 맞게 화면이나 페이지를 디자인해 사용자가 무리 없이 읽어 내려가게 한다. 시선을 분산시켜서 사용자에게 익숙한 독서 패턴을 깨는 행위는 자제한다.

사람들은 특정 사물을 설명해주는 신호를 본다

07

문을 열고 어떤 공간에 들어가려고 할 때 당겨야 열릴 것 같은 손잡이라서 힘껏 당겼는데 실제로는 밀어야 열리는 문이라서 낭패를 본 경험은 누구나 한 번쯤 해봤을 것이다. 일상 생활에서 사물은 사람들과 어떤 방식으로 상호작용해야 하는지 은연중에 알려준다. 앞서 말한 문고리를 예로 들면 문고리의 크기나 형태로 사용법을 유추할 수 있다. 머그잔에 달린 손잡이는 사람들에게 "손가락 몇 개를 집어넣어서 나를 들어올리세요"라고 이야기한다. 가위는 원형 고리 안에 손가락을 넣어 잡고 두 조각의 칼을 접었다 폈다 하면서 사용하게끔 사용자의 행동을 유도한다. 앞서 예로 든 문고리처럼 사용자에게 잘못된 사용법을 유추하게 하면 사용자는 짜증이 나고 불만을 갖게 된다. 이처럼 사용자가 유추해 내는 사용법의 신호를 행동 유도성(Affordance)이라고 한다.

1979년, 제임스 깁슨(James Gibson)은 행동 유도성의 개념에 대한 연구를 남겼다. 그는 행동 유도성을 특정 환경에서의 행동 가능성이라고 설명했다. 1988년 도널드 노먼(Donald A. Norman)은 자신의 저서인 『디자인과 인간심리(The Design of Everyday Things)』에서 행동 유도성의 개념을 재정의했다. 그는 지각 행동 유도성에 대해 설명했다. 사람들이 어떤 사물에 대해 행동하거나 반응하게 하고 싶다면 그 환경이 컴퓨터 화면이든 실제 일상 생활이든 그 사물이 쉽게 지각될 수 있어야 하고, 찾아낼 수 있어야 하며, 정확하게 정체성이 해석될 수 있고, 이를 통해 무엇을 할 수 있고 해야 하는지 알 수 있어야 한다는 것이다.

사람은 특정 과업을 수행할 때(이를테면 문을 열거나, 웹사이트에서 책을 주문하는 것) 무의식적, 혹은 자동으로 주변을 살펴 도움이 될 만한 도구나 사물을 찾는다. 과업 수행을 위한 환경을 디자인할 때는 이런 도구나 사물이 눈에 잘 띄고 정확한 용도를 파악할 수 있게 만들어 둬야 한다.

그림 7.1의 문고리를 살펴보자. 사람들은 형태 때문에 문고리를 손으로 잡고 아래로 내리려고 할 것이다. 예측대로 문고리가 제대로 동작한다면 명확한 지각 행동 유도성을 지니게끔 잘 디자인된 문고리라고 할 수 있다.

그림 7.1 이 문고리는 잡고 아래로 내려서 동작하도록 사용자를 유도한다.

손잡이 모양이 잡아당겨서 열게 유도하는 형태인데, 표지에는 '미세요(PUSH)'라고 적힌 문 손잡이를 누구나 한 번쯤 접했을 것이다. 단서가 기능과 맞아 떨어지지 않으면 물체와 상호작용하는 방법을 사람들이 알 수 있게 메시지를 글로 남길 수밖에 없다. 물체가 실제 작동 방식에 반하는 단서를 주는 경우를 '잘못된 행동 유도성'을 제공한다고 말한다.

컴퓨터 화면에서의 지각 행동 유도성

애플리케이션이나 웹사이트를 디자인할 때는 화면상에서의 행동 유도성을 고려해야 한다. 어떤 요소가 사람으로 하여금 버튼을 클릭하게 만드는지에 관해 생각해 본 적이 있는가? 그래픽 버튼의 그림자 효과를 보면 사용자는 눌러서 동작했던 기기에 대한 경험을 떠올리게 된다.

그림 7.2는 리모콘 버튼이다. 일상 생활에서 익숙하게 접해온 형태와 그림자 효과가 화면상의 요소를 누르게끔 사용자를 유도하는 것이다.

그림 7.2 사람들은 실제 기기에서 보이는 그림자를 보고 버튼을 누르게 된다.

온라인상에서도 이런 그림자 효과를 이용할 수 있다. 그림 7.3에서 볼 수 있듯이 다른 색상으로 도형의 테두리 부분에 효과를 줘서 '눌려 있다'는 느낌을 줄 수 있다. 위아래로 거꾸로 책을 들어 그림 7.3을 다시 보자. 눌려 있다는 느낌보다는 '누를 수 있다'는 느낌을 받을 것이다.

그림 7.3 이미 눌려 있는 버튼처럼 보이지만 거꾸로 봤을 때는 눌리지 않은 것처럼 보인다.

이런 시각적 단서는 미묘하지만 상당히 중요하다. 많은 버튼이 이런 시각적 단서를 토대로 디자인된다. 그림 7.4가 그러한 예다. 그러나 최근 웹에서는 이러한 효과가 사라지는 추세다. 그림 7.5와 같이 색상을 입힌 도형 위에 텍스트를 얹어 클릭을 유도한다.

또한 마우스나 트랙패드가 아닌 터치스크린이나 태블릿을 사용한다면 화살표나 손가락 하나를 치켜세운 손 모양 등의 시각적 단서가 버튼에 없을 수도 있다.

State Agencies

Next Step

그림 7.4 다른 색상으로 도형의 테두리 부분에 효과를 주면 '눌려 있다'는 느낌을 줄 수 있다.

그림 7.5 버튼에서 기존의 시각 단서를 버리는 추세다.

하이퍼링크에서도 행동 유도성 단서가 사라지고 있다

대부분의 사람들은 파란색 텍스트에 밑줄이 그어져 있으면 하이퍼링크가 걸린 상태이고 텍스트를 클릭하면 하이퍼링크가 가리키는 페이지로 이동할 거라고 알고 있다. 하지만 최근 많은 웹사이트에서는 하이퍼링크에 직접적인 단서를 노출하기보다 마우스가 개체 위에 올라갔을 때 단서를 주는 방식을 취하고 있다.

그림 7.6은 클릭 가능한 것에 대한 행동 유도성 단서가 전혀 없는 페이지다(클릭 가능한 것을 알아내려면 마우스를 위에 갖다 대야 한다). 링크를 확인하기 위해서는 마우스로 페이지 위를 한 번 훑어야 한다.

그림 7.6 뉴욕 타임즈에서는 주요 행동 유도성 단서를 찾을 수 없다.

시사점

- 디자인할 때 행동 유도성을 고려하자. 특정 사물의 용도를 알려주는 단서를 제공해 사용자가 더 쉽게 행동하도록 만들 수 있다.

- 현재 선택돼 있거나 활성화된 대상을 보여줄 때는 그림자 효과를 이용한다.

- 부정확한 행동 유도성 단서를 제공하지 않게 주의한다.

사람들은 시야 내에서의 변화를
놓칠 수 있다

스포일러 경고

고릴라 동영상이라고 하는 매우 유명한 동영상을 아직 본 적이 없다면 아래 필자의 블로그에 링크된
동영상을 보기를 권한다.

https://www.blog.theteamw.com/2009/10/25/100-things-you-should-know-about-people-1-
inattention-blindness/

선택적 주의 테스트를 해보자. 지금 당장 해보고 싶지 않다면 필자가 동영상과 관련된 효과에 대해
미리 설명해둔 내용을 읽어보자.

고릴라 동영상은 무주의 맹시(inattention blindness)와 변화 맹시(change blindness)
의 한 예다. 이것은 사람들이 때때로 시야에서 벌어지는 큰 변화를 놓치기도 한다는 사실
을 보여준다. 이 현상은 여러 실험에서 입증됐는데, 그중에서도 농구공/고릴라 실험이 가
장 유명하다.

크리스토퍼 채브리스(Christopher Chabris)와 다니엘 사이먼스(Daniel Simons)는
『보이지 않는 고릴라(The Invisible Gorilla, 2010)』에서 아이트래킹 도구를 이용해 진
행한 부가적인 연구 결과에 대해 설명한다. 아이트래킹은 시선의 이동을 감지하는 기술
이다. 정확하게 설명하면 중심시 내의 시선 이동을 감지하는 기술이다. 주변시의 움직임

은 감지하지 않는다. 사람들이 농구공/고릴라 동영상을 보는 동안 아이트래킹 연구를 실시한 결과, 모든 실험 참가자들이 동영상에서 고릴라를 '보기는' 하지만, 즉 중심시가 고릴라를 바라보기는 하지만, 50%만이 고릴라를 인지한다는 사실을 알게 됐다. 채브리스와 사이먼스는 지속적인 연구를 통해 사람들이 한 가지 사물에 집중할 때 변화를 예상하지 하지 않기 때문에 변화의 발생을 쉽사리 인지할 수 없다고 결론 내렸다.

아이트래킹 데이터는 오해의 소지가 있다

아이트래킹은 인간이 무엇을, 어떤 순서로, 얼마나 오랫동안 주시하는가를 관찰하고 데이터를 기록할 수 있는 기술이다. 이 기술은 종종 사람들이 화면이나 페이지, 또는 물리적 환경에서 어디를 바라보는지를 연구하는 데 사용된다. 그것은 사람들이 처음에 어디를 보고, 그 다음에는 어디를 보는지 등을 추적한다. 그 한 가지 장점은 사람들이 어디를 보고 있는지 일일이 물어볼 필요 없이 데이터를 직접 수집할 수 있다는 점이다. 하지만 아이트래킹 데이터는 다음의 몇 가지 이유로 오해의 소지가 있다.

1) 이 절에서 논의했듯이 아이트래킹은 사람들이 무엇을 보고 있는지 말해줄 뿐이며, 그것이 반드시 사람들이 거기에 주의를 기울이고 있다는 뜻은 아니다.

2) 이 장에서 소개한 주변시 관련 연구는 주변시가 중심시만큼 중요하다는 사실을 말해준다. 아이트래킹 기술은 중심시만 측정한다.

3) 알프레드 야부스가 시행한 초기 아이트래킹 연구는 사람들이 보는 것은 그들이 보고 있는 동안 어떤 질문을 받았느냐에 따라 달라진다는 사실을 보여준다(Alfred Yarbus, 1967). 따라서 실험 전 또는 중간에 참가자들에게 어떤 사항을 지시하냐에 따라 아이트래킹 데이터는 쉽게 왜곡될 수 있다.

시사점

- 컴퓨터 화면에 뭔가가 있다고 해서 사람들이 그것들을 모두 인지할 거라 가정해서는 안 된다. 예를 들어 입력 창에 입력한 데이터가 잘못됐다는 메시지가 화면에 다시 뜨는 것처럼 화면을 새로고침해서 어떤 변화가 생겼을 때 특히 그렇다. 사용자들은 그들이 다른 화면을 보고 있다는 사실조차 깨닫지 못할 수도 있다.

- 사용자가 웹 페이지상의 변화를 눈치채게 하고 싶다면 시각 외의 부가적인 감각을 동원해 인지할 수 있게 하자. 예를 들어, 깜빡임이라든가 삐 소리와 같은 청각적 단서를 활용한다.

- 아이트래킹 데이터를 해석할 때는 주의해야 한다. 아이트래킹 자료를 너무 비중 있게 다루거나 디자인 의사결정의 근간이 되는 자료로 사용해서는 안 된다.

09 / 사람들은 가까이에 있는 각기 다른 사물을 하나로 인식한다

두 아이템(예: 사진과 글)이 서로 가까이 있을 때 사람들은 그것을 한 덩어리로 가정한다. 이런 현상은 좌우로 나란히 있는 아이템에서 더 강하다.

그림 9.1에서 각 블록 간 세로 간격과 가로 간격은 같다. 이는 어떤 제목과 사진이 한 덩어리인지 파악하기 어렵게 만든다. 좌우 연결이 상하 연결보다 강하고 다른 시각적 단서가 없기 때문에 대부분 사람들은 왼쪽의 제목이 그 오른쪽의 사진과 관련 있는 것이라고 가정할 것이다. 하지만 사실은 그렇지 않다. 그것이 이 페이지를 사용하기 어렵게 만든다.

그림 9.1 어느 제목이 어느 사진과 연관된 것인지 구분하기가 어렵다.

시사점

- 각기 다른 대상들(사진, 그림, 제목, 글)이 연관성 있는 것처럼 보이게 연출하고 싶다면 아주 가까운 거리에 배치하자.

- 선이나 테두리로 항목을 분리하거나 묶기에 앞서, 먼저 항목 간의 간격을 대상으로 실험해 보자. 때로는 간격만 바꿔도 시각적 혼란을 줄일 수 있으며, 페이지의 시각적 소음을 줄일 수 있을 것이다. .

- 관련이 없는 항목은 서로 멀리, 관련이 있는 항목은 서로 가까이 배치하자. 매우 상식적인 이론일지라도 실제 웹 페이지의 레이아웃에서는 이 같은 상식을 무시하고 디자인한 경우가 많다.

10 빨강색과 파랑색을 동시에 쓰면 알아보기 어렵다

서로 다른 색상의 선이나 텍스트를 화면에 비춰보거나 출력해보면 선 사이의 깊이감이 다르게 나타날 수 있다. 어떤 색상은 앞으로 튀어 나온 것처럼 느껴지고, 어떤 색상은 후 퇴한 듯 움푹 들어간 것처럼 보인다. 이것을 색입체시(chromostereopsis)라 한다. 이 효과는 빨강색과 파랑색에서 가장 강하게 나타나지만 다른 색상 조합(빨강색과 녹색 등)에 서도 나타난다. 이런 색상의 조합은 가독성을 떨어뜨린다. 그림 10.1은 색입체시의 예다.

그림 10.1 색입체시 현상은 눈의 피로를 높인다.

시사점

- 파랑색과 빨강색, 혹은 녹색과 빨강색을 페이지나 화면에 배치할 경우 최대한 멀리 떨어뜨려 놓자.
- 파랑이나 녹색 텍스트를 빨강색 배경 이미지 위에 올려놓거나, 빨강이나 녹색 텍스트를 파랑색 배경 이미지에 올려놓는 상황을 최대한 피하자.

11

9%의 남성, 0.5%의 여성이
색맹이다

색맹이라는 단어는 사실, 부적절하다고 할 수 있는 명칭이다. 색맹으로 분류되는 사람들은 사실 모든 색상을 인지할 수 없는 것이 아니라 특정 색상 간의 차이를 인식하는 데 어려움을 겪는 것에 불과하다. 대부분의 색맹은 유전이지만 때때로 질병이나 사고로 색맹이 되는 경우도 있다. 대부분의 색깔 유전자는 X 염색체상에 있어서 X 염색체가 하나인 남성의 경우 X 염색체가 두 개인 여성보다 훨씬 많은 수의 색맹이 발생한다.

색맹의 종류는 다양하지만 가장 흔한 것은 적색, 황색, 그리고 녹색을 구분하지 못하는 적록 색맹이다. 가끔 청색과 황색을 구분하지 못하거나 모든 색상을 회색으로만 인식하는 색맹도 있는데 이는 매우 드문 사례다.

그림 11.1은 정상적인 색상 체계를 지닌 사람에게 보이는 위스콘신 교통청의 동계 도로 상황 지도다. 그림 11.2는 같은 화면이 적록 색맹인 사람에게 어떻게 보이는지 보여준다. 그리고 그림 11.3은 같은 화면이 청록 색맹인 사람에게 어떻게 보이는지 알려준다. 각 예는 같은 색상이 사람에 따라 각자 다르게 인지된다는 사실을 보여준다.

경험에 따르면, 특별한 의미를 부여하는 색상을 쓰는 모든 곳에서는 보조적인 표기 규약(이를테면, 색과 선의 두께 등)이 필요하다. 이렇게 하면 색맹인 사람이 특정 색상을 기준으로 판단하지 않고도 내용을 정확히 해석할 수 있다.

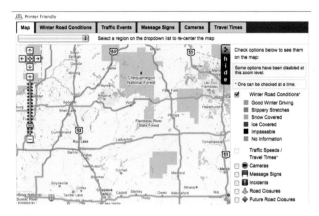

그림 11.1 정상인에게 보이는 색상

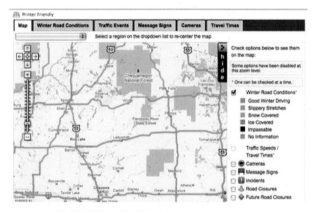

그림 11.2 적록 색맹에게 보이는 색상 차이

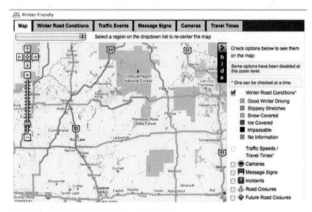

그림 11.3 청록 색맹에게 보이는 색상 차이

색상 인식 오류로 발생하는 불편함을 줄이는 또 다른 방법은 다양한 종류의 색맹 사용자를 고려해 색상 체계를 선정하는 것이다. 그림 11.4와 그림 11.5, 그림 11.6은 특정 주간의 독감 발생률을 보여준다. 이 웹 페이지에서는 의도적으로 색맹 여부와 상관없이 모든 사용자에게 똑같이 보이는 색상만 사용했다. 정상/적록 색맹/청록 색맹인 사용자에게 해당 웹 페이지는 거의 동일하게 보인다.

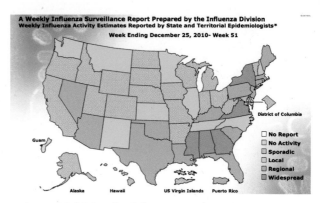

그림 11.4 정상인에게 보이는 색상(www.cdc.gov)

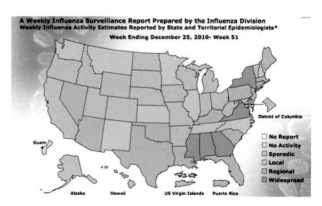

그림 11.5 적록 색맹에게 보이는 색상 차이 (www.cdc.gov)

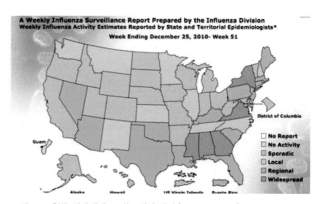

그림 11.6 청록 색맹에게 보이는 색상 차이 (www.cdc.gov)

색맹 사용자의 색상 체계를 확인할 수 있는 웹사이트

색맹 유전자를 보유하고 있는 사람들이 웹사이트 및 이미지의 특정 색상을 어떻게 인지할지 알아볼 때 이용할 수 있는 몇 가지 사이트가 있다. 그 중 두 가지를 추천한다.

- www.vischeck.com

- colorfilter.wickline.org

색맹인 사람은 종종 보호색이나 위장색을 더 잘 구별하기도 한다

어떤 이들은 색맹인 사람들이 색깔로 주의를 끄는 방법에 무디기 때문에, 또 어떤 이들은 색맹인 사람들이 패턴, 질감 등의 다른 단서에 익숙하기 때문이라고도 말한다. 어떤 이유에서건 일부 색맹인 사람들은 정상 색상 체계를 지닌 사람들보다 보호색이나 위장색을 더 잘 구별해낸다.

시사점

- www.vischeck.com이나 colorfilter.wickline.org와 같은 사이트를 통해 색맹인 사용자에게 여러분이 디자인한 웹사이트가 실제로 어떻게 보일지 확인해 보자.

- 색상을 통해 특정 의미를 나타내야 한다면(예를 들어, 즉각적인 주의를 요하는 부분에 녹색을 써야 한다면) 보조적인 표기 규약을 사용한다(녹색과 함께 외곽선을 사용해 주의를 끌 수 있게 디자인한다).

- 색상 체계를 세울 때 정상 범주에 해당하지 않는 사용자도 모두 고려한다. 빨간색, 녹색, 청색보다는 갈색이나 황색을 사용한다.

색상의 의미는 문화에 따라 다양하다

전에 분기별 총 이익을 표현하고자 지역별로 색상 지도를 만든 고객과 일한 적이 있다. 당시 미국 동부는 황색, 중부는 녹색으로, 그리고 서부는 빨간색으로 표현했다. 영업 부문의 부사장이 연단에 올라서서 재무/회계 임원을 대상으로 슬라이드 발표를 시작하면서 색상별로 미주 지역을 구분한 지도를 화면에 띄우자 객석에서 웅성거리는 소리가 들리면서 다급하게 대화가 오가기 시작했다. 부사장은 이야기를 이어가고자 했으나 이미 산만해진 청중의 주의를 집중시킬 수 없었다. 청중들이 서로 제각각 이야기하고 있었던 것이다.

결국, 한 사람이 크게 소리쳐 물었다. "서부에서 대체 무슨 일이 일어난 겁니까?"

부사장은 깜짝 놀라 대답했다. "그게 무슨 말이죠? 아무런 일도 없습니다. 이번 분기에 서부는 실적이 아주 좋습니다."

회계사나 재무 관련 업계에서 빨간색은 매우 열악한 상황, 즉 금전적으로 손해가 발생했음을 나타낸다. 부사장은 그들에게 별생각 없이 빨간색을 선택했다고 해명해야 했다.

색상은 사회적 의미를 담고 있다. 예를 들어, 재무상의 문제가 있거나 위험한 상황, 또는 정지해야 하는 상황에 빨간색을 쓴다. 녹색은 금전적 이익이나 앞으로 전진하라는 의미로 쓰인다. 색상을 사용할 때는 색상의 의미를 고려해 매우 신중하게 선정해야 한다. 또한 같은 색상이라도 하위 집단에 따라 다른 뜻으로 전달될 수 있다.

다른 국가에서 의뢰가 들어왔다면 그곳에서 쓰이는 색상 체계에 대해 알아봐야 한다. 일부 색상만 문화권에 상관없이 공통적인 의미를 지니고 있다(예를 들어, 금색은 부, 성공, 명예 등의 뜻으로 대다수의 문화권에서 통용된다). 하지만 대부분의 색상은 문화와 사회에 따라 각기 다른 의미를 지니고 있다. 예를 들어, 미국에서 흰색은 순수함이나 결혼식에서 쓰이는 색으로 여겨지지만 다른 나라에서는 죽음이나 장례식을 의미하는 색상으로 쓰인다. 행복이란 관념도 흰색, 녹색, 황색, 혹은 빨간색 등 어느 나라에서 사용되느냐에 따라 각기 표현을 달리할 수 있다.

데이빗 맥캔들리스(David McCandless)의 색상환

InformationIsBeautiful.net을 운영하는 데이빗 맥캔들리스는 색상의 의미를 문화권별로 구분한 색상환을 아래 사이트에서 제공한다.

http://www.informationisbeautiful.net/visualizations/colours-in-cultures/

색상 및 분위기에 대한 연구

연구에 따르면 색상이 분위기에 영향을 미칠 수 있다고 한다. 외식 및 서비스 업계에서는 이 화두에 대해 오랜 기간 연구해왔다. 예를 들어, 미국에서 오렌지색은 사람들에게 불안감을 조성해 사람들이 한 공간에 오래도록 머물지 못하게 한다고 한다(패스트푸드 식당에서 요긴하게 쓰이는 원리). 갈색과 파란색은 편안한 분위기를 조성해 오히려 오래 머물 수 있도록 유도한다(바에서 유용하게 쓰이는 색상). 그러나 한 색상이 분위기에 유용하게 작용하려면 해당 색상으로 둘러싸인 방 안에 사람이 앉아 있어야 한다. 사용자가 단순히 컴퓨터 화면을 응시하고 있다면 사용자는 특정 색상의 영향을 받지 않는다.

시사점

- 색상은 매우 신중하게 선택해야 한다. 해당 색상이 불러일으키는 의미를 알아본다.
- 디자인하기 전에 대상 국가나 문화권을 확인한 뒤 문화적 색상환이 어떤지 InformationIsBeautiful.net과 같은 전문 사이트에서 확인해 의도하지 않은 색상 사용을 사전에 방지한다.

02장

사람은
어떻게 읽는가?

전 세계적으로 문자를 읽고 쓸 수 있는 성인은 전체 인구의 80%가 넘는다. 대부분의 사람들에게 읽는 행위는 매우 기본적인 커뮤니케이션의 형태다. 그렇다면 사람들은 어떻게 읽는 걸까? 그리고 읽는다는 행위에 대해 디자이너들이 알아야 할 것은 무엇일까?

13 / 대문자가 읽기 어렵다는 것은 미신이다

아마 영문 대문자로 된 단어 조합이 대/소문자 조합이나 소문자로만 적힌 것보다 읽기 어렵다는 이야기를 들은 적이 있을 것이다. 또한 정확하게 수치까지 인용하며 '14~20% 정도 더 읽기 어렵다'는 주장도 들어본 적이 있을 것이다. 이 이야기는 단어를 읽을 때 단어의 모양을 인식하거나 그룹으로 인식한다는 주장과 일맥상통한다. 대소문자가 섞인 단어나 소문자로만 적힌 단어는 고유한 형태를 지닌다. 그러나 대문자로만 쓴 단어는 모두 같은 모양(정사각형 형태)이다. 따라서 이 이론에 따르면 대문자로만 적힌 단어는 구별하기 힘들다는 결론이 나온다(그림 13.1).

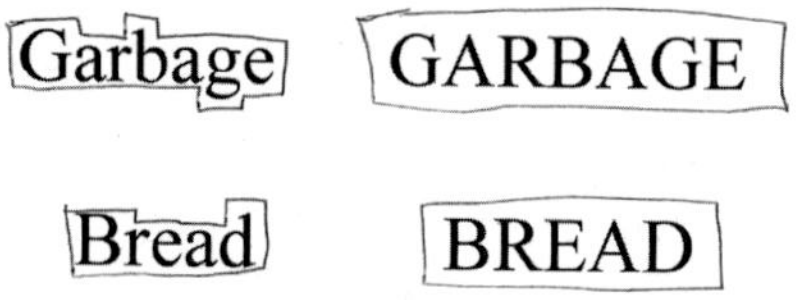

Garbage GARBAGE

Bread BREAD

그림 13.1 단어 형태 이론

단어 형태 이론에 대한 설명은 그럴듯하지만 정확한 것은 아니다. 단어의 형태에 따라 가독성이 높아지거나 속독이 가능하다는 사실을 입증한 연구 결과는 어디에도 없다. 제임스 카텔(James Cattell)이라는 언어심리학자가 1886년에 이 이론을 주장했다. 당시 그가 제시했던 증거가 몇 가지 있었지만 최근 케네스 팝(Kenneth Paap, 1984)과 키스 레이너(Keith Rayner, 1998)의 연구 결과는 실제로 사람이 글을 읽을 때는 철자를 예상하고 나서 단어를 인식한다는 사실을 보여준다. 사람이 어떻게 읽는지에 대해 좀 더 자세히 살펴보자.

독서는 보기보다 순조로운 행동은 아니다.

글을 읽을 때 사람들은 자신의 눈이 책 위를 부드럽게 훑고 지나가는 것처럼 느끼지만 실상 눈에서 벌어지는 일은 전혀 다르다. 사람의 안구는 매우 빨리 움직이며, 날카롭게 행간과 문단 사이를 뛰어넘거나 잠시 멈춰있기도 한다. 이처럼 안구가 행간을 점프해서 움직이는 현상을 도약 안구 운동(saccade)[1]이라고 한다(약 7~9개의 글자를 한꺼번에 뛰어넘는다). 그리고 안구가 잠시 움직임을 멈추는 현상을 안구 고정이라 한다(약 0.25초). 도약 안구 운동 중에 사람은 아무것도 볼 수 없다(실질적으로 맹인과 같은 상태가 된다). 그러나 움직임의 속도가 매우 빨라서 사람이 느끼지 못할 뿐이다. 사람의 안구는 도약 안구 운동을 하는 대부분의 시간 동안 글을 앞으로 읽어 내려가며, 그중 10~15% 정도는 이미 읽었던 철자와 단어를 되새긴다.

그림 13.2는 도약 운동과 안구 고정 패턴의 예를 보여준다. 단어 위에 있는 점들은 안구 고정을 나타내며, 물결 무늬는 도약 안구 운동을 나타낸다.

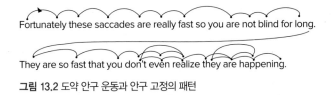

Fortunately these saccades are really fast so you are not blind for long.

They are so fast that you don't even realize they are happening.

그림 13.2 도약 안구 운동과 안구 고정의 패턴

사람들은 글을 읽을 때 주변시를 사용한다

도약 안구 운동은 한 번에 7개에서 9개 가량의 글자를 뛰어넘는다. 그러나 지각 범위는 실제 도약 안구 운동의 두 배 가량 된다. 1996년, 케네스 굿맨(Kenneth Goodman)은 사람이 활자를 읽을 때 주변시를 이용해 어떤 글자가 이후에 나타날지 탐색한다는 사실을 알아냈다. 눈은 약 15개 가량의 글자를 한 번에 읽고, 주변시를 이용해 오른쪽에 있는 글자를 미리 본다(왼쪽에서 오른쪽으로 읽는 경우). 때때로 되돌아와서 글자를 다시 읽는 경우도 있다. 그러나 한 번에 15개의 글자를 읽을 수 있다고 하더라도 읽어 낸 단어 전체의 의미를 파악할 수는 없다. 사람은 1개에서 7개 정도의 글자에서 의미론적인 단서를 포착할 수 있으며 8~15개 정도의 글자는 인식만 할뿐 의미를 파악하지는 못한다.

---

1 (옮긴이) 단속적 눈 운동이라고도 하는데 안구의 순간적인 움직임을 말한다.

악보를 읽는 것은 활자를 읽는 것과 매우 유사하다

악보를 술술 잘 읽는 사람들 역시 활자를 읽어 내려가는 것과 같은 안구 도약 운동과 안구 고정, 그리고 15개 정도의 '글자'를 미리 읽는 과정을 거친다.

그렇다면 대문자로만 된 글이 더 읽기 어려울까?

확실히 사람은 대문자를 느리게 읽기는 하지만 그것은 일상 생활에서 자주 접하지 않기 때문이다. 일상 생활에서 보이는 대부분의 활자는 대/소문자가 혼용된 상태이며, 대부분의 사람은 여기에 익숙해져 있다. 만약 대문자로만 적힌 문장을 읽는 연습을 한다면 결국 대/소문자가 섞인 문장만큼 대문자로만 적힌 문장을 빠르게 읽을 수 있을 것이다. 그렇다고 해서 대문자로만 적힌 글을 읽는 법을 연습해야 한다는 뜻은 아니다. 사람들이 대문자에 익숙하지 않고 이를 읽는 속도가 상대적으로 느리기 때문에 요즘은 대문자로만 적힌 글이 '강조'의 뜻으로 여겨진다(그림 13.3).

THE DOCUMENTATION SUBMITTED
WAS FOR THE INCORRECT DATES OF
SERVICE. REFER TO THE PROGRAM
INTEGRITY SUPPORT FILE.

그림 13.3 사람들은 대문자로 적힌 문장은 강조/주의의 뜻으로 받아들이며, 익숙하지 않을 뿐, 본래 읽기가 더 어려운 것은 아니다.

대문자에 관련된 좋은 연구 예제

케빈 라슨(Kevin Larson)의 '대문자와 대/소문자 혼용'에 관한 훌륭한 연구의 요약본이 아래 사이트에 있으니 참고하기 바란다.

http://www.microsoft.com/typography/ctfonts/wordrecognition.aspx

시사점

- 대문자로만 적힌 텍스트는 강조의 의미로 쓰이며, 사람들은 그러한 글을 읽는 데 익숙하지 않다. 따라서 대문자로만 표기하는 것은 신중하게 고려해야 한다.

- 대문자는 표제 또는 반드시 사람들의 주목을 끌어야 하는 곳에만 사용하자. 예를 들어 중요한 파일을 지우기 전에 나오는 경고창 등에 대문자를 사용하는 것이 효과적이다.

14 / 읽기와 독해는
전혀 다른 영역이다

만약 여러분이 생물학자라면 아래 문단의 내용을 쉽게 이해할 수 있을 것이다.

> TCA 사이클은 기질 이용도(substrate availability)와 생성물 억제(product inhibition)에 의해 크게 영향을 받는다. TCA 사이클에서 탈수소효소산물인 NADH(니코틴아미드 아데닌 디뉴클레오티드)가 석신산 탈수소효소를 제외한 피루브산 탈수소효소와 이소시트르산 탈수소효소, 그리고 알파케토글루타르산 탈수소효소의 생성을 억제하는 반면, 숙시닐-코아는 숙시닐-코아 합성효소와 시트르산 합성효소를 억제한다.

생물학자가 아니라면 이 문단이 무슨 뜻인지 도통 알아들을 수 없을 것이다. 문단 자체를 읽을 수는 있으나 내용을 이해하지는 못한다는 것이다. 이처럼 새로운 정보는 기존의 인지 구조에 연결됐을 때라야 제대로 이해될 수 있다.

가독성 공식

특정 구절의 가독성을 계산하는 데 사용할 수 있는 공식이 있다. 플레시-킨케이드 공식이 그 예다. 이 공식을 사용하면 읽기 용이성과 독해 수준의 정도를 둘 다 얻을 수 있다. 점수가 높을수록 해당 구절은 읽기가 쉬운 것이다. 점수가 낮으면 해당 구절은 읽기가 어렵다는 뜻이다. 이 공식은 그림 14.1과 같다.

$$206.835 - 1.015 \left(\frac{\text{총 단어 수}}{\text{총 문장 수}} \right) - 84.6 \left(\frac{\text{총 음절 수}}{\text{총 단어 수}} \right)$$

그림 14.1 플레시-킨케이드 가독성 공식

다른 공식도 여러 개 있는데, 완벽한 공식은 없으므로 주의해서 사용해야 한다. 대부분 가독성 공식은 단어와 문장의 평균 길이를 기반으로 한다. 이는 긴 단어와 문장으로 이루어진 텍스트 절이 읽기가 더 어렵다는 가정을 전제로 한다. 이 공식은 특정 용어나 어휘가 특정 청중이 읽거나 이해하기 어려울지 아닐지는 고려하지 않는다.

상당수 공식이 '등급별' 점수를 제공한다. 예를 들어 텍스트 절의 읽기 레벨이 8등급 또는 10등급이라고 점수로 알려준다. 같은 텍스트 절에 대해 다른 공식을 사용하면 등급별 점수에서 약간 차이가 날 수 있다.

이는 가독성 공식이 정확하지도, 완벽하지도 않다는 뜻이다. 하지만 그 점수를 통해 특정 텍스트 절이 읽기에 얼마나 쉬운지, 혹은 어려운지는 가늠할 수 있다.

다음은 일반 고객을 대상으로 글을 쓸 때의 지침이다.

- 레벨 6등급 이하의 텍스트는 읽기 쉽다.
- 레벨 7등급-9등급 사이의 텍스트는 난이도 평균이다.
- 레벨 10등급 이상의 텍스트는 읽기 어렵다.

가독성 계산 예시

가독성을 계산해주는 도구는 여러 가지가 있다.

여기서는 저자의 개인 블로그 기사 중 하나에서 따온 텍스트 절을 복사해 다음 가독성 공식 웹사이트에 붙여 넣었다: https://readabilityformulas.com/freetests/six-readability-formulas.php.

테스트한 텍스트는 다음과 같다.

"But doing nothing so you can then be better at doing something seems to run counter to the idea of niksen. What about doing nothing so that you just do nothing?

"I've been teaching an 8-week Mindfulness Meditation course once or twice a year at my local yoga studio (a wonderful place called 5 Koshas in Wausau, Wisconsin). The 8-week class includes homework, such as practicing the meditation we learned in class that week every day at home, and so on. It's a pretty intensive class.

"The last time I taught it I added to the homework. I asked students to practice 5 minutes a day fo niksen. I asked them to sit in nature or stare out their window, or sit in a comfy chair at home and look at the fire in the fireplace, or just stare into space. This was the one thing I got pushback on. They were willing to practice meditation for 20 minutes every day, but to sit and do nothing for 5 minutes? 'I don't have the time to do that' was the typical answer. 'I have responsibilities, children, work…'"

웹사이트에 대해 여러 가지 공식을 이용해 가독성을 계산했다. 다음은 그 결과 점수다.

플레시 읽기 용이성 점수: 76.3, 매우 읽기 쉬움.

플레시-킨케이드 등급 레벨: 7등급

Gunning Fog: 8.4, 매우 읽기 쉬움.

Coleman-Liau 지수: 6등급

SMOG 지수: 6등급

요약하자면 다음과 같다.

등급 레벨: 7등급, 읽기 레벨: 매우 읽기 쉬움.

다음의 영어로 적힌 문단을 읽을 수 있는가?

Eevn touhgh the wrosd are srcmaelbd, cahnecs are taht you can raed tihs praagarph aynawy. The order of the ltteers in each word is not vrey ipmrotnat. But the frsit and lsat ltteer msut be in the rhgit psotitoin. The ohter ltetres can be all mxeid up and you can sitll raed whtiuot a lot of porbelms. This is bceusae radenig is all aobut atciniptanig the nxet word.

어색한 철자 조합의 단어에 구애받지 않고 위 문단을 읽을 수 있었을 것이다. 단어를 읽은 후에야 뜻 해석이 이뤄지기 때문이다. 우리는 다음에 어떤 단어가 나올지 예측할 수 있다. 사전 지식을 많이 가지고 있을수록 더 쉽게 예측하고 내용을 해석할 수 있는 것이다.

제목과 헤드라인은 매우 중요하다

다음 문단을 읽어보자.

> 먼저, 물품을 분류하자. 이 작업에서는 색상을 기준으로 하는 것이 보편적이지만 질감이나 손질 방법 등의 다른 기준으로도 충분히 분류할 수 있다. 모든 분류 작업이 끝나면 이제 기기를 작동시킬 준비가 끝난 것이다. 분류된 항목을 각각 분류된 대로 따로 기기에 넣어야 한다.

위 문단이 어떤 과정을 설명한 것인지 알 수 있는가? 이해하기 어려웠을 것이다. 같은 문단에 제목을 붙이면 어떨까?

세탁기 사용법

> 먼저, 물품을 분류하자. 이 작업에서는 색상을 기준으로 하는 것이 보편적이지만 질감이나 손질 방법 등의 다른 기준으로도 충분히 분류할 수 있다. 모든 분류 작업이 끝나면 이제 기기를 작동시킬 준비가 끝난 것이다. 분류된 항목을 각각 분류된 대로 따로 기기에 넣어야 한다.

여전히 잘 읽히지는 않지만 제목이 있으면 적어도 내용 이해는 가능하다.

단어의 용도에 따라 뇌의 각기 다른 부위가 사용된다

단어로 어떤 활동을 하느냐에 따라 각각 뇌의 다른 부분에서 처리된다. 글을 읽거나 독해할 때, 들을 때, 말할 때, 동사를 생성할 때, 이 모든 활동은 각기 다른 부분에서 처리된다. 그림 14.2를 참고하자.

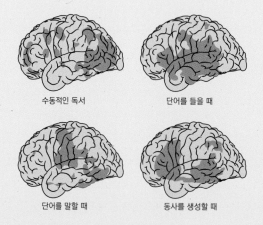

수동적인 독서   단어를 들을 때

단어를 말할 때   동사를 생성할 때

그림 14.2 단어의 사용 목적에 따라 뇌의 다른 부분에서 처리된다.

읽은 내용을 어떻게 기억하는지는 독자의 시각/입장에 달렸다

앤더슨과 피커트는 사람들에게 어떤 주택에 관련된 정보와 그 주택에 얽힌 이야기를 읽게 했다(Anderson and Pichert, 1978). 한 그룹은 그 주택을 구매하려는 사람의 입장에서 이야기를 읽었고, 다른 그룹은 그 주택을 털려는 도둑의 입장에서 이야기를 읽었다. 각 그룹은 주어진 시각에 따라 각기 다른 정보를 기억했다.

시사점

- 사람들은 능동적으로 독서에 임한다. 읽은 내용을 어떻게 받아들이고 기억하느냐는 독자의 개인적인 경험, 콘텐츠를 읽는 시각, 그리고 읽기 전에 받은 지시에 따라 달라진다.

- 독자들이 읽은 내용 중 특정 정보를 기억할 수 있을 거라고 가정해서는 안 된다.

- 의미 전달을 돕는 헤드라인이나 제목을 문단에 붙인다. 이 작업은 아주 중요하다.

- 독자의 수준에 따라 콘텐츠의 수준을 조절한다. 쉬운 단어와 음절을 사용해 넓은 독자층이 쉽게 읽을 수 있게 한다.

15 / 패턴은 각기 다른 서체로 쓰여진 글자를 알아볼 수 있게 해준다

사람들은 수세기에 걸쳐 어떤 모양의 서체가 더 쉽게 읽히거나 적절한지 논의해왔다. 세리프체와 산세리프체에 대한 논란은 이 논란의 중심에 있다. 어떤 이들은 산세리프체가 평범하기 때문에 더 읽기 쉽다고 하고, 또 어떤 이들은 다음 철자와 모양이 이어져 시선을 이끌 수 있기 때문에 세리프체가 더 읽기 편하다고 주장한다. 실제로 연구한 결과, 이 두 서체는 독해나 읽는 속도, 서체 간의 선호도에서 아무런 차이가 없다는 점이 드러났다.

우리는 패턴 인식을 통해 글자를 구분한다

어떻게 그림 15.1의 모든 표식을 철자 A라고 인식할 수 있을까?

그림 15.1 우리는 다양하게 변형된 글자를 동일한 것으로 인식할 수 있다.

아마 위에 표현된 다양한 형태의 글자 A를 모두 다 기억하지는 않을 것이다. 대신, A라는 글자가 어떤 형태로 생겼는지를 기억한다. 따라서 기억하고 있는 형태와 비슷하게 생긴 뭔가를 보게 되면 뇌는 그 패턴을 인식한다(사람이 어떻게 형태를 인식하는지에 대해서는 '사람은 어떻게 보는가' 장의 기하소자와 관련된 이야기를 참고하기 바란다).

디자이너들은 분위기나 브랜드, 혹은 심상을 환기시킬 때 서체를 사용한다. 어떤 서체군은 특정 시대를 떠올리게 한다(복고풍 vs. 현대적 느낌). 또 어떤 서체군은 진지함이나 장난기 같은 느낌을 내기도 한다. 그러나 독해 용이성의 측면에서 이런 서체들은 크게 영향력이 없다. 장식적인 요소가 과해서 알아보기 힘들 정도가 아니라면 뇌는 형태 패턴으로 글자를 인식하기 때문에 서체의 모양이 가독성을 해치는 경우는 거의 없다.

그림 15.2는 각기 다른 디자인의 서체다. 첫 번째 서체는 비교적 읽기 쉬우나 다른 것들은 조금씩 읽기가 어렵다. 그러한 서체는 뇌가 글자의 패턴을 인식하는 데 어려움을 겪게 한다.

There are many fonts that are easy to read. Any of them are fine to use. But avoid a font that is so decorative that it starts to interfere with pattern recognition in the brain.

There are many fonts that are easy to read. Any of them are fine to use. But avoid a font that is so decorative that it starts to interfere with pattern recognition in the brain.

There are many fonts that are easy to read. Any of them are fine to use. But avoid a font that is so decorative that it starts to interfere with pattern recognition in the brain.

There are many fonts that are easy to read. Any of them are fine to use. But avoid a font that is so decorative that it starts to interfere with pattern recognition in the brain.

그림 15.2 일부 장식성 서체는 쉽게 읽히기도 하지만 어떤 것들은 읽는 데 다소 어려움이 있다.

서체 유형, 타이포그래피, 그리고 가독성에 대해 조금 더 깊게 알아보자

서체 유형, 타이포그래피, 가독성에 대한 연구 자료를 보고 싶다면 다음에 있는 훌륭한 웹사이트를 방문해보라.

http://alexpoole.info/blog/which-are-more-legible-serif-or-sans-serif-typefaces/

서체의 가독성이 떨어질 경우 사람들은 주어진 과제를 수행하기 어렵다고 생각한다

송현진과 노버트 슈발츠는 피실험자들에게 운동하는 방법이 적힌 안내문을 나눠줬다 (Hyunjin Song and Norbert Schwarz, 2008). 읽기 쉬운 서체(Arial 같은 서체)로 쓰여진 안내문의 경우, 사람들은 8분 정도면 안내받은 운동을 할 수 있고 운동이 그렇게 어렵지 않을 거라 예상했다. 또한 피실험자들은 일상에서 기꺼이 이 운동을 하려는 의향을 보였다. 그러나 안내문의 내용이 과한 장식이 들어간 서체로 적힌 안내문(그림 15.3)을 받은 실험군은 동일한 내용의 운동을 하는 데 거의 두 배가 넘는 시간(약 15분 정도)이 걸릴 것이며, 안내받은 운동을 따라 하는 데도 어려움이 있을 것으로 예상했다. 그리고 일상 생활에서 안내받은 운동을 하고 싶은 의향도 덜했다.

턱을 가슴 쪽으로 당겼다가 위로 최대한 올립니다.
  같은 동작을 6~10회 반복합니다.
왼쪽 귀를 왼쪽 어깨에 닿도록 고개를 왼쪽으로 기울였다가,
  오른쪽 귀가 오른쪽 어깨에 닿도록 오른쪽으로 기울입니다.
  같은 동작을 6~10회 반복합니다.

턱을 가슴 쪽으로 당겼다가 위로 재빠르게 올립니다. 같은 동작을 6~10회 반복합니다.
왼쪽 귀를 왼쪽 어깨에 닿도록 고개를 왼쪽으로 기울였다가, 오른쪽 귀가 오른쪽 어깨에 닿도록
  오른쪽으로 기울입니다. 같은 동작을 6~10회 반복합니다.

그림 15.3 안내문의 서체가 두 번째 예처럼 읽기 힘들면 독자는 안내문의 내용을 실천하기가 어려울 거라 생각할 것이다.

시사점

- 세리프체와 산세리프체는 가독성 측면에서 동일한 수준이다.

- 특이하거나 과한 장식성 디자인이 가미된 서체는 뇌가 글자의 패턴을 인식하는 데 부담을 줘서 읽는 속도를 늦춘다.

- 사람들이 서체를 읽는 데 문제를 겪으면 문맥의 내용을 이해하는 데 어려움의 감정을 그대로 투영하게 되어 문장의 내용 자체를 이해하거나 실천하기 힘들다고 생각한다.

서체 크기가
중요하다

16

서체의 경우 그 크기가 매우 중요하다. 사용자들이 부담감 없이 글을 읽게 하려면 서체의 크기가 충분히 커야 한다. 높은 연령대의 사용자뿐 아니라 젊은 사용자들도 서체가 심하게 작으면 불만을 토로한다.

어떤 서체는 서체 크기가 같은데도 x높이(x-height) 때문에 더 크게 보일 때가 있다. x높이는 글자 그대로 영문 소문자 x의 높이다. 각 서체마다 x높이가 다르다. 따라서 서체 크기가 같더라도 x높이에 따라 크기가 달라 보일 수 있다. 그림 16.1은 서체의 각 부분을 어떻게 측정하는지 보여준다.

그림 16.1 서체 크기와 x높이를 측정하는 방법

일부 새로운 서체군(Tahoma나 Verdana)은 x높이가 크게 디자인되어 컴퓨터 화면에서 쉽게 읽힌다. 그림 16.2는 각기 다른 서체군을 같은 서체 크기로 써 놓은 것이다. 어떤 것은 상대적으로 커 보이는데 그 이유는 다름 아닌 x높이 때문이다.

All the fonts in this illustration are the same size, but some look larger than others because the x-height of different font families vary. This one is Arial.

All the fonts in this illustration are the same size, but some look larger than others because the x-height of different font families vary. This one is Times New Roman.

All the fonts in this illustration are the same size, but some look larger than others because the x-height of different font families vary. This one is Verdana.

All the fonts in this illustration are the same size, but some look larger than others because the x-height of different font families vary. This one is Tahoma.

그림 16.2 x높이가 크면 서체의 크기도 커 보인다.

시사점

- 다양한 연령층의 사용자에게 편안하게 읽힐 수 있는 서체 크기를 선정한다.

- x높이가 큰 서체를 사용해서 글씨가 실제보다 커 보이게 한다.

17

화면을 읽는 것은 종이 인쇄물을 읽는 것보다 더 힘들다

화면과 종이는 각각 다른 독서 경험을 만들어 낸다. 화면을 보는 경우 화면 자체가 고정적이지 않다(계속 화면 새로고침을 자동으로 수행 중이며 화면에서 빛이 발산되고 있는 상태다). 종이 인쇄물을 읽을 때는 고정적인 이미지를 대하게 된다(새로고침 따위는 없다). 또, 빛이 끊임없이 발산되는 컴퓨터 화면과는 다르게 종이의 질에 따라 빛의 반사도가 달라진다. 컴퓨터 화면의 새로고침과 빛 발산은 독자의 눈을 피곤하게 만든다. 전자잉크(킨들 같은)는 실제 종이 인쇄물과 비슷한 느낌을 준다. 화면에서 빛을 반사하며 새로고침 현상 없이 고정적인 화면을 유지한다.

컴퓨터 화면상의 글씨를 읽기 쉽게 만들려면 적정 크기의 서체 크기와 함께 서체의 색상, 그리고 서체가 올라갈 배경 화면의 색상도 함께 고려해야 한다. 그림 17.1은 가독성을 위한 최상의 조합을 보여준다(흰색 바탕에 검정색 글씨가 가장 읽기 쉽다).

In order to make text readable make sure that you have enough contrast between the text and the background.

검정색 바탕 위의 흰색 글씨는 읽기 힘들다.

In order to make text readable make sure that you have enough contrast between the text and the background.

글씨 색상과 바탕색에 적절한 대조를 줘야 한다.

In order to make text readable make sure that you have enough contrast between the text and the background.

가독성을 위한 최상의 조합은 흰색 바탕에 검정색 글씨다.

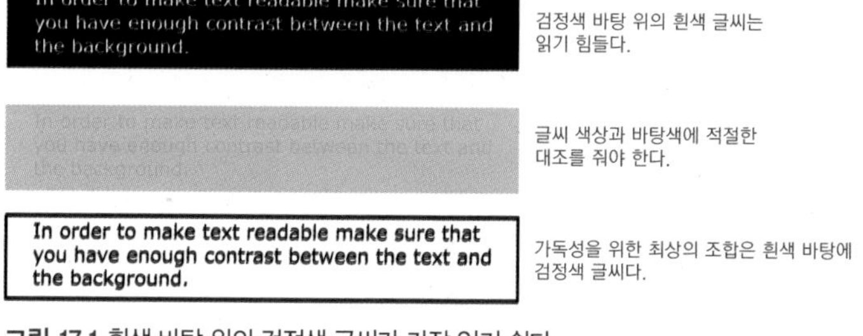

그림 17.1 흰색 바탕 위의 검정색 글씨가 가장 읽기 쉽다.

시사점

- 화면상의 글자는 서체 크기가 커야 한다. 눈의 피로도를 최소화하는 데 유용할 것이다.

- 문단을 짧게 끊어 쓴다. 아이콘을 쓰고, 짧은 문단으로 만들고, 이미지를 사용한다.

- 바탕색과 글씨의 색상에 적절한 대조 효과를 준다. 검정색 글씨를 흰색 바탕에 올렸을 때가 가장 읽기 쉽다.

- 콘텐츠의 내용을 충실히 하라. 결국 읽기 쉬운 디자인을 입혀놓아도 내용 자체가 흥미롭지 않다면 사용자들의 눈길을 사로잡을 수 없다. 사용자가 읽고 싶어 하고 필요로 하는 것이 무엇인지 알아내서 가능한 한 명료하게 그 내용을 제공한다.

사람들은 긴 길이의 문장을 더 빨리 읽지만 짧은 길이의 문장을 더 선호한다

화면에 띄울 문단의 가로 길이를 정해본 적이 있는가? 한 줄에 100자가 들어가게 길게 할까, 아니면 50자 정도로 짧게 할까? 아니면 그 중간쯤? 정답은 사용자가 글을 빨리 읽게 할 것이냐, 혹은 화면 자체를 좋아하게 만들 것이냐에 따라 달라진다.

메리 다이슨은 문장 길이에 대한 연구를 실시하면서 사람들이 선호하는 문장 길이에 대한 또 다른 연구를 병행했다(Mary Dyson, 2004). 그녀의 연구 결과에 따르면 한 줄에 공백 포함 100자 정도의 길이가 컴퓨터 화면에서 적절한 속도로 읽기에 편하다. 그러나 사람들은 45자에서 72자 정도의 짧은 길이를 선호하는 것으로 나타났다.

긴 길이의 문장을 더 읽기 쉬운 이유는 도약 안구 운동과 안구 고정의 흐름이 덜 방해받기 때문이다

문장의 끝에 시선이 다다르면 도약 안구 운동과 안구 고정과 같은 안구의 움직임이 가로막힌다. 따라서 시선이 조각조각 끊기기 때문에 짧은 길이의 문장은 문장이 끊길 때마다 안구의 움직임을 방해하는 횟수가 훨씬 많다.

이 연구는 사람들이 길게 가로로 이어진 세로단을 짧은 여러 개의 세로단보다 빨리 읽을 수 있다는 사실을 보여준다. 사람들은 짧은 길이로 끊어진 여러 개의 세로단을 훨씬 더 선호한다.

사람들에게 어떤 형식을 더 좋아하는지 물어보면 각 줄이 짧고 여러 단으로 쪼개진 형식을 더 좋아한다고 답할 것이다. 흥미롭게도 사람들에게 어떤 형식을 더 빨리 읽을 수 있느냐고 물어볼 때도 짧은 세로단 형식이라고 대답한다는 것이다. 사실, 더 빨리 읽을 수 있는 것은 가로 길이가 긴 세로단인데도 말이다.

그림 18.1은 한 줄 길이가 긴 예다. 그림 18.2는 한 줄 길이가 짧은 예다.

줄 길이를 결정하기는 쉽지 않다. 사람들이 선호하는 대로 짧은 줄 길이에 여러 개의 세로단으로 구성된 글을 제공할 것인가? 아니면 사람들의 선호나 직감에는 반하지만, 그렇게 하면 사람들이 더 빨리 읽는다는 것을 알고 있으니 줄 길이가 긴 하나의 단으로 된 글을 제공할 것인가? 이때는 제공하는 콘텐츠와 그 글을 읽는 독자에게 무엇이 더 중요한지를 결정해야 한다. 각 상황에 더 중요한 것이 속도인가, 아니면 선호도인가?

HUD APPROVES SETTLEMENT INVOLVING CALIFORNIA HOUSING PROVIDERS ACCUSED OF DISCRIMINATING AGAINST FAMILIES WITH CHILDREN

WASHINGTON - The U.S. Department of Housing and Urban Development (HUD) announced today t it has approved a Conciliation Agreement between Oberhauser Trust, in Escondido, and its leasing agent, First Core Group, Inc. doing business as Keller Williams Realty, in Glendale, California, settling claims that the leasing agent allegedly denied a father of two children the opportunity to rent a condominium. Read the agreement.

The Fair Housing Act prohibits housing providers from denying or limiting housing to families with children under age 18, including refusing to negotiate and making discriminatory statements based on familial status.

"Families today face enough challenges without being denied a place to call home because they have children," said Anna María Farías, HUD's Assistant Secretary for Fair Housing and Equal Opportunity. "HUD will continue working to ensure that housing providers meet their obligation under the Fair Housing Act to treat home seekers with children equally."

The case came to HUD's attention after a father of two and his father-in-law filed a complaint alleging that the father was denied the opportunity to rent a condominium because he has two young daughters who would be living with him part-time. The father alleged that the leasing agent refused to consider his application for the unit, saying, "I don't want to waste your time or mine. Sorry." The owner and leasing company deny that they discriminated against the family but agreed to settle the complaint.

Under the terms of the agreement, the owners and brokerage agency will pay $10,000 to the father and will revise their fair housing policy to contain provisions that there are no preferences against renting or selling properties to families with children. In addition, representatives of the owners and their leasing agents will attend fair housing training.

People who believe they have experienced discrimination may file a complaint by contacting HUD's Office of Fair Housing and Equal Opportunity at (800) 669-9777 (voice) or (800) 927-9275 (TTY). Housing discrimination complaints may also be filed by going to hud.gov/fair housing.

그림 18.1 줄 길이가 긴 글

ARTS & HUMAN DEVELOPMENT TASK FORCE »

Beginning in 2011, the NEA has convened a Federal Interagency Task Force on the Arts and Human Development to encourage more and better research on how the arts can help people reach their full potential at all stages of life.

ARTS EDUCATION PARTNERSHIP »

The Arts Education Partnership, a collaboration among the NEA, the U.S. Department of Education, and the Education Commission of the States as well as all AEP partner organizations, convenes forums to discuss topics in arts education, publishes research materials supporting the role of arts education in schools, and acts as a clearinghouse for arts education resource material.

BLUE STAR MUSEUMS »

Blue Star Museums is a collaboration among the NEA, Blue Star Families, the Department of Defense, and more than 2,000 museums in all 50 states that offers free admission to active-duty military personnel and their families during the summer.

CITIZENS' INSTITUTE ON RURAL DESIGN »

The Citizens' Institute on Rural Design (CIRD) is a leadership initiative of the National Endowment for the Arts in partnership with the Housing Assistance Council and buildingcommunityWORKSHOP. Focusing on communities with populations of 50,000 or less, CIRD's goal is to enhance the quality of life and economic viability of rural America through planning, design, and creative placemaking.

CREATIVE FORCES »

Creative Forces: NEA Military Healing Arts Network places creative arts therapies at the core of patient-centered care at 11 clinical sites throughout the country, plus a telehealth program, and increases access to therapeutic arts activities in local communities for military members, veterans, and their families. These programs serve the unique and special needs of military patients who have been diagnosed with traumatic brain injury and psychological health

INTERNATIONAL »

Through cooperative initiatives with other funders, the National Endowment for the Arts brings the benefit of international exchange to arts organizations, artists, and audiences nationwide. NEA's international activities increase recognition of the excellence of U.S. arts around the world and broaden the scope of experience of American artists, thereby enriching the art they create.

그림 18.2 줄 길이가 짧은 글

가령 의료 전문가들을 위해 최근 바이러스 출현에 관한 최신 정보를 웹 페이지에 올린다면 읽기 속도를 향상시킬 수 있게 줄 길이가 긴 쪽을 고려할 것이다. 독자가 이미 콘텐츠 내용을 읽고 싶어하므로(최신 정보를 최대한 빨리 알고 싶어함) 속도가 중요하다. 이럴 때는 예를 들어 한 줄에 글자가 80~100개 정도 되는 긴 줄로 글을 쓴다.

한편, 자신이 사는 지방의 미술관에서 열리는 최신 현대 미술 전시회에 관한 내용의 글을 쓰는데, 그 지역의 예술 애호가들이 그 기사를 읽고 전시회를 보러 오고 싶게 만들고 싶다면 사람들이 그 기사를 읽고 싶게 줄 길이가 짧은 글을 선택하는 편이 좋을 것이다. 줄 길이가 지나치게 길면 그 기사를 끝까지 읽지 않을 수도 있다. 이럴 때는 한 줄에 45~72개 정도의 글자가 들어가게 쓴다.

시사점

- 제공하는 콘텐츠와 글을 읽는 독자에 따라 무엇이 더 중요한지를 결정해야 한다. 예를 들면 속도가 더 중요한가, 아니면 선호도가 더 중요한가?

- 읽는 속도가 중요한 상황이라면 한 줄에 89~100자 정도의 길이로 글자를 늘어놓자.

- 독자가 빨리 읽지 않아도 되는 상황이라면 한 줄에 45~72자 정도의 길이로 글자를 늘어놓자.

03장

사람은
어떻게 기억하는가?

기억력 테스트를 해보자. 아래에 적힌 단어를 30초 동안 집중해서 읽은 후 페이지를 넘겨 3장을 읽기 시작하자!

회의	의자	직원
컴퓨터	프레젠테이션	탁자
전화	펜	마감일
일	선반	화이트보드
종이	사무실	비서

나중에 위의 목록을 다시 한번 살펴보겠다. 먼저, 인간 기억력의 약점과 복잡성을 알아보자.

19 / 단기 기억력에는
한계가 있다

전화로 친구에게 또 다른 친구의 전화번호를 물어보다가 받아적어야 할 종이도 펜도 없어서 일시적으로 암기해 본 경험이 한 번씩은 있을 것이다. 한번 들은 전화번호를 잊지 않기 위해 몇 번이고 반복해 외우면서 기억력이 증발하기 전에 최대한 빨리 그 친구에게 전화하려고 노력했을 것이다. 그러한 상황에서 자신의 기억력을 믿을 수 없는 경우도 있다.

심리학자들은 이런 종류의 기억력에 대한 여러 이론을 확립했다. 어떤 학자들은 단기 기억(short-term memory)으로, 또 다른 학자들은 작업 기억(working memory)으로 표현하기도 한다. 이번 장에서는 짧은 시간 내에 작용해야 하는 기억(1분 미만의 시간이 필요한 기억)을 작업 기억이라고 부르겠다.

작업 기억과 주의 집중

작업 기억을 오랜 기간 동안 머릿속에 비끄러매어 놓을 수 있는 사람들은 많지 않다. 작업 기억에 입력된 정보는 기억 속에서 쉽게 단절된다. 예를 들어, 어떤 사람의 이름과 전화번호를 기억해야 하는 상황에서 제삼자와 대화를 나눠야 하는 상황에 처해 있다고 해보자. 주의를 집중하지 않으면 이름과 전화번호는 쉽게 기억의 저편으로 사라져버릴 것이다. 그 이유는 작업 기억이 주의 집중에 관련된 능력과 연계돼 있기 때문이다. 작업 기억 속의 정보를 계속 기억하려면 해당 정보에 주의를 기울여야 한다.

작업 기억이 활동할 때 뇌가 활성화된다

기억력에 대한 이론과 연구는 1800년대부터 시작됐다. 현재, 연구자들은 fMRI(기능성 자기공명영상) 기술을 이용해 특정 이미지, 단어, 소리 등과 관련된 과업을 수행할 때 뇌의 어느 부분이 활성화되는지 정확하게 파악할 수 있다. 어떤 작업이 작업 기억과 관련돼 있을 경우(주의 집중력이 필요한 작업일 경우), 전전두피질이 활성화된다. 또한, 뇌의 다른 부분들도 작업 기억이 과업을 수행하는 동안 활성화된다. 예를 들어, 특정 과업에 단어나 숫자를 기억하는 일이 포함돼 있을 때는 좌뇌가 함께 사용되는 모습을 관찰할 수 있다. 지도 위에서 특정 지점을 찾아내는 등의 공간 지각력이 필요한 과업을 수행할 때는 우뇌도 활성화된다.

아마도 fMRI를 이용한 가장 흥미로운 관찰 결과는 작업 기억이 사용될 때 뇌의 이러한 영역과 전전두피질과의 상관관계가 강화된다는 것이다. 작업 기억이 활성화됐을 때 전전두피질은 어떤 것에 주의를 집중해야 할지 전략을 선택하게 된다. 그리고 이러한 전략 선택은 기억력에 지대한 영향력을 행사한다.

스트레스는 작업 기억을 약화시킨다

기능성 자기공명영상(fMRI)을 이용한 뇌 스캔 연구는 피실험자가 스트레스를 많이 받을 경우 전전두피질(이마 바로 뒤에 위치한 뇌의 부분)의 활성도가 급격하게 떨어지는 모습을 보여준다. 이것은 스트레스가 작업 기억의 효율을 떨어뜨린다는 의미다.

작업 기억 vs. 감각적 입력

흥미롭게도 작업 기억과 일정 시간 동안에 처리하는 감각적 입력의 절대량에는 반비례 관계가 성립한다. 작업 기억력이 좋은 사람들은 주의 집중을 더 잘하기 위해 주변 환경에서 발생하는 사건을 적절히 걸러내는 능력이 있다. 전전두피질은 어떤 대상에 주의를 집중할 것인지에 대한 결정권을 가지고 있다. 만약 우리가 주위에서 발생하는 감각 자극을 모두 무시할 수 있고, 대신 주의를 작업 기억에 집중시킨다면 이를 기억하는 것이 가능할 것이다.

작업 기억력이 좋을수록 학업 성취도도 높다

최근, 작업 기억력과 학업 성취도와의 상관관계에 대한 연구가 있었다. 트레이시 앨로웨이는 만 5세 아동 그룹의 작업 기억 용량을 테스트하고, 아동들을 꾸준히 추적, 관찰했다(Tracy Alloway, 2010). 5세 때의 작업 기억 용량을 기초로 아이들이 성장해 고등학생이 됐을 때와 그 후의 학업 성취도를 예측했는데, 어릴 때 작업 기억 용량이 큰 아이들은 성장 후에도 높은 학업 성취도를 보였다. 연구 결과가 그리 놀랍지는 않다. 작업 기억은 학교에서 선생님의 수업을 이해하고 받아들이는 능력과 직결되며, 나중에 논의하겠지만 장기 기억의 일부를 차지하기 때문이다. 흥미로운 점은 작업 기억 용량을 측정할 수 있었다는 것이다. 따라서 아이들의 점수가 낮으면 그에 상응하는 학습 중재안을 계획할 수 있다. 이 연구 결과는 아이가 학교 생활에서 어려움을 겪을 수 있는 위험 상황을 예측하는 빠르고 쉬운 방법을 제시하고, 교육자와 학부모가 아이의 학업 능력 문제를 초기에 바로잡을 수 있는 기회도 제공한다.

시사점

- 사용자에게 동시에 다른 차원의 정보를 기억하게 하지 않는다. 예를 들어, 어떤 페이지에 있는 글자나 숫자를 읽고, 동시에 혹은 시간차 없이 다른 페이지에 그 정보를 입력하게끔 만들지 말자. 분명 대부분의 사용자는 앞서 본 페이지의 정보를 잊어버려 좌절하는 상황에 처할 것이다.

- 사용자가 작업 기억력이 필요한 과업을 수행할 때 과업을 마칠 때까지 다른 정보를 주지 않는다. 작업 기억력은 매우 예민하며 방해받기 쉽다. 너무 과한 감각적 입력은 사용자의 주의 집중력을 떨어뜨릴 것이다.

20

사람들은 한 번에 4개 이상 기억하지 못한다

사용성이나 심리학, 또는 기억 관련 연구에 익숙한 사람이라면 '매직 넘버 7, 플러스 마이너스 2'라는 말을 한 번쯤 들어본 적이 있을 것이다. 이 문장은 필자가 감히 도시 전설이라고 칭하는 조지 밀러의 연구 논문에서 처음으로 언급됐다(George A. Miller, 1956). 그는 이 연구에서 사람들이 5가지에서 9가지(7 ±2) 정도만 기억할 수 있다고 주장했다. 사람들은 9개의 항목 중에서 평균적으로 7가지에서 둘 정도 모자란 5가지, 둘 정도 많은 9가지를 기억해냈다. 그래서 화면상에 여러 가지 항목을 늘어놓거나 메뉴를 한 페이지에 배치해야 한다면 5가지에서 9가지 정도만 늘어놓는 것이 좋다고 한다. 이런 이야기를 들어본 적이 있는가? 글쎄, 사실 위의 내용이 그리 정확한 것은 아니다.

왜 밀러의 주장은 도시 전설인가?

심리학자인 앨런 배들리는 '매직 넘버 7, 플러스 마이너스 2'에 의문을 던졌다(Alan Baddeley, 1994). 그는 밀러의 논문을 면밀히 재조사한 결과, 그것이 실제 연구에서 서술한 내용이 아니라는 점을 밝혀냈다. 그 내용은 밀러가 전문가들을 대상으로 회의를 진행했던 내용을 담은 것이었다. 밀러는 사람들이 기억할 수 있는 범위에 한계가 있다고 생각해 개인적인 의견을 피력했던 것이었다.

배들리는 인간 기억력과 정보 처리 과정에 대한 장기간의 연구 프로젝트를 진행했다 (Baddeley, 1996). 이후, 넬슨 코완을 위시한 다른 학자들도 배들리의 뒤를 따랐다

(Nelson Cowan, 2001). 그들이 진행한 새로운 연구에서는 매직 넘버가 7이 아닌 4라고 밝혀졌다.

정보를 네 덩어리 이상으로 뭉쳐 놓기

정보를 서너 덩어리로 뭉쳐놓을 경우, 주의가 산만한 상태가 아니라면 작업 기억력을 높이는 데 도움을 줄 수 있다.

사람들이 부족한 기억력을 보강하기 위해 본능적으로 택하는 전략이 정보를 뭉쳐서 기억하는 것이다. 전화번호를 아래처럼 표기하는 것은 결코 우연이 아니다.

712-569-4532

10개의 숫자를 하나하나 표기하는 대신 전화번호를 세 덩어리로 서너 개의 숫자씩 뭉쳐서 표기한다. 지역번호를 이미 알고 있는 사람이라면(물론 이것은 장기 기억에 해당하는 부분이다) 굳이 맨 앞의 첫 그룹에 속하는 숫자는 기억하지 않아도 되므로 뒤의 두 그룹의 정보만 기억하면 된다.

몇 년 전까지만 해도 미국 내 같은 지역에 거주하는 주민끼리 통화할 때는 지역번호를 누를 필요가 없어서 자신이 살고 있는 지역번호를 작업 기억 영역에 저장해 놓을 필요가 없었다(지역번호는 장기 기억에 속하는데, 이에 대해서는 조만간 다루겠다). 조금 더 먼 옛날에는 아예 동일한 지역 내 수발신의 경우 지역번호조차 필요하지 않았던 좋은 시절이 있었다(현재 대부분 지역에서 이 제도는 시행되지 않는다). 게다가 헷갈리지 않으려고 같은 지역에 사는 사람들의 교환 번호(위 번호 중 569 부분)를 같게 맞추기도 했다. 같은 교환 번호를 쓰는 마을의 누군가에게 전화를 할 때는 맨 마지막 4자리 숫자만 기억하면 아무런 문제가 없었다(너무 옛날 이야기라 필자를 노인네 취급할지도 모르겠지만 필자는 현재 위스콘신의 작은 마을에 살고 있는데, 여기 사람들은 아직도 서로 전화번호를 교환할 때 마지막 4자리 번호만 주고받는다. 이젠 그 네 자리 숫자로 할 수 있는 것이 아무것도 없는데도 말이다).

네 덩어리 법칙은 기억을 꺼내오는 데도 적용된다

네 덩어리 법칙은 작업 기억뿐 아니라 장기 기억력에도 적용된다. 조지 맨들러는 사람들이 정보를 분류별로 구분해서 외울 수 있고, 한 분류에 속하는 항목이 1~3개 정도일 경우 정보를 완벽하게 다시 기억해 낸다는 사실을 보여줬다(George Mandler, 1969). 한 분류에서 기억해야 할 항목의 개수가 셋을 초과할 경우 점차 기억을 떠올릴 가능성이 떨어진다. 만약 4개에서 6개 정도의 항목이 한 분류 내에 존재하는 경우 사람들은 그중 80% 정도만 기억할 수 있었다. 80개 정도의 항목이 있는 경우에는 그중 20% 정도만 기억할 수 있었다(그림 20.1).

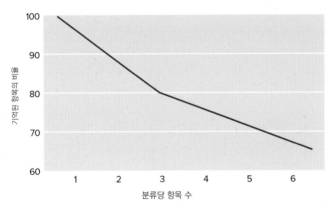

그림 20.1 회상해야 할 항목의 개수가 많을수록 기억력의 정확도는 떨어진다.

도날드 브로드벤트는 피실험자에게 각기 다른 그룹으로 분류된 항목에 대해 회상하도록 요청했다(Donald Broadbent, 1975). 예를 들어, 일곱 난쟁이, 무지개의 일곱 가지 색깔, 유럽 대륙의 국가 이름들, 현재 상영 중인 TV 드라마의 제목을 기억해야 할 항목으로 제시했다. 피실험자들은 주어진 정보를 각자 나름대로 둘, 셋, 혹은 네 개의 그룹으로 덩어리 지어 기억해냈다.

심지어 유인원들조차 이런 방식으로 기억한다

카와이 노부유키와 마츠자와 테츠로는 침팬지에게 사람에게 했던 기억력 테스트와 동일한 테스트를 실시했다(Nobuyuki Kawai, Tetsuro Matsuzawa, 2000). 아이(Ai)라는 이름의 이 침팬지는 네 자리 숫자를 기억해야 하는 테스트를 95%의 정확도로 통과했다. 하지만 다섯 자리 이상의 숫자를 기억해내는 데는 65%의 정확도만을 보였다.

시사점

- 선택지나 항목의 개수를 서너 개로 제한한다. 예를 들어 사람들이 더 많은 정보를 얻기 위해 눌러야 할 링크를 제공할 때 링크의 개수를 서너 개로 제한한다.

- 링크나 제목, 선택지의 개수를 서너 개로 제한할 수 없다면 정보를 서너 덩어리로 묶거나 그룹 짓는다. 예를 들어 사람들에게 다음에 뭘 할지 묻는다면 클릭할 제목이나 항목을 10개 나열하는 대신 항목 몇 개를 묶어 각 그룹당 서너 개의 항목이 들어가는 그룹을 서너 개 보여준다.

- 정보를 덩어리로 묶거나 그룹 지을 때는 한 덩어리에 항목이 4개를 넘지 않게 한다.

- 사람들은 작업 기억력에 과부하가 걸리면 작업 보조 도구 같은 외적인 도움을 사용하는 경향이 있음을 명심한다. 사람들이 제품을 사용하는 동안 목록이나 노트, 포스트잇 등을 참고해야 했음을 목격했다면 작업 기억력에 과부하가 걸린 것으로 봐도 좋다.

21

오랫동안 기억하려면 정보를 활용해야 한다

사람은 어떤 과정을 거쳐 작업 기억 영역에 있던 것들을 장기 기억 영역으로 옮기는 걸까? 여기엔 기본적으로 두 가지 방법이 있다. 첫째 반복적으로 기억을 되새기거나, 둘째 이미 기존에 알고 있던 정보에 연결하는 방법이 있다.

반복 학습은 물리적으로 뇌를 변화시킨다

뇌에는 정보를 저장할 수 있는 약 100억 개의 뉴런이 존재한다. 뉴런은 자극을 받았을 때 전기를 발생시켜 다른 세포에 정보를 전달하는 기능을 하는데, 뉴런에서 발생시킨 전기적 자극은 신경전달 화학물질에 의해 뉴런 말단의 시냅스 간극 사이를 통과하게 된다. 뇌속의 뉴런은 우리가 단어나 구, 노래, 전화번호를 외우기 위해 반복할 때마다 자극을 받는다. 기억은 뉴런 사이사이에 연결 패턴 형식으로 저장된다. 따라서 두 개의 뉴런이 활성화되면 그 둘 사이의 연결 구간이 강화된다.

특정 정보를 충분히 여러 번 반복하면 뉴런은 기억 추적 태세를 갖추게 된다. 기억 추적 태세를 갖추고 나면 기억을 떠올릴 수 있게 나머지 항목을 지속적으로 불러내기 시작한다. 이런 이유로 특정 정보를 기억하려면 여러 번 청취해야 하는 것이다.

스키마의 힘

'머리'라는 단어를 설명해야 한다고 해보자. 그러면 뇌와 머리카락, 눈, 입, 귀, 피부, 목 등 머리에 속하는 기관에 대해 이야기해야 할 것이다. 이처럼 머리는 실로 여러 가지 요소로 구성돼 있지만 우리는 그 모든 것을 하나로 모아서 '머리'라고 총칭한다. 비슷한 경우로 '눈'을 예로 들어보자. 그러면 안구, 눈썹, 속눈썹, 눈꺼풀 등 눈을 구성하는 모든 것이 머릿속에 떠오를 것이다. 이때의 머리와 눈을 스키마라고 한다. 사람들은 스키마를 이용해 정보를 장기 기억에 저장하고 회상해낸다.

그림 21.1 머리는 눈, 코, 귀, 입, 머리카락 등의 여러 기관으로 구성돼 있다. 모든 조합을 머리라는 스키마로 규정하면 더 쉽게 기억할 수 있다.

새로운 정보를 이미 기억 속에 저장된 정보와 연결시킬 수 있다면 더욱 쉽게 기억할 수 있으며, 장기 기억 속에 오래도록 남게 할 수 있고, 쉽게 떠올릴 수 있다. 스키마는 사람들이 장기 기억력 내에서 연결 고리를 형성할 수 있게 돕는다. 한 개의 스키마만으로도 많은 정보를 정리할 수 있다(그림 21.1).

전문가들은 정보를 스키마 형태로 저장한다

사람들은 뭔가를 더 잘 알수록 그것에 관한 스키마도 더 체계적이고 강력해진다. 예를 들어, 체스 게임을 처음 접하는 사람들이 게임을 진행할 때는 여러 개의 작은 스키마를 동원해야 한다. 말을 체스판 위에 어떻게 배치해야 하고, 퀸이 어떻게 움직이는지 등의 정보가 필요하다. 하지만 체스 고수라면 많은 정보를 하나의 스키마로 정리해서 처리할 수 있다. 전문가들은 게임 중 체스판을 보면서 어디에서 어떤 말을 어떤 패턴으로 옮겨야 하고, 상대방이 어떻게 대응할지 한 번에 알 수 있다. 또한 게임의 시작부터 현재까지의 운영에 대해 기억을 빠르게 더듬어 갈 수 있다. 초보자에게는 여러 스키마를 통해 하

그림 21.2 체스 고수에게는 체스판 위의 모든 것들이 단 하나의 스키마에 들어 있다.

나하나 기억해야 하는 것들이지만 전문가에게는 이 모든 것들이 하나의 스키마로 인식된다. 그러면 장기 기억 속에 저장돼 있던 정보를 쉽고 빠르게 회상할 수 있고 체스에 관한 새로운 정보를 장기 기억에 집어넣기가 수월해진다. 체스 고수들은 상당히 많은 정보를 단 하나의 덩어리로 기억할 수 있다(그림 21.2).

시사점

■ 사용자가 뭔가를 기억하게 만들려면 끊임없이 반복하게끔 만든다. 반복이 기억을 완벽하게 만들어 줄 것이다.

■ 소비자 연구를 해야 하는 주요 이유 중 하나는 특정 소비자 계층이 지닌 스키마를 찾아내고 이해할 수 있기 때문이다.

■ 사용자들이 제공될 정보에 관련된 스키마를 이미 알고 있다면 사용자에게 그 스키마를 명확하게 인식시킬 필요가 있다. 그러면 사용자는 기존의 지식에 스키마를 연결해 정보를 학습하거나 기억하기가 더 쉬워질 것이다.

22 / 정보를 인식하는 것이 기존의 기억을 회상하는 것보다 훨씬 쉽다

이 장을 시작할 때 언급한 기억력 테스트를 기억하는가? 목록을 보지 말고 기억나는 대로 단어를 적어보자. 이 기억력 테스트는 인식과 회상에 대해 이야기할 때 유용하게 쓰일 것이다.

재인하는 것이 기억을 회상하는 것보다 쉽다

방금 해본 기억력 테스트에서는 먼저 단어 목록을 기억했다가 기억나는 대로 적었다. 이를 회상 과업(Recall Task)라고 한다. 그런데 단어 목록을 보여주는 대신 단어 목록을 보여주거나 사무실을 걸으면서 사무실에 있는 물건 가운데 목록에 있었던 게 무엇인지 물어봤다면 재인 과업(Recognition task)을 부여한 것이다. 재인은 회상보다 쉽다. 재인은 맥락을 이용한다. 그리고 맥락은 우리의 기억을 돕는다.

수년간 개발된 상당수의 사용자 인터페이스 도구 및 지침이 소프트웨어와 애플리케이션을 이용해 기억 부하를 줄여준다. 수년 전에는 타이핑을 시작하자 마자 글자를 자동으로 채워주는 선택 옵션이나 칸을 가진 드롭다운형 리스트 박스가 없었다. 이러한 능력은 회상 기억을 이용할 필요를 줄여주기 때문에 무엇보다도 제품의 사용자 경험을 향상시켰다.

포섭 오류(포괄 오류)

여러분이 외운 단어는 모두 사무실과 관련이 있었다. 여러분이 기억력에 의존해 써 내려간 목록과 이 장을 시작할 때 제시한 목록과 비교해보자. 아마 원래 목록에 없는 엉뚱한 단어도 썼을 것이다. 이것은 '사무실'이라는 스키마 때문이다. 아마 여러분은 '책상'이나 '연필' 혹은 '직장 상사'라는 단어를 썼을 것이다. 의식적이든, 무의식적이든 제시된 목록의 단어가 사무실과 관련이 있다는 것을 인식했다는 이야기다. 스키마는 여러분이 목록에 제시된 단어를 기억하는 데 도움을 주기도 하지만 포섭 오류(inclusion error)를 범하게 만들기도 한다.

어린이들은 포섭 오류를 잘 범하지 않는다.

만 5세 미만의 어린이에게 어떤 물체나 사진을 보여주고 기억하고 있는 것에 대해 물어보면 성인에 비해 포섭 오류를 적게 범한다. 이는 어린이에게 스키마가 제대로 형성돼 있지 않기 때문이다.

시사점

- 기억력에 무리를 줄 수 있는 가능성을 최대한 제거한다.
- 자동 완성이나 드롭다운처럼 사람들이 기억으로부터 항목을 회상하는 일을 줄여주는 사용자 인터페이스 기능을 활용한다.

23 / 기억에는
많은 정신적 자원이 필요하다

무의식 사고에 관련된 최근 연구는 사람들이 무의식적으로 초당 400억 개의 감각 입력을 받고, 의식 상태에서는 한 번에 40개의 감각을 알아챌 수 있다는 것을 보여준다. 그렇다면 네 개 이상의 무언가를 한번에 기억하거나 처리할 수 있다는 의미이지 않을까? 감각 입력(소리, 바람이 피부를 스치는 느낌, 눈 앞에 있는 바위 등등)을 받아들일 때 사람은 '뭔가가 존재한다'라는 사실을 지각하게 된다. 지각된 정보에 대해서는 굳이 기억할 필요도 없고, 이 정보를 가지고 어떤 일을 할 필요도 없다. 40가지 사물에 대한 의식적 인식은 40비트의 정보를 의식적으로 처리하는 것과는 다르다. 그 과정은 생각하고, 기억하고, 정보를 처리하고, 대표 이미지를 만들고, 정보를 부호화하는 등의 많은 정신적 자원이 필요하다.

기억력은 쉽사리 방해받는다

콘퍼런스에서 어떤 발표를 듣고 있다고 상상해보자. 발표가 끝난 후 호텔 로비에서 친구와 마주쳤다. 친구가 "어떤 발표였어?"라고 묻는다. 대부분은 발표의 끝부분에서 보거나 들은 내용에 대해 말할 것이다. 이런 현상을 막바지 효과(recency effect)라고 한다.

발표 도중 휴대 전화가 울려서 누군가에게 문자를 보내느라 발표 청취를 잠시 쉬는 동안에는 발표의 첫 부분을 기억하고 마지막 부분을 잊게 되는데 이를 첫머리 효과(suffix effect)라 한다.

기억력에 관련된 흥미로운 사실

- 구체적인 단어(예: 책상, 의자)는 추상적인 단어(예: 정의, 민주주의)보다 더 쉽게 장기 기억에 저장할 수 있다.

- 사람들은 감정이 슬픈 상태일 때 슬픈 기억을 떠올리는 경향이 있다.

- 3세 이전에 경험한 것에 대해서는 거의 기억하지 못한다.

- 단어보다 직접 눈으로 본 것(시각적 기억)을 더 잘 기억할 수 있다.

잠을 자고, 꿈을 꾸면서 저장할 기억을 결정한다

어떤 최고의 연구 결과는 우연히 탄생하기도 한다. 1991년 뇌과학자인 매튜 윌슨(Matthew Wilson)은 실험용 쥐들이 미로를 찾는 것을 관찰하며 뇌의 활동에 대한 연구를 진행하고 있었다. 그는 우연히 실험 쥐를 미로에 풀어 놓고 깜빡 잊어버렸다. 쥐들은 실컷 미로를 돌아다니다가 결국엔 잠이 들어버렸다. 덕분에 그는 쥐들의 뇌활동이 잠을 잘 때와 미로를 돌아다니고 있을 때 거의 동일하다는 사실을 알아냈다.

지 다오윈과 윌슨은 이 사실을 기반으로 심층 연구를 진행했다(Daoyun Ji and Wilson, 2007). 그들은 실험을 통해 쥐뿐 아니라 사람의 기억력에 대한 이론도 함께 끌어냈다. 그 연구에 따르면 사람들은 잠을 자고 꿈을 꾸면서 하루 동안에 경험한 모든 일들을 다시 되짚고 통합한다. 좀 더 구체적으로 말하면 새로운 기억을 통합하고, 하루 동안에 걸쳐 받아들인 정보와의 새로운 조합을 만들어낸다. 즉, 자는 동안 뇌가 어떤 것을 기억하고, 어떤 것을 잊어버릴지를 결정하게 된다.

운율을 더 쉽게 기억할 수 있는 이유

음운부호화(Phonological coding)는 정보를 좀 더 쉽게 회상할 수 있게 돕는다. 문자로 언어를 기록하기 전, 이야기는 운율이 살아 있는 운문으로 기억되고 구전됐다. 첫 문장이 운율을 타기 시작하면 다음 문장으로 매우 쉽게 기억이 옮아간다. 음운부호화의 예로 아이들에게 "30일까지만 있는 달은 9월–4월–6월–11월"이라고 외우는 방법을 가르치는 것을 들 수 있다.[1]

---

1 (옮긴이) 한국에서는 구구단을 외우거나 '독도는 우리땅' 같은 노래의 가사 내용을 예로 들 수 있다.

시사점

- 구체적인 용어와 아이콘을 사용하라. 추상적 아이디어나 이미지보다 사용자들이 훨씬 쉽게 기억할 것이다.

- 정보를 기억하게 하고 싶다면 사용자를 쉽게 한다(필요하다면 수면도 허락하라). 프로세스나 서비스(예: 항공기 조종사들을 위한 모의 운항 훈련)를 설계한다면 자면서 구축하는 것을 잊지 말라.

- 사용자가 정보에 대해 학습을 진행하고 있거나 부호화하고 있을 때는 절대 방해해서는 안 된다.

- 프레젠테이션·중간에 제시되는 정보는 거의 기억되지 않는 경향이 있다.

기억할 때마다 기억의 내용을 재건한다

최소 5년 전에 있었던 특정 사건을 떠올려보자. 결혼식이 될 수도 있고, 가족 모임이나 친구들과 함께한 저녁식사, 혹은 휴가 기간의 기억도 괜찮다. 함께 있었던 사람들과 장소를 떠올려보자. 그 일이 있었던 날의 날씨, 혹은 그날 본인의 복장까지 모두 기억할 수 있을 것이다.

기억은 변화한다

특정 사건에 대해 회상을 시작하면 의식 속에서는 짧은 영화가 한 편 상영되는 것과 같은 현상이 일어난다. 우리는 이러한 방식으로 기억을 경험하기 때문에 사람들은 기억이 마치 파일로 저장된 영화처럼 절대로 변하지 않을 거라 생각하곤 한다. 하지만 실제 벌어지는 일은 다르다.

실제로 기억은 회상할 때마다 재건된다. 기억은 하드디스크에 저장되는 파일처럼 뇌의 어느 특정 부위에 고이 저장돼 있는 단편 영상이 아니다. 기억은 회상할 때마다 매번 새로 활성화되는 신경 경로다. 이것은 일부 흥미로운 효과를 일으킨다. 한 예로 기억은 회상할 때마다 내용에 변화가 생길 수 있다.

원래의 사건이 종료된 이후에 발생한 사건은 전자의 기억에 변화를 줄 수 있다. 전자의 사건에서 여러분과 사촌은 절친한 사이였다고 가정해보자. 하지만 이후에 심한 언쟁을 하고, 몇 년간 얼굴도 보지 않고 살게 됐다고 치자. 최초의 사건에 대한 기억을 회상하면

할수록 그 기억은 조금씩 변화한다. 다만 여러분이 그 변화를 깨닫지 못할 뿐이다. 원래 사건의 기억 속에서 사촌들이 친한 사이가 아니라 냉담한 사이로 변화하는 것부터 시작된다. 그것이 사실이 아니더라도 말이다. 이후 시점의 경험이 기억 자체를 바꿔 놓는 결과를 초래한 것이다.

또한 사건 간의 연관 관계를 창조해 기억의 간격을 메우기 시작할 것이다. 사실이 아님에도 기억하는 당사자에게는 이 모든 것이 사실로 느껴질 것이다. 가령 가족 저녁식사 시간에 정확히 누가 있었는지는 잘 기억하지 못하지만, 졸린 이모는 대부분 이런 행사에 참여해왔다고 하자. 시간이 지나고 그 행사를 떠올리면 졸린 이모가 실제로 참석했든 안 했든 상관없이 그 기억에는 항상 졸린 이모가 있을 것이다.

목격자의 진술이 미덥지 못한 이유

엘리자베스 로프터스는 재구성 기억과 관련한 연구를 위해 자동차 사고 동영상을 피실험자들에게 보여줬다(Elizabeth Loftus, 1974). 동영상 상영 후 로프터스는 일련의 질문을 던지고, 중요한 단어를 대체했다. 예를 들어, '가해 차량이 피해 차량을 들이받았을 때의 속도는 얼마나 빨랐는가?'같은 질문이나 '가해 차량과 피해 차량이 충돌했을 때 가해 차량의 속도는 얼마 정도였다고 추측하는가?'와 같은 질문을 피실험자에게 던졌다. 그리고 로프터스는 피실험자에게 '깨진 유리창'에 대해 기억하고 있는지에 대해서도 물었다.

'들이받다'와 '충돌하다'라는 단어 차이에 주목하자. 로프터스가 '충돌하다'라는 단어를 써서 질문했을 때 피실험자들은 '들이받다'의 경우보다 더 빨랐다고 대답했다. 그리고 두 배 넘는 수의 피실험자가 '충돌'이란 단어를 사용했을 때 깨진 유리창을 봤다고 대답했다. 이후의 연구에서 로프터스는 피실험자에게 일어나지도 않았던 사건이 있었다고 믿게 만들 수 있었다.

회상하는 동안 목격자가 눈을 감게 하라

목격자가 특정 사건을 회상할 때 눈을 감으면 더 분명하고 정확한 내용을 기억해낼 수 있다(Perfect, 2008).

기억은 실제로 지워질 수 있다!

영화 〈이터널 선샤인(Eternal Sunshine of the Spotless Mind)〉을 본 적이 있는가? 이 영화는 특정 기억을 지워주는 사업에 대해 다루고 있는데 실제로 기억을 인위적으로 지울 수 있다는 것이 밝혀졌다. 존스 홉킨스 대학의 과학자인 로저 클렘은 실제로 인간의 기억이 삭제될 수 있다는 연구 결과를 발표했다(Roger Clem, 2010).

시사점

- 특정 제품의 사용자 테스트나 인터뷰를 실시할 때는 어휘를 신중하게 선택한다. 질문에 사용하는 단어가 사람들의 '기억과 반응에 영향을 미칠 수 있다.

- 사람들이 직접 전하는 이야기에 의존하지 않는다. 사람들은 과거의 행위나 사건을 정확하게 기억할 수 없다.

- 실제 사건 이후 사용자들이 말하는 내용(예를 들면, 고객센터에 전화해서 제품을 사용한 기억에 대해 이야기하거나 고객센터의 통화 경험에 대해 기억하는 것 등)은 적당히 감안해서 듣는다.

25 / 사람들이
기억을 잊는 것은 좋은 것이다

우리는 기억력 상실을 문제처럼 취급한다. 짜증으로 끝나면 양호한 것이고(내가 열쇠를 어디다 뒀더라?) 최악의 경우 부정확한 목격자의 진술로 엄한 사람이 구속되기도 한다. 어쩌면 이렇게도 적응에 도움되지 않는 요소가 인간에게 생겨난 걸까? 왜 인간은 이런 결함을 가지고 있는 걸까?

사실, 기억 상실은 결함이 아니다. 매 순간, 매일, 매년, 그리고 평생 사람이 받아들이는 감각 입력과 경험에 대해 생각해보자. 이 모든 것을 하나하나 다 기억하고 있다면 제대로 삶을 영위할 수 없을 것이다. 그래서 사람은 일정량을 잊어 버려야 한다. 뇌는 지속적으로 어떤 것을 기억할지, 어떤 것을 잊을지 결정한다. 그 결정은 본인의 의지와 상관없이 무의식 중에 내려져서 중요한 것을 놓치기도 하지만 대체적으로 이 과정 덕분에 우리는 별 무리 없이 살고 있는 것이다!

얼마나 기억을 잊어버리는지 산출하는 공식

1886년, 헤르만 에빙하우스(Hermann Ebbinghaus)는 기억력의 저하를 보여주는 공식을 만들었다.

$R = e(-t/s)$

R은 기억력 유지, S는 상대 기억 강도, t는 시간이다. 이 공식에 따른 결과는 그림 25.1의 그래프다. 이 그래프를 망각 곡선이라고 하며, 장기 기억에 저장돼 있는 정보임에도 사람이 얼마나 빨리 기억을 잊어버리는지 보여준다.

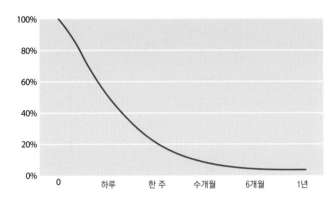

그림 25.1 헤르만 에빙하우스의 망각 곡선

기억을 잊는다는 사실을 염두에 두고 디자인하기

디자인할 때는 사람들이 정보를 기억할 거라고 생각하지 말라. 사람들이 필요로 하는 정보나 그 정보를 쉽게 찾을 방법을 제공하라.

옵션 버튼이나 드롭다운 메뉴가 생기기 전에는 대부분 사람들이 소프트웨어를 사용할 때 빈 칸에 어떤 데이터를 입력할 수 있는지 따위의 많은 내용을 기억해야 했다. 지금은 옵션 버튼이나 드롭다운 메뉴처럼 사용자 인터페이스 요소들이 있어 기억 부담을 줄여주고 종종 사람들이 잊어버릴 일도 줄여준다.

그림 25.2는 드롭다운 목록으로 사람들이 어떤 옵션이 있는지 기억할 수 있게 돕는 전형적인 상황을 보여준다.

그림 25.2 드롭다운 메뉴가 기억 부담을 덜어주고 망각을 최소화해준다.

가장 생생한 기억은
잘못된 기억이다

누군가가 2001년에 9.11 사태가 일어났을 때 어디에 있었고, 뭘 하고 있었는지 물어보면 대부분의 사람들은 매우 자세한 이야기들을 들려줄 것이다. 미국에 살고 있고, 9.11 사태가 일어날 당시 10살 또는 그 이상의 나이였다면 테러 상황에 대해 들은 모든 이야기, 함께 있었던 사람, 그리고 그날 사고가 일어난 후에 어떻게 시간을 보냈는지 남김없이 이야기할 수 있을 것이다. 하지만 연구 결과는 아주 많은 경우, 아마도 이런 생생한 기억들은 거의 대부분이 잘못된 기억이라는 사실을 보여준다.

생생한 섬광 기억

대단히 충격적이거나 인상적인 사건의 상세 사항을 기억하는 것을 섬광 기억(flashbulb memory)이라고 한다. 감성은 해마 근처에 있는 편도체에서 처리되며, 해마는 장기 기억에 저장할 정보를 부호화하는 데 관련이 있다. 따라서 심리학자들에게 감성으로 가득찬 기억이 강하고 생생하게 기억된다는 사실은 그리 놀랍지 않다.

생생하지만 오류로 가득한 기억

섬광 기억은 매우 생생하지만 동시에 많은 오류를 포함하고 있다. 1986년 우주 왕복선 챌린저호가 폭발했다. 이 사건 역시 매우 생생하게 회상할 수 있을 것이다. 참사가 일어난 다음날, 섬광 기억 분야에서 연구를 진행하고 있던 울릭 네이서(Ulric Neisser) 교수는 학생들에게 챌린저호 폭파 사건에 대한 기억을 써서 제출하게 했다. 사건 발생 3년 후 그는 챌린저 사건에 대해 다시 한 번 기술하게 했다(Neisser, 1992). 나중에 낸 레포트의 90% 이상이 3년 전 작성된 원본 레포트와 달랐다. 그중에서 절반 정도의 레포트가 상세 사항의 3분의 2 이상을 부정확하게 서술하고 있었다. 그중 한 학생에게 3년 전 본인이 작성한 레포트를 직접 보여줬더니 "제 필적은 맞지만 제가 그걸 썼을 리는 없습니다."라는 대답을 했다. 비슷한 연구가 9.11 사태 이후 실시됐고, 결과는 챌린저 사건 연구 결과와 비슷했다.

에빙하우스의 망각 곡선은 시간이 지날수록 빠르게 기억력이 감퇴한다는 사실을 보여준다. 섬광 기억은 매우 생생해서 다른 기억에 비해 오래도록 잊혀지지 않는 것처럼 여겨졌다. 그러나 실상은 그렇지 않다는 사실이 드러났다. 이러한 사실은 사람들에게 충격적으로 받아들여진다. 매우 생생한 기억이라서 사람들은 그러한 기억이 더 사실이라고 믿지만, 사실 그 기억은 잘못된 것이다.

시사점

- 극적이거나 충격적인 경험은 다른 기억보다 더 생생하고 확실하게 기억될 것이다.

- 이 극적이거나 충격적인 경험 대부분은 잘못 기억될 것이다.

- 어떤 사건에 대해 가지고 있는 기억을 아무리 확신하더라도 대부분 장기 기억은 완전히 정확하지 않다고 가정할 필요가 있다.

- 사람들을 인터뷰하면서 어떤 사건을 기억해 보라고 할 때는 그 사람들이 일어났다고 말하는 일이 정확하지 않을 수 있다는 점을 기억하라.

04장

사람은
어떻게 생각하는가?

뇌에는 230억 개의 뉴런이 있다. 이것은 정신적 사고를 처리하기 위한 것으로, 어마어마한 양이다. 뉴런에서는 어떤 일이 일어나고 있을까?

사용자를 위한 디자인을 하려면 사람들이 어떻게 사고하는지 이해하는 것이 매우 중요하다. 시각적 환각이 있는 것처럼 사고적 환각도 존재한다. 이 장에서는 뇌가 세상을 어떻게 이해하는지 흥미로운 사실들을 토대로 설명한다.

27 / 인간은 작은 덩어리의 정보를
더 잘 처리할 수 있다

뇌는 의식이 있는 상태에서는 한 번에 아주 적은 양의 정보만 처리할 수 있다(뇌는 매초 400억 개 정도의 정보 조각을 다룰 수는 있으나 그 중에 의식적으로 처리할 수 있는 숫자는 40여 개 정도에 불과하다. 디자이너들이 자주 저지르는 실수 중 하나는 한 번에 너무 많은 양의 정보를 제공하는 것이다.

단계적 노출 개념 적용하기

단계적 노출은 한 번에 사람들이 필요로 하는 만큼의 정보만 제공하고 사람들이 원하거나 필요로 할 경우 클릭을 통해 특정 주제에 대해 더 많은 정보를 알아보게 하는 것을 말한다.

단계적 노출을 사용하지 않으면 결국에는 사람들이 질릴 만큼 아주 긴 정보가 담긴 페이지를 제공하게 된다.

가령 미국의 사회 보장 제도 웹사이트에 있는 다음 페이지를 보자. 이 페이지는 배우자 사망 후 남겨진 가족의 보장 혜택에 관한 부분이다. 페이지가 너무 길고 단계적 노출을 사용하지 않는다(그림 27.1, 27.2, 27.3).

그림 27.1 페이지 첫 화면

appointment is not required, but if you call ahead and schedule one, it may reduce the time you spend waiting to speak to someone.

Does Social Security pay death benefits?

A one-time lump-sum death payment of $255 can be paid to the surviving spouse if he or she was living with the deceased; or, if living apart, was receiving certain Social Security benefits on the deceased's record.

If there is no surviving spouse, the payment is made to a child who is eligible for benefits on the deceased's record in the month of death.

What happens if the deceased received monthly benefits?

If the deceased was receiving Social Security benefits, you must return the benefit received for the month of death and any later months.

For example, if the person died in July, you must return the benefits paid in August. How you return the benefits depends on how the deceased received benefits:

- For funds received by direct deposit, contact the bank or other financial institution. Request that any funds received for the month of death or later be returned to Social Security.
- Benefits received by check must be returned to Social Security as soon as possible. **Do not cash any checks** received for the month in which the person dies or later.

Who receives benefits?

Certain family members may be eligible to receive monthly benefits, including:

- A widow or widower age 60 or older (age 50 or older if disabled);
- A surviving divorced spouse, under certain circumstances;
- A widow or widower at any age who is caring for the deceased's child who is under age 16 or disabled and receiving benefits on their record;
- An unmarried child of the deceased who is:
   ◦ Younger than age 18 (or up to age 19 if he or she is a full-time student in an elementary or secondary school); or
   ◦ Age 18 or older with a disability that began before age 22.

Are other family members eligible?

Under certain circumstances, the following family members may be eligible:

- A stepchild, grandchild, step grandchild, or adopted child; and
- Parents, age 62 or older, who were dependent on the deceased for at least half of their support.

> Eligible family members may be able to receive survivors benefits for the month that the beneficiary died.

Widow Or Widower

If you are the widow or widower of a person who worked long enough under Social Security, you can:

- receive full benefits at full retirement age for survivors or reduced benefits as early as age 60.

> If you qualify for retirement benefits on your own record, you can switch to your own retirement benefit as early as age 62.

- begin receiving benefits as early as age 50 if you are disabled **and** the disability started before or within seven years of the worker's death.

> If a widow or widower who is caring for the worker's children receives Social Security benefits, they're still eligible if their disability starts before those payments end or within seven years after they end.

- receive survivors benefits at any age, if you have not remarried and you take care of the deceased worker's child who is under age 16 or is disabled and receives benefits on the worker's record.

If you remarry **after you reach age 60** (age 50 if disabled), your remarriage will not affect your eligibility for survivors benefits.

- A widow, widower, or surviving divorced spouse cannot apply online for survivors benefits. You should contact Social Security at **1-800-772-1213** to request an appointment. (If you are deaf or hard of hearing, call our TTY number at **1-800-325-0778**.)
- If you wish to apply for disability benefits as a survivor, you can speed up the disability application process if you complete an Adult Disability Report ⋏ and have it available at the time of your appointment.
- We use the same definition of disability for widows and widowers as we do for workers.

그림 27.2 같은 페이지에서 아래로 스크롤한 화면   그림 27.3 같은 페이지에서 더 스크롤한 화면

이 페이지의 경우 독자들이 사실상 페이지를 모두 읽으려면 7개의 화면을 훑고 내려가야한다. 이 페이지에 단계적 노출이 적용됐다면 각 주제를 한두 줄로 요약할 수 있었을 것이다. 그 경우 클릭이나 탭을 통해 더 많은 정보를 확인할 수 있다. 이는 특히 이러한 정보 유형에 적합한 방법이다. 이러한 페이지의 정보는 개인마다 일부분만 해당할 가능성이 크기 때문이다.

클릭 수는 중요하지 않다

단계적 노출에는 여러 번의 클릭이 필요하다. 분명 웹사이트를 설계할 때 사용자가 정보에 도달할 때까지 클릭하는 수를 최소화하라는 말을 들은 적이 있을 것이다. 클릭 수는 그렇게 중요하지 않다. 사용자는 여러 번에 걸쳐 클릭할 의향이 있다. 사실, 사용자는 원하는 정보를 얻기까지 몇 번 클릭하는지 알아차리지도 못한다. 단계적 노출에 대해 생각하자. 클릭 수는 세지 말자.

누가 무엇을, 언제 원하는지 파악하라

단계적 노출은 매우 훌륭한 기법이다. 그러나 대다수의 사용자가 대체로 원하는 것을 설계자가 알고 있다는 전제하에서만 훌륭하다 할 수 있다. 만약 사용자의 니즈를 충분히 조사하지 않은 상태라면 사용자가 원하는 정보를 찾지 못해 헤매는 실망 가득한 사이트가 만들어질 것이다. 단계적 노출은 정확하게 사용자가 원하는 것과 원하는 시점을 확실히 알 때만 제구실을 할 수 있다.

더 자세한 정보는 크룩(Krug)의 저서를 참고하자

사용자가 깊게 생각할 필요가 없게끔 인터페이스를 디자인하는 일에 관련된 매우 멋진 책으로 스티브 크룩의 『상식이 통하는 웹사이트가 성공한다(Don't Make Me Think, 2006)』를 읽어보길 바란다.

단계적 노출의 기원

단계적 노출이라는 용어는 J.M. 켈러(J.M. Keller)가 처음 사용했다. 켈러는 교수설계학 교수로서 1980년대 초반 ARCS(Attention, Relevance, Confidence, and Satisfaction: 주의집중, 관련성, 자신감, 만족감)라는 동기학습모델을 설계했다. 단계적 노출은 ARCS 모델의 한 부분으로 특정 순간 학습자가 원하는 정보만을 제시한다.

시사점

- 단계적 노출 기법을 사용하자. 사용자에게 딱 필요한 양의 정보만 보여주자. 더 상세한 정보는 링크의 형태로 제공하면 된다.

- 사고와 클릭 수 사이에서의 기회 비용을 생각해야 한다면 차라리 많은 클릭 수를 택하고 사용자가 조금 덜 생각하게 하라.

- 단계적 노출을 설계하기 전 사용자가 원하는 정보, 원하는 타이밍에 대한 사용자 연구를 충분히 실시한다.

28 / 특정 유형의 인지 처리 과정은
더욱 까다롭다

인터넷 뱅킹 사이트를 이용해 결제하는 상황을 상상해보자. 어떤 종류의 결제를 언제까지 해야 할지 확인해야 하고, 통장 잔고를 확인한 후, 얼마만큼의 돈을 신용카드로 지불해야 할지 결정하고 결제 프로세스를 밟고자 적절한 버튼을 마우스로 클릭한다. 이 과업을 수행할 때 사용자는 사고하고 기억하며(인지), 특정 객체를 화면에서 찾아(시각), 버튼을 누르거나 마우스를 움직이고 내용을 입력한다(운동).

인간공학 용어로 이 모든 것들을 부하(load)라고 한다. 이 이론은 기본적으로 인지(기억 포함), 시각, 운동이라는 세 가지 종류의 서로 다른 부하 또는 수용이 이뤄질 수 있다는 논리에 근거한다.

부하는 각각 다르다

각 부하는 각기 다른 양의 정신적 자원을 소모한다. 뭔가를 응시하거나 컴퓨터 화면상의 어떤 것을 보거나 찾아내려고 할 때 발생하는 시각 부하는 버튼을 누르거나 마우스를 움직일 때 발생하는 운동 부하에 비해 더 많은 자원을 소모한다. 또한 시각 부하보다 생각하거나 기억하거나 암산할 때 발생하는 인지 부하가 훨씬 더 많은 자원을 필요로 한다. 따라서 인간공학적 관점에서 가장 비용이 많이 드는 부하의 종류를 나열하면 다음과 같다.

- 인지 부하
- 시각 부하
- 운동 부하

기회비용의 발생

인간공학적 관점에서 보면 우리는 제품이나 애플리케이션, 웹사이트를 디자인할 때 늘 기회비용이 발생하는 상황에 놓인다. 사용자가 클릭해야 할 횟수를 더 추가하더라도 사용자가 그만큼 생각하거나 기억해야 할 필요가 없어진다면 이것은 가치가 있다. 클릭을 추가하는 것이 생각하는 것보다 사용자에게 더 적은 인지 부하를 주기 때문이다. 필자는 이 주제와 관련한 연구를 진행한 적이 있다.

사람들은 하나의 과업을 완수하기 위해 10번 이상을 클릭하고도 즐겁게 웃으며 '쉬운데요!'라고 말했다. 각 단계에서는 논리적으로 과업이 전개됐고 단계별로 기대한 바를 얻을 수 있었기 때문이다. 별로 생각할 필요가 없었다. 클릭하는 행위는 사고하는 것보다 인지 부하가 적다.

피트의 법칙을 이용한 운동 부하 파악

운동 부하가 세 가지 부하 중 비용이 적다고는 하지만 이따금 그 부하의 양을 줄여야 할 상황이 온다. 운동 부하를 줄이는 방법 중 하나는 사용자가 클릭하기 힘들 정도로 아주 멀리 떨어져 있거나 아주 작게 만들지 않는 것이다. 이를테면, 마우스를 화면의 대각선 끝에 있는 버튼으로 옮긴다거나 드롭다운 목록이 열리는 화살표 버튼을 아주 작게 만드는 것을 예로 들 수 있다.

실제로 화면을 가로질러 마우스를 움직이는 동안 대상에 확실히 도달하게 만들려면 대상의 크기를 얼마로 잡아야 할지 계산하는 공식이 있다. 이 공식을 피트의 법칙(Fitt's Law)이라고 한다(그림 28.1).

$$T = a + b \log_2\left(1 + \frac{D}{W}\right)$$

그림 28.1 피트의 법칙 공식

- T: 동작을 완료하기까지 걸리는 평균 시간(때때로 운동 시간이라고도 하며 줄여서 MT라고 표현하기도 한다)
- a: 기기 작동을 시작할 때 걸리는 시간 또는 종료할 때 걸리는 시간(절편)
- b: 고유 속도(기울기)
- D: 시작 지점에서 대상의 중앙 지점까지의 거리
- W: 대상의 운동 중심 축을 기준으로 측정한 가로 길이

실제로 여러분이 피트의 법칙을 계산할 일은 없을 거라 생각하지만 버튼이나 화살표의 넓이를 과학적으로 결정할 수 있는 방법이 있다는 점을 알려주고자 소개했다.

피트의 법칙을 통해 알아야 할 것은 속도, 정확도, 거리가 연관 관계에 있다는 사실이다. 자그마한 화살표가 화면의 오른쪽 아래에 있고 사용자가 화면의 왼쪽 위에 있는 커서를 오른쪽 아래로 끌어내려 화살표를 클릭해야 한다고 해보자. 피트의 법칙은 마우스가 너무 빨리 움직일 때 정확도가 떨어져 다시 한 번 해당 위치로 돌아가야 한다는 사실을 알려준다.

운동 전환을 최소화하자

운동 부하의 한 형태로 마우스와 키보드를 오가는 것, 혹은 트랙패드와 키보드를 오가는 행동을 예로 들 수 있다. 실제로 이런 행동은 수 페이지에 달하는 많은 데이터를 머리를 파묻고 입력할 때 관찰된다. 누군가 종이에 적힌 데이터를 키보드로 직접 컴퓨터에 입력하고 있다고 해보자. 이런 작업에 능숙한 사람이라면 그저 종이만 넘겨보면 될 것이다. 이 경우 화면에 있는 페이지를 아래로 내려보기 위해 키보드와 마우스를 오가는 상황은 사용자에게 꽤나 산만하게 느껴질 것이다. 가능하다면 사용자가 새로운 형태의 운동으로 전환하는 일을 최소화해야 한다.

때로는 부하를 높이고 싶을 때도 있다

디자인할 때 부하를 생각해야 하는 경우에는 대부분 어떻게 하면 부하를 줄여 사용자 편의를 향상시킬지 고민한다(특히 인지 부하와 시각 부하를 줄이기 위해). 그러나 어떤 경우에는 일부러 부하를 높이고 싶을 때도 있다. 예를 들어 사용자의 주목을 끌기 위해 시각 정보(그림, 사진, 애니메이션, 동영상 등)를 첨부할 수도 있다. 결과적으로 이러한 작업은 제품의 시각 부하를 높인다.

일부러 부하를 높이는 가장 좋은 예로 게임을 들 수 있다. 게임은 하나 혹은 그 이상의 다양한 종류의 부하를 의도적으로 증가시킨 인터페이스를 제공한다. 어떤 게임은 사용자가 게임 상황을 파악해야 하기에 인지 부하가 높다. 또 다른 경우는 특정 아이템을 화면상에서 찾아내야 하기에 시각 부하가 높으며, 또는 키보드 혹은 다른 독립적인 외부 장치를 이용해 악당에게 총을 쏴야 하기에 운동 부하가 높다. 많은 게임은 하나 이상의 부하(예를 들어, 시각 부하와 운동 부하)를 높인다.

시사점

- 현재 제품의 부하를 평가해 적절히 그 총량을 감소시켜 더 편하게 사용할 수 있게 한다.

- 디자인할 때 사용자가 많이 생각하거나 기억하지 않아도 되게 한다. 이 두 가지는 인지 부하를 일으켜 많은 정신적 자원을 필요로 한다.

- 기회 비용에 대해 고민하라. 예를 들어 시각 부하나 운동 부하를 높여 인지 부하를 줄일 수 있는 곳이 있다.

- 사람이 선택하는 항목을 충분히 키워서 쉽게 도달할 수 있게 만든다.

29 / 30%의 시간은
잡념에 쓴다

동료가 써 준 보고서를 업무 시간에 읽고 있다가 같은 문장을 세 번 넘게 반복해서 읽고 있다면 우리의 의식은 읽고 있던 것을 생각하는 게 아니라 잡념에 빠진 것이다.

잡념(mind wandering)은 백일몽(daydreaming)과 비슷하기는 하지만 완전히 같은 개념은 아니다. 심리학자들은 백일몽을 생각이 환상이나 상상 속의 이야기로 빠지는 현상으로 본다. 복권에 당첨되는 환상이나 유명 인사가 되는 꿈 등이 여기에 해당한다. 잡념은 좀 더 구체적이다. 특정 과업을 수행하던 중 그 과업과 전혀 상관없는 다른 제3의 과업에 관해 생각하는 것을 잡념이라고 한다.

잡념은 매우 흔한 현상이다

사람들은 잡념을 과소평가한다. 캘리포니아 주립대학 산타 바바라 캠퍼스의 조너선 스쿨러(Jonathan Schooler) 교수는 사람들이 정신 활동의 10%를 과업이 아닌 다른 일에 사용한다고 생각하지만 사실은 이보다 훨씬 많이 소비하고 있다고 이야기한다. 일상 생활 중의 30% 정도는 잡념에 빠져 있으며, 뻥 뚫린 고속도로를 주행하는 등의 상황에 놓이면 잡념에 빠지는 시간은 70%로 늘어난다!

잡념은 뇌 과학자들을 혼란스럽게 하는 화두

일부 뇌 과학자들은 뇌 스캔 연구를 진행하는 과정에서 발생한 골칫거리였던 잡념 현상에 흥미가 생겼다(Mason, 2007). 피실험자에게 특정 과업(이를테면, 사진을 응시하라거나 어떤 문단을 읽으라거나 하는)을 부여한 후 뇌 활동을 스캔했다. 그 결과, 전체 실험 시간 대비 약 30% 정도는 실험 과업과 전혀 관련이 없어 보이는 뇌 활동을 보였다. 이는 의식이 피실험자의 의식을 벗어나 있기 때문이었다. 결국 연구자들은 이 현상에 혼란스러워하기보다 제대로 연구해 보기로 했다.

잡념의 긍정적인 측면

잡념은 뇌의 특정 부분은 특정 과업에 집중하고 다른 부분들은 좀 더 높은 목표를 유지하게끔 만들어준다. 예를 들면, 운전에 집중하고 있을 때라도 '언제쯤 주유소에 들러야 한다'는 것을 계속 기억하게 해준다. 혹은 주치의가 권해 준 콜레스테롤 개선제에 대한 인터넷 기사를 읽으면서 미용실에 가야 할지에 대해 마음속으로 고민할 수 있게 해준다. 실제로 멀티태스킹하는 건 아니지만(멀티태스킹은 존재하지 않는 개념이다. '사람은 어떻게 주의를 집중하는가' 장에서 자세한 내용을 확인하기 바란다) 잡념은 사람들이 하나의 생각과 또 다른 생각 사이를 신속하게 넘나들 수 있게 해준다.

잡념의 부정적인 측면

사람들은 잡념에 빠져 있는 대부분의 순간을 인식하지 못한다. 이는 우리가 중요한 정보를 놓칠 수 있음을 의미한다. 동료가 준 보고서를 읽다가 저녁에 뭘 먹으면 좋을지 생각하는 경우를 상상해보자. 이것은 비생산적인 행동이다.

잡념이 많다 = 창의력이 풍부하다

산타 바바라에 위치한 캘리포니아 대학교의 연구원들은 잡념이 많은 사람들이 그렇지 않은 사람들보다 훨씬 더 창의적이며, 뛰어난 문제 해결력을 가지고 있다는 사실을 입증했다(Christoff, 2009). 잡념이 많은 사람들의 뇌는 과업에 집중함과 동시에 다른 정보와 사실을 연결하는 동시 처리 능력이 뛰어났다.

시사점

- 사람들은 아주 제한적인 시간 동안만 특정 과업에 집중할 수 있다. 종종 사람들의 주의는 잡념의 세계에 있다고 추정해도 무방하다.

- 가능하다면 주제와 주제 사이에 하이퍼링크를 걸어 계속 주의를 끈다. 사람들이 웹 서핑을 좋아하는 이유는 이런 잡념이 가능하기 때문이다.

- 사용자가 잡념에서 빠져 나왔을 때 원래의 위치로 돌아올 수 있게 정보 내비게이션을 명확하게 한다.

불확실성이 높을수록 사람들은
자신의 생각에 대해 방어적으로 변한다

몇 년 전 나는 아이폰 광팬이 됐다. 하지만 항상 그랬던 것은 아니다. 예전에는 윈도우/PC 사용자였다. PC가 처음 나왔을 때로 돌아가 보면, 나에게는 CPM 운영체제에서 구동되고 360KB(믿기지 않겠지만, KB가 맞다) 플로피 디스크 드라이브가 2개 장착된(하드 드라이브가 없다는 말이다) 환상적인 '휴대용' PC가 있었다. 난 PC 사용자였지, 애플 사용자는 아니었다. 애플은 나와는 전혀 상관없는 강사들이나 예술가들이 쓰는 것이었다.

하지만 2000년대 초반 몇 년 동안 난 애플로 갈아탔다(PC에 대한 나의 충성심이 어떤 과정을 거쳐 애플로 옮겨갔는지는 필자의 다른 저서인 『Neuro Web Design: What Makes Them Click?』[1]에서 설명했다. 이 책에서는 아주 작은 변화나 약속이 브랜드 충성도를 높이는 데 얼마나 큰 영향을 미치는가를 다룬다).

안드로이드 폰을 자랑하는 동료와의 저녁식사가 어땠을지 이제 대충 감이 올 것이다. 그는 새 안드로이드 폰을 너무나 사랑한 나머지 안드로이드 폰이 내가 쓰는 아이폰과 비슷하게 좋거나 심지어는 더 뛰어나다고 끊임없이 설득하려 들었다. 나는 그의 이야기를 들을 가치도 못 느꼈을 뿐더러 안드로이드 폰은 쳐다보지도 않았다. 솔직히 말해서 나는 내 뇌가 아이폰이 아닌 다른 어떤 것이 더 좋을지도 모른다는 가능성조차도 받아들이기를 거부하는 상태였다. 나는 전형적인 인지부조화 거부 증상을 보이고 있었다(한 가지 밝혀둘 점은 이 글을 쓰는 지금은 결국 안드로이드로 갈아탔고 윈도우/PC도 다시 사용 중이다).

---

1 (옮긴이) 번역서로 『심리를 꿰뚫는 UX 디자인: 재미있는 UX 심리학의 원리와 클릭을 이끌어내는 성공 웹사이트의 비결』(에이콘출판사, 2010)가 있다.

1956년, 레온 페스팅거(Leon Festinger)는 『예언이 끝났을 때』(이후 2020)라는 책을 썼다. 이 책에서 그는 인지 부조화(cognitive dissonance)의 개념에 대해 설명했다. 인지 부조화란 기존에 사용자가 학습하거나 인지하고 있던 특정 개념에 대해 상반되는 어떤 현상이 나타났을 때 발생하는 불편한 감정이다. 대부분의 사람은 이 불편한 감정을 느끼길 싫어하기 때문에 그 상황에서 벗어나고자 한다. 이때 택할 수 있는 길은 두 가지다. 기존의 신념을 바꾸거나 둘 중 한 개념을 부정하는 것이다.

강요를 받으면 사람들은 신념을 바꾼다

레온 페스팅거의 인지 부조화 연구에서는 피실험자에게 그들의 믿음에 위배되는 어떤 의견을 옹호하기를 강요했다. 실험 결과, 사람들은 강요된 새로운 의견에 맞춰 신념을 바꾸는 모습을 보였다.

빈센트 반 빈은 자신의 새로운 연구에서 피실험자끼리 fMRI를 촬영하는 경험이 즐거웠다고(실제로 그럴 리는 없지만) 논쟁을 벌이게 했다(Vincent Van Veen, 2009). 경험이 즐거웠다고 얘기하게 했을 때 뇌의 특정 부위(등쪽전두대피질과 앞쪽섬피질)에서 반응이 오는 것을 알 수 있었다. 이 두 부위가 활성화될수록 실험 참가자들은 경험이 즐거웠다고 진심으로 주장하게 되었다.

강요받지 않는 한 사람들은 버티려고 한다

이따금 또 다른 반응이 나타나기도 한다. 강요받지 않는 상태에서 사실이 아니라고 믿는 사실에 대해 언급하거나 기존의 그 사람의 신념에 반대되는 내용을 알려주면서 새로운 신념을 옹호하도록 강요받지 않는다면 어떻게 될까? 이런 상황에서는 믿음을 바꾸는 대신 새로이 제공되는 정보를 부정하는 경향을 보인다.

불확실성이 높을수록 사람들은 더 강력하게 주장한다

데이비드 갈과 데렉 루커는 최근 사람들에게 프레임 기법(framing technique)을 이용해 불확실성을 느끼게 하는 실험을 진행했다(David Gal and Derek Rucker, 2010). (예를 들어, 한 그룹에게는 확신에 가득 차 있던 때를 떠올리게 했고, 또 다른 그룹에게는 의심으로 가득 차 있던 때를 떠올리게 했다.) 그리고 나서 피실험자에게 자신이 육식주의자인지, 채식주의자인지, 극단채식주의자인지, 아니면 그 밖의 경우에 해당하는지 묻고, 섭식 습관이 자신에게 얼마나 중요하며 자신의 의견과 주장에 자신 있는지 물어봤다. 불확실성을 조성했던 그룹의 참가자는 그렇지 않은 그룹의 참가자에 비해 자신의 주장에 자신감이 없었다. 그러나 자신의 신념에 대해 타인을 설득해 자신의 방식대로 식생활을 개선하는 글을 작성하도록 요청했을 때는 다른 양상이 나타났다. 불확실성 그룹에 속했던 사람들이 훨씬 더 강한 어조로 논지를 펼쳐나갔다. 갈과 루커는 같은 실험을 다른 주제로도 진행해 봤지만(예를 들어, 애플의 맥 컴퓨터와 윈도우 컴퓨터의 선호 차이 등) 비슷한 결과를 얻었다. 불확실성은 사람들로 하여금 새로운 정보를 거부하고, 오히려 더 열심히 주장하게 만든다.

작은 결정을 유도한다

사이트 방문자가 상품이나 서비스를 구매하는 것을 목적으로 하는 페이지를 디자인한다고 해 보자. 문제는 페이지를 찾아오는 사람들이 뭔가를 살 준비가 됐는지 아닌지, 혹은 제품이나 서비스에 대한 확신이 없거나, 더 심한 경우로 완전히 회의적이지는 않은지 알 수 없다는 점이다.

그럴 때는 큰 것보다 작은 것을 결정하게 유도하는 것이 최고의 전략이 될 수 있다. 무료 체험이 그렇게 인기가 많은 것도 그런 이유다. 7일간의 무료 체험을 결정하는 것은 작은 약속이라서 사람들이 상품이나 서비스에 대한 강력한 반응이나 거부 반응을 좀처럼 보이지 않는다.

시사점

- 누군가의 뿌리 깊은 믿음을 바꾸려고 시간을 낭비하지 말자.

- 신념을 바꾸게 하는 가장 좋은 방법은 대상으로 하여금 아주 작은 일부터 참여시키는 것이다.

- 사용자에게 그들의 신념이 논리적이지 않다거나, 공격에 취약하다든가, 바람직하지 못하다는 증거를 바로 제시해서는 안 된다. 오히려 역효과를 불러일으켜 그들의 신념을 더욱 공고히 할 뿐이다.

킨들을 한 번도 본 적이 없다고 해보자. 그런데 어떤 사람이 킨들을 건네주며 '이걸로 책을 읽을 수 있습니다'라고 말해줬다. 킨들에 전원을 넣기 전에, 즉 사용해 보기 전에 이미 아이패드를 가지고 책을 읽는 행위에 대해 머릿속에 그림을 그린다. 다시 말해, 어떤 형태의 책이 화면에 나타날지, 어떻게 다뤄야 할지(페이지를 넘긴다든가, 책갈피를 사용한다든가)에 대해 가정한다. 한 번도 사용해 본 적이 없는데도 이미 킨들로 책을 읽는 행위에 대한 멘탈 모델(mental model)을 가지고 있는 것이다.

그 머릿속의 멘탈 모델은 여러 가지에 따라 달라 보이고 다르게 작용한다. 전에 전자기기를 이용해 책을 읽어본 적이 있는 사람의 킨들로 책을 읽는다는 멘탈 모델은 종이책만 읽었던 사람의 그것과 다를 것이다. 그리고 일단 킨들로 책을 몇 권 읽고 나면 머릿속에 전에 어떤 멘탈 모델이 있었든 상관없이 새로운 경험을 반영해 바뀌고 조절될 것이다.

필자는 1980년대부터 쭉 멘탈 모델에 대해 언급해왔다(멘탈 모델과 상대적인 관계에 있는 '개념 모델'에 대한 설명은 아래에 이어진다). 필자는 여러 해 동안 소프트웨어, 웹사이트, 의료기기를 비롯한 다양한 제품의 인터페이스를 디자인했다. 늘 사람들의 뇌에서 어떤 활동이 일어나고, 기술에 의해 제기되는 제약과 기회를 사람들의 뇌 속에서 벌어지는 일과 일치시키는 작업을 즐겼다. 인터페이스 환경(예를 들어, 문자 기반 시스템의 녹색 화면이나 초기 GUI의 파란 화면 등)은 급격하게 변화해왔다. 하지만 사람들은 그보다 천천히 변화한다. 일부 오래된 UI 디자인 콘셉트가 아직도 꽤 중요하게 사용되고 있다. 멘탈 모델과 개념 모델은 시간이라는 시험대를 통과한 가장 유용한 디자인 콘셉트다.

멘탈 모델이라는 용어의 기원

멘탈 모델에 대해 처음 거론한 사람은 케네스 크레이크였다(Kenneth Craik, 1943). 자신의 저서인 『설명의 본성(The Nature of Explanation)』을 발표한 지 얼마 되지 않아 크레이크는 자전거 사고로 사망해 멘탈 모델의 개념은 수년 동안 휴면 상태에 빠졌다. 멘탈 모델은 『멘탈 모델(Mental Model)』이라는 제목의 책 두 권으로 인해 1980년대에 다시 등장했다. 한 권은 필립 존슨-레어드(Philip Johnson-Laird)가, 그리고 다른 한 권은 데드레 겐트너(Dedre Gentner)가 썼다.

멘탈 모델이란 정확히 무엇인가?

멘탈 모델은 뭔가가 어떻게 작동하는지에 관한 사고 절차이자 기억의 집합이다. 멘탈 모델은 행동을 유도한다. 그것들은 우리가 뭔가에는 집중하게, 그리고 다른 뭔가는 무시하게 만들고, 우리가 문제를 푸는 방식에 영향을 미친다.

디자인 분야에서는 멘탈 모델이 실제 세계나 기기, 소프트웨어 등 사람들이 생각하는 뭔가에 대한 표현을 가리킨다. 사람들은 멘탈 모델을 아주 빨리 만들어 내며, 소프트웨어나 기기를 사용하기 전에 그런 경우도 자주 있다. 사람들의 멘탈 모델은 비슷한 소프트웨어나 기기에 대한 이전 경험과 가정, 다른 사람들에게서 들은 말들, 그리고 해당 제품이나 기기를 사용해본 직접 경험에서 나온다. 멘탈 모델은 변화의 대상이다. 사람들은 멘탈 모델을 통해 시스템이나 소프트웨어, 제품이 무엇을 할 것인지나 자신이 그것들로 무엇을 할지를 예상한다.

시사점

- 사람들은 늘 멘탈 모델을 가지고 있다.
- 멘탈 모델은 과거의 경험을 토대로 만들어진다.
- 모든 사람이 같은 멘탈 모델을 가지고 있지는 않다.
- 사용자 혹은 소비자 연구를 하는 이유는 타깃 사용자 계층의 멘탈 모델을 이해하기 위해서다.

디자인에서 멘탈 모델의 중요성을 이해하려면 개념 모델이 무엇이고 개념 모델과 멘탈 모델은 어떤 차이점이 있는지 이해할 필요가 있다. 상호작용해야 하는 대상에 대해 의식 속에서 인식하고 있는 대표 이미지를 멘탈 모델이라 한다. 개념 모델은 사용자가 실제 제품의 디자인이나 인터페이스를 통해 접하는 실제 모델을 의미한다. 킨들의 전자책 사례로 다시 돌아가보면 킨들로 책을 읽는 행위는 어떠할 것이고, 어떤 방식으로 동작할 것이며, 그것으로 무엇을 할 수 있는가가 여기에 해당한다. 하지만 실제로 킨들을 손에 쥐고 나면 킨들 화면에 전자책 앱의 실제 모습이 나타난다. 거기에는 화면과 버튼이 있고 뭔가가 일어날 것이다. 바로 이 실제 인터페이스가 개념 모델이다. 누군가가 디자인한 인터페이스가 있고, 인터페이스가 사용자에게 해당 제품의 개념 모델을 전달할 때 그것이 사용자에게는 해당 제품의 개념 모델이 된다.

이 시점에서 '그래서? 왜 멘탈 모델과 개념 모델을 신경 써야 하는 건데?'라는 질문이 나올 법하다. 어떤 사용자의 멘탈 모델이 제품의 개념 모델과 일치하지 않는다면 제품이나 웹사이트의 사용법을 익히기 어렵고, 사용하기 어렵거나 아예 받아들이지 못할 수도 있다. 이것이 우리가 멘탈 모델과 개념 모델에 신경 써야 하는 이유다. 어떻게 두 모델 간의 불일치가 일어나는가? 사례를 살펴보자.

- 디자이너들이 누가 인터페이스를 사용할 것이며 이런 인터페이스를 그들이 얼마만큼 경험했을지도 안다고 생각하고, 이러한 가정을 통해 실제 사용자를 대상으로 테스트하지 않고 디자인했다. 그리고 결국 디자이너들이 내린 가정이 틀렸다는 사실이 드러난다.

- 제품이나 웹사이트의 대상 사용자는 매우 다양하다. 디자이너들은 하나의 페르소나, 혹은 한 가지 유형의 대상 사용자를 대상으로 디자인했고, 멘탈 모델과 개념 모델이 그들과는 일치하지만 그 밖의 사람들과는 일치하지 않는다.

- 실제로 디자이너가 없다. 개념 모델이 실제로는 전혀 디자인되지 않았다. 개념 모델이 단지 기반이 되는 하드웨어나 소프트웨어, 또는 데이터베이스를 반영한 것에 불과하고 멘탈 모델과 개념 모델이 일치하는 사람은 프로그래머밖에 없다. 그래서 대상 사용자가 프로그래머가 아니라면 문제가 생기게 된다.

완전히 새로운 모델이어서 의도적으로 개념 모델과 멘탈 모델을 불일치시키는 경우라면?

실제 종이 책만 읽은 사람은 킨들로 책을 읽는 정확한 멘탈 모델을 갖고 있지 않을 거라고 생각해 보면 어떨까? 이 경우에는 사용자가 개념 모델과 일치하는 정확한 멘탈 모델을 갖고 있지 않으리라는 것을 알 수 있다. 이때 사용자의 멘탈 모델을 변화시키고 싶다면 어떻게 해야 할까?

때때로 디자이너들은 대상 사용자의 멘탈 모델과 개념 모델이 상충할 때 인터페이스 디자인을 바꾸기보다 사람들의 멘탈 모델을 자신의 디자인에 맞추고 싶어한다. 멘탈 모델은 훈련을 통해 바뀔 수 있다. 킨들이 사용자의 집에 배달되기도 전에 짧은 동영상으로 사용법에 대한 멘탈 모델을 바꿀 수 있다. 사실, 새로운 제품을 훈련시키는 진짜 목적은 사용자가 새 제품의 개념 모델을 멘탈 모델로 받아들이게끔 만들기 위해서다.

시사점

- 목적을 가지고 개념 모델을 디자인한다. 기술로만 잔뜩 멋 부린 인터페이스는 금물이다.

- 직관적인 사용자 경험을 디자인하는 비법은 제품의 개념 모델과 대상 사용자의 멘탈 모델을 가능한 한 일치시키는 것이다. 이 두 모델을 제대로 합치시킬 수 있다면 긍정적이고 유용한 사용자 경험을 제공할 수 있다.

- 전혀 새로운 제품이어서 기존의 그 어떤 멘탈 모델과도 일치할 수 없는 경우라면 멘탈 모델을 새로이 정립할 수 있게 사용자를 훈련시킬 필요가 있다.

사용자들은 이야기 형태의 정보를 가장 잘 받아들인다

몇 년 전 어느 날, 필자는 절대 강의 따위는 듣고 싶지 않은 인터페이스 디자이너들로 그 득한 강의실에 섰다. 상사가 내 강의에 무조건 출석해서 강의를 들으라고 했을 것이다. 그리고 필자는 많은, 아니 대부분의 참석자가 강의를 시간 낭비쯤으로 생각한다는 사실을 알았다. 이 사실을 알고 있다는 것 자체가 나를 긴장하게 만들었다. 나는 용감하게 이 난관을 헤쳐 나가기로 결심했다. 당연히 나의 훌륭한 강의 내용은 그들의 주목을 끌 수 있지 않겠는가? 나는 심호흡을 하고, 미소를 지으며, 큰 목소리로 강의를 시작했다. "안 녕하세요. 오늘 함께할 수 있게 되어 기쁩니다!"라고 큰 목소리로 운을 뗐을 때 수강자의 절반 이상은 나를 쳐다보지도 않았다. 모두 이메일을 읽고 있었다. 그중 한 명은 아예 조 간 신문을 꺼내놓고 읽고 있었다. 마치 1초가 1시간처럼 느껴졌다.

'이제 어떡하지?' 공황 상태의 내 머릿속은 하얗게 변했다. 그리고 한 가지 아이디어가 떠 올랐다. "이야기를 하나 해볼까 합니다." 내가 이 말을 꺼내자 모든 사람들이 고개를 살짝 들고 시선을 내 쪽으로 돌렸다. 필자는 이 순간이 몇 초 가지 않으리라는 사실을 알고 있 었기에 그 시선을 붙잡기 위해 이야기를 시작했다.

"1988년, 해군의 한 소대가 컴퓨터 화면을 보고 있었습니다. 그런데 안전 비행 구역 안쪽 에 뭔가가 잡혔습니다. 당시 신원이 파악되지 않은 비행체를 발견할 경우 즉시 격추시키 라는 명령이 그 소대에 내려져 있는 상태였습니다. 그건 미확인 항공기였을까요? 아니면 군용 비행기였을까요? 아니면 일반 여객기였을까요? 명령 이행까지 주어진 시간은 단 2

분이었습니다." 필자는 그들의 주목을 이끌어내는 데 성공했고 모든 사람들이 흥미를 보이며 듣고 있었다! 필자는 불확실성을 지양하는 인터페이스를 디자인하는 것이 왜 중요한지에 대해 이 이야기를 훌륭하게 연결시키면서 강의를 이어갔다. 이 시점 이후, 그 날의 강의는 매우 성공적이었다. 모든 사람들이 흥미롭게 집중해서 들었으며, 내 평생 강의평가 중 최고점을 기록하기도 했다. 이제 필자는 "이야기를 하나 해볼까 합니다."라는 마법의 문구가 가진 힘을 강의할 때마다 적어도 한 번씩 빌려 쓰고 있다.

마찬가지로 위 문단 역시 필자가 풀어놓은 이야기라는 것을 깨달았을 것이다. 이야기에는 매우 강력한 힘이 있다. 이야기는 주의를 집중시키고, 그 상태를 유지시킬 수 있다. 그리고 그 이상의 힘을 가지고 있다. 이야기는 사람들로 하여금 정보를 처리하게 하고, 인과관계를 암시할 수 있다.

유효성이 증명된 이야기 형식

아리스토텔레스는 이야기의 기본 구조를 정립했다. 그리고 그 이후 많은 사람들이 그의 생각에 주석을 달았다. 그중 하나가 가장 기본적인 삼단 구성인 '발단−전개−결말'이다. 이것은 그렇게 익숙하지 않은 이야기는 아닐 것이다. 하지만 2000여 년 전에 아리스토텔레스가 이 구조를 고안해냈을 당시에는 매우 파격적인 도구였을 것이다.

발단 부분에서는 청중에게 이야기의 배경, 등장인물, 상황이나 갈등을 소개한다. 앞 문단에서 필자의 이야기를 예로 들면 '강의해야 했다'는 배경이 되고, '필자와 학생들'은 등장인물, 그리고 '수업에 관심 없는 학생들'은 갈등 상황이 된다.

필자의 이야기는 매우 짧았다. 그래서 전개 부분 자체가 너무 짧았다. 이야기의 전개 부분에서는 대부분 주인공이 뛰어넘어야만 하는 장애물과 갈등 상황이 펼쳐진다. 보통의 이야기에서는 이 갈등 상황이 다소 해소는 되지만 완벽하게 해결되지는 않는다. 필자의 이야기로 돌아가보자. 필자가 들려준 이야기의 전개 부분에서 주인공은 강의를 평범하게 시작했다가 '망했다'. 그래서 공황 상태에 빠져들기 시작한다.

결말 부분에서 갈등 상황은 절정으로 치닫다가 이윽고 해결된다. 다시 필자의 이야기를 예로 들어 생각해보면, 공황 상태에서 '강의 시간에 이야기를 하자'는 생각을 해내고, 실제로 실행에 옮기고, 성공한다.

 이것은 매우 기초적인 이야기의 윤곽일 뿐이다. 이 뼈대에 많은 변주가 생기고 구성이 덧붙여져서 이야기가 완성된다.

고전적인 이야기 형식

영화와 문학에 항상 등장하는 이야기에는 패턴이 있다. 대중적인 테마 몇 가지는 다음과 같다.

- 위대한 여정
- 새로운 시대의 도래
- 희생
- 전쟁 서사시
- 신의 은총을 잃음

- 사랑
- 운명
- 복수
- 속임수
- 미스터리

이야기는 인과관계를 암시한다

아무런 연결 고리가 없음에도 이야기라고 하는 형태의 커뮤니케이션은 인과관계를 만들어 낼 수 있다. 대부분의 이야기가 연대기적 서사 구조(사건의 발단, 그 후의 전개)를 포함하므로 아무것도 없는 곳에서도 인과관계를 암시할 수 있다. 크리스토퍼 차브리스(Christopher Chabris)와 다니엘 사이먼스(Daniel Simons)는 저서『보이지 않는 고릴라(The invisible Gorilla, 2010)』에서 그러한 사례를 보여준다. 아래의 두 문단을 살펴보자.

조이의 큰 형은 그를 연거푸 때렸다. 다음날, 조이의 몸엔 시퍼런 멍이 가득했다.

조이의 정신 나간 엄마는 그에게 새하얗게 질릴 정도로 화를 냈다. 다음날 아침, 조이의 몸엔 시퍼런 멍이 잔뜩 들었다.

첫 번째 문단에서, 우리는 별로 가정할 것이 없다. 조이는 맞았고, 멍이 든 것이다. 맞았기 때문에 멍이 든 것이다. 두 번째 문단에서는 두 사실의 결과가 명확하게 떨어지지 않는다. 두 번째 문단을 이해하기 위해서는 뇌에 조금 더 긴 시간이 필요하다는 사실이 연구 결과로 밝혀졌다. 대부분의 사람들은 두 번째 문단을 읽고, 명확하게 인과관계가 그려져 있지 않음에도 조이가 엄마에게 맞아서 멍이 든 것으로 결론 지을 것이다. 사실, 시간이 흐른 후에 사람들에게 두 번째 문단의 이야기를 회상해보라고 하면 사람들은 '조이의 엄마가 그를 때렸다'고 회상할 것이다. 실제 이야기에는 그런 내용이 없다고 하더라도 말이다.

사람들은 매우 신속하게 인과관계를 확정해버린다. 시각 피질이 사물을 보고 패턴을 찾아 조합하는 것처럼('사람은 어떻게 보는가' 장을 참고하길 바란다), 우리의 사고 과정은 같은 과정을 거친다. 우리는 늘 인과관계를 찾는다. 뇌는 늘 적절한 정보를 확보하고, 인과관계가 반드시 있으리라 가정한다. 게다가 이야기는 이러한 인과적 전개를 조금 더 쉽게 만들 수 있다.

이야기는 모든 형태의 커뮤니케이션에서 중요한 역할을 한다

이따금씩 고객들은 "이야기가 어떤 웹사이트에서는 통하는 방법이겠지만 지금 내가 작업하는 웹사이트와는 맞지 않는다. 회사의 연간 보고 사이트를 디자인하는 중인데 이야기가 뭐 그리 적절하겠나? 그저 재무 정보만 있는데……"라고 말하곤 한다. 하지만 대답은 '아니요'다. 분명 우리가 사용할 수 있는 적절한 이야기는 있기 마련이다.

개인적으로 함께 일한 적 있는 어떤 의료기술회사는 연간 보고서에 이야기를 사용한다. 예를 들어 회사의 연간 보고서 표지에 자사 제품의 도움을 받은 어떤 환자의 사진을 실었다. 그리고 보고서 내용에 그 환자(여기서는 그 환자 이름이 '모린'이라고 하자)에 관한 짧은 이야기를 다뤘다.

"표지 사진의 주인공인 모린 쇼월터는 심각한 요추 측만증으로 고통이 심해 일상생활이 불가능할 정도였습니다. 그리고 뼈의 기형은 점차 더 악화됐습니다. 그러다 자사 제품을 이용한 교정 시술을 받게 됐습니다. 현재 모린의 척추는 훨씬 정상에 가깝게 교정됐으며, 고통 역시 점차 사라졌습니다. 그리고 몇 인치 더 키가 커졌습니다."

모린의 이야기는 단순히 연간 보고서에 수록된 내용이 아니다. 재무 정보 사이에 간간히 섞인 고화질 사진은 이런 이야기뿐 아니라 다양한 기술을 발명한 직원의 사례를 담고 있다. 이러한 이야기는 숫자와 회사의 사명 사이의 간극을 줄이면서 보고서 자체를 더욱 더 흥미롭게 만들어준다.

시사점

- 이야기는 사람들이 정보를 받아들이는 가장 자연스러운 방법이다.

- 사용자가 인과적 관계를 가진 전개를 원한다면 이야기를 이용하자.

- 이야기는 단지 재미만을 위한 것이 아니다. 아무리 정보가 재미없고 건조한 것이라도 이야기를 통해 더 이해하기 쉽고 흥미로우며 기억할 만한 내용으로 변모시킬 수 있다.

34 / 사람들은
예제를 통해 가장 잘 학습한다

여러분이 마케팅 부서에서 일하고 있고, 고객들에게 신제품에 대한 홍보 이메일을 보내고 싶다고 해보자. 그래서 회사와 계약된 이메일 소프트웨어 서비스를 사용해 홍보용 이메일을 만드는 법에 관해 설명하고 있는 웹 페이지를 열었다.

1. 대시보드, 혹은 캠페인 탭에서 '새 캠페인 만들기' 버튼을 누른 뒤, 원하는 캠페인의 형태를 고른다.

2. 이메일을 보내고 싶은 목록을 선택한다. 목록을 선택했다면 '다음' 옵션을 선택해 다음 단계로 진행하거나 '전체 목록 선택'을 클릭한다.

3. 캠페인의 이름을 지정하고 제목 창부터 수신인에게 답신을 받을 이메일 계정, 수신인 창을 태그 합치기를 이용해 채운다. 이메일 트래킹, 수신 증명, 분석 트래킹, 소셜 네트워크를 통한 공유 등에 대한 옵션을 선택할 수도 있다('다음 페이지'나 '이전 페이지' 버튼을 클릭해 다른 단계로 이동해서 작업을 계속할 수도 있다. 참고로 브라우저의 뒤로 가기 버튼이 아니다).

4. 이제 이메일의 템플릿 디자인을 선택해보자. 이미 고르고 설정을 마친 템플릿은 '내 템플릿' 메뉴에 저장된다. 클라이언트가 템플릿을 편집할 수 있게 하려면(혹은 편집할 수 없게 만들려면) '코드 편집 템플릿'을 선택한다.

5. 템플릿을 선택하고 나면 콘텐츠 편집기를 사용해 스타일과 내용을 편집할 수 있다. 스타일 옵션을 보려면 '스타일 편집기 보기' 버튼을 클릭한다.

6. 스타일은 영역별로 편집할 수 있다. 특정 영역에 대해 선의 높이나 글꼴 크기 등을 지정할 수 있다.

7. 콘텐츠 편집기를 불러오려면 경계선 안쪽 아무곳이나 클릭한다.

8. '저장' 버튼을 누른 후, 잠시 업데이트 내용이 반영될 때까지 기다리자. 그리고 '다음' 옵션을 클릭한다.

9. 실제 이메일 수신인에게 캠페인 메일이 어떻게 보일 것인지 확인하고자 몇 가지 시험용 이메일 주소로 메일을 보낸다. 모든 것이 제대로 되면 이메일을 발송할 시간을 정하고 캠페인을 발송하면 된다.

길고, 또 이해하기 어려운 설명이지 않는가? 다행히 실제 사이트에서는 이런 식으로 사용법에 대한 정보를 전달하지 않는다. 설명 내용에 대한 텍스트는 같지만 실제로는 예제 스크린숏을 첨부해 이해를 돕는다.

스크린숏이나 그림은 예시를 제공하는 좋은 방법이다. 또한, 단계마다 어떻게 해야 하는지 보여주는 영상을 사용할 수도 있다. 영상은 온라인에서 예시를 제공하는 가장 효과적인 방법의 하나이기도 하다. 영상을 움직임과 소리, 시각 정보와 조합해 읽을 필요가 없게 만들면 훨씬 더 쉽게 주목을 끌고 사용자를 사로 잡을 수 있다.

시사점

- 사람들은 예시를 통해 가장 잘 학습한다. 어떻게 해야 할지 말만 하지 말고, 직접 보여주자!
- 예시를 보여주는 데 그림이나 스크린숏을 활용한다.
- 가장 좋은 방법은 짧은 동영상을 예시로 사용하는 것이다.

35 / 사람들은
분류 항목을 만들어낸다

여러분이 지난 50년간 미국에서 자랐다면 "이 중에 하나는 다른 것들과 같지 않아"라는 말을 이해할 수 있을 것이다. 이것은 인기 있는 어린이 프로그램인 세서미 스트리트(Sesame Street)의 한 코너다.

세서미 스트리트 동영상 보기

필자의 이야기를 이해할 수 없다면 유튜브에서 동영상을 찾아보자.

https://www.youtube.com/watch?v=_Sgk-ZYxKxM

이 세서미 스트리트 교육의 목적은 어린이에게 어떻게 차이점을 발견하고 근본적으로는 어떻게 분류하는지 학습하게 하는 데 있다.

흥미롭게도 어린이들에게 분류 항목을 만들어내는 방법을 가르치는 교육은 불필요하다. 오히려 아래에 기술한 두 가지 이유로 별 효과가 없다.

- **사람들은 선천적으로 분류 항목을 만든다.** 모국어를 자연스럽게 배우는 것처럼 주변 세계를 분류하는 법도 자연스럽게 배운다.
- **분류하는 능력은 7세 이전에는 발달하지 못한다.** 그 이전의 어린이들이 분류에 대해 생각하는 것은 애초에 말이 안 된다. 하지만 7세 이후의 아이들은 정보를 분류하는 데 극도의 흥미를 보인다.

사람들은 분류하기 좋아한다

웹사이트를 디자인하기 위해 카드 소팅 기법을 이용한 사용자 연구를 실시해 본 경험이 있다면 사람들이 얼마나 과업에 열렬히 참여하는지 목격했을 것이다. 대개 카드 소팅 실험에서 사용자들은 한 묶음의 카드를 부여받는다. 각 카드에는 웹사이트에서 찾아야 하는 단어나 구가 하나씩 적혀 있다. 예를 들어, 캠핑 용품을 파는 웹사이트를 디자인하고 있다고 해보자. 그렇다면 준비해야 하는 카드 소팅용 용어는 텐트, 스토브, 배낭, 반품, 배송, 쇼핑 도우미 등이 될 것이다. 카드 소팅 작업에서 피실험자들은 자기가 받은 카드를 각자의 기준에서 타당하다고 생각되는 그룹이나 분류 기준으로 정리해야 한다. 실험 참가자들에게 과업을 진행하게 한 후 디자이너는 피실험자가 만든 그룹을 분석해 그에 해당하는 데이터를 기준으로 웹사이트를 구축한다. 필자는 이 활동을 수차례 해봤을 뿐 아니라 카드 소팅 기법을 이용한 강의도 운영해 봤다. 카드 소팅은 사람들이 매우 기꺼이 참여하는 과업 가운데 하나다. 모든 사람들이 이 활동에 적극적으로 참여한다. 분류 항목을 만드는 것을 좋아하기 때문이다. 정보 설계는 정보를 어떻게 분류하고 정리할 것인가에 대한 모든 일과 분야를 의미한다.

분류 항목을 제공하지 않으면 사람들이 알아서 나름의 분류 항목을 만들어낼 것이다

실제 눈앞에 패턴이 있든 없든 시각 피질이 패턴을 보게끔 만드는 것처럼('사람은 어떻게 보는가' 장 참고) 사람들은 어마어마한 양의 정보 덩어리를 만나면 분류하게끔 돼 있다. 사람들은 특히 정보의 양에 압도당한다는 느낌이 들 때 분류를 통해 자신을 둘러싸고 있는 세계를 이해한다.

잘 정리만 돼 있다면 누가 정리한 것인지는 별 상관없다

펜실베니아 주립 대학에서 석사 과정을 밟고 있을 때 필자는 타인이 분류한 정보와 스스로 분류한 정보 가운데 어떤 것을 더 잘 기억할 수 있는지에 대한 연구를 진행했다. 결론은 간단히 말해 '별 상관없다'였다. 기억력에 영향을 미쳤던 것은 분류의 주체가 아니라 얼마나 잘 정리돼 있느냐였다. 정보를 더 잘 정리할수록 사람들은 그 정보를 더 잘 기억할 수 있다. 어떤 사람들(제어의 중심에 높은 비중을 두는 사람들)은 자신이 직접 정보를 정리하는 것을 선호했다. 그러나 자신이 주체적으로 정리를 한 경우와 그렇지 않은 경우에 대한 전체적인 인식은 별반 문제가 되지 않았다. 그 정보가 잘, 제대로 정리만 돼 있다면 어떤 형태든 관계 없었다.

시사점

- 사람들은 분류하기를 좋아한다.

- 분류되지 않은 상태의 정보가 잔뜩 있다면 사람들은 어쩔 줄 몰라 하면서 스스로 정보를 분류하기 시작할 것이다.

- 사용자를 위해 최대한 정보를 깔끔하게 분류하는 것은 매우 좋은 접근이다. '사람은 어떻게 기억하는가' 장에서 살펴본 네 덩어리 법칙을 반드시 기억해두자.

- 사용자가 생각하고 있는 정보 분류체계에 대해 알아내는 것은 매우 유용하다. 하지만 중요한 것은 여러분이 자료를 정리한다는 것이다.

- 만 7세 이하의 어린이를 위한 웹사이트를 디자인한다면 무슨 분류를 하든 어린이들의 분류 기준보다는 어른의 분류 기준이 될 수밖에 없을 것이다.

친구네 집을 방문하기 위해 가던 중이었다. 가는 데 두 시간, 오는 데 두 시간이 걸렸는데 실상 여행 자체는 그보다 더 길게 느껴졌다. 이런 경험을 해본 적이 있는가?

필립 짐바르도(Philip Zimbardo)와 존 보이드(John Boyd)의 『타임 패러독스(The Time Paradox, 2009)』라는 매우 흥미로운 책에는 어째서 시간은 절대적이지 않고 상대적인가를 논하는 내용이 실려 있다. 시각적 착시처럼 시간에도 착시가 있다. 짐바르도는 인지 처리를 더 많이 할수록 실제보다 더 많은 시간이 흘렀다고 생각하는 경향이 있다는 연구 결과를 발표했다. 이 장의 초반에 다룬 단계적 노출과 관련시켜 보자. 과업을 하기 위해 각 단계마다 생각을 멈춰야 한다면 사용자는 그 과업 자체가 너무 많은 시간을 소요한다고 생각할 것이다. 인지 처리는 전체적인 소요 시간을 실제보다 더 길게 느껴지게 만든다.

시간 지각과 사용자의 반응은 기대와 예측에 지대한 영향을 받는다. 컴퓨터로 동영상을 편집하고 있다고 해보자. 수정을 완료한 후 동영상을 생성하는 버튼을 클릭했다. 동영상을 생성하는 데 얼마 정도의 시간이 걸린다면 지루하게 느껴지기 시작할까? 이런 작업을 자주 해봤고, 보통 이 작업에 3분 정도가 걸린다면 3분이란 시간은 그다지 긴 시간이라고 느껴지지 않을 것이다. 진행 상태를 알 수 있는 표시가 있다면 사용자는 대충 남은 시간을 예상할 수 있다. 커피를 한 잔 끓여 자리로 되돌아올 수도 있다. 그러나 클릭 후 가끔은 30초, 또 다른 때는 5분 정도가 걸린다면 이번에는 얼마만큼의 시간이 걸릴지 예측할 수 없기 때문에 3분 정도의 시간도 지루하게 느껴질 것이다. 이 시간은 평소의 3분보다 훨씬 길게 느껴질 것이다.

사람들은 시간 압박이 느껴질 때 타인을 도우려 하지 않을 것이다

존 달리와 C. 뱃슨의 '착한 사마리아인 실험'에서 프린스턴 신학원 학생의 일부에게는 '신학원 졸업생들을 위한 직업'에 관한 발표를 준비하게 하고, 나머지에게는 '착한 사마리아인 일화'에 관한 발표를 준비하라는 지시를 내렸다(John Darley and C.Batson, 1973). 착한 사마리아인의 이야기는 도움이 절실한 사람을 만났음에도 여러 명의 성직자가 그를 돕지 않고 지나친다는 이야기다. 결국 사마리아 사람만이 가던 길을 멈추고 도움의 손길을 뻗었다. 달리와 뱃슨은 신학생들에게 발표를 준비하고 캠퍼스 건너편에 위치한 건물에 가서 발표할 것을 부탁했다. 실험 진행자는 피실험자들(신학생)에게 각기 다른 바쁜 상황에 대한 지시 사항을 내렸다. 각 상황에 대한 정의는 아래와 같다.

- **조금 바쁨**: "발표 준비를 하는 데는 몇 분 정도밖에 걸리지 않을 겁니다. 천천히 가서 조금 기다리면 금방 끝날 겁니다."
- **중간 바쁨**: "조교가 당신을 기다리고 있으니 얼른 가서 강단에 서 주세요."
- **매우 바쁨**: "늦었어요! 사람들이 몇 분째 당신을 기다리고 있습니다. 어서 빨리 이동하는 게 좋겠습니다. 조교가 기다리고 있을 테니 서두르는 것이 좋습니다. 시간이 많이 걸리진 않을 겁니다."

신학생들은 각자 이동해야 할 위치에 대한 지시 사항이 적힌 종이 카드를 받았다. 신학생들은 지정된 위치로 이동하면서 이 실험의 또 다른 장치인 '심한 기침을 하고 고통에 신음하며 웅크리고 있는 사람'을 지나치게끔 예정돼 있었다. 과연 몇 명이나 이 사람을 보고 가던 길을 멈추고 도움을 줄 것인가? 그들이 발표할 내용과 자신들의 실제 행동은 어떤 관계가 있을까? 지시받은 바쁨의 정도 차이가 중요할까? 자, 과연 몇 퍼센트나 착한 사마리아인이 됐을까?

- **조금 바쁨**: 63%
- **중간 바쁨**: 45%
- **매우 바쁨**: 10%

그들이 준비한 발표 내용(착한 사마리아인 일화 혹은 자신들의 직업)은 실제 그들이 착한 사마리아인이 되는 것과는 무관했다. 하지만 그들이 얼마나 바쁜 상황에 있는지는 큰 관련이 있었다.

기대는 시간이 지나면 변화하기 마련이다

10년 전, 20초 만에 웹사이트가 떴다면 그렇게 긴 시간처럼 느껴지지 않았을 것이다. 하지만 요즘은 3초 이상만 걸리면 인내심에 제동이 걸리기 시작한다. 만일 정기적으로 방문하는 웹 페이지가 나타나는 데 12초가 걸리면 아마 그 12초는 마치 영원처럼 느껴질 것이다.

우리 몸의 시간 메커니즘

라오는 뇌의 fMRI 영상을 이용해 시간에 대한 정보를 처리하는 두 영역인 기저핵(basal ganglia, 도파민이 저장돼 있는 뇌의 안쪽 부분)과 두정엽(parietal lobe, 우뇌의 표면에 위치)을 보여줬다(Rao, 2001). 때로는 우리 몸의 각 세포에도 시간과 관련된 기능이 존재한다.

시사점

- 항상 현재 진행 중인 상황이 얼마나 오래 걸릴지 보여주는 표식을 제공한다.
- 가능하다면 필요한 시간의 양을 조절해 사람들이 과업에 대해 이해하고, 관련 정보를 찾을 수 있어서 그에 따라 기대감을 조정할 수 있게 한다.
- 프로세스의 길이를 짧게 보이게 하려면 각 과정의 단계를 짧게 나누고 사람들이 생각을 적게 하게끔 만든다. 인지 처리는 프로세스 전체를 길어 보이게 만들기 때문이다.

37 / 사람들은 자신의 신념과 맞지 않는 정보를 차단한다

어떤 신념을 깨는 결정적 증거를 아무리 들이대도 그 신념을 너무 오랫동안 간직해서 절대 그 신념을 바꾸지 않는 사람을 만나본 적이 있는가? 사람들은 자신의 신념을 뒷받침해주는 정보와 신호를 찾아 헤매고 그것들에 주의를 기울인다. 이미 믿고 있는 사실에 반하는 정보는 찾지도 않을뿐더러, 사실 무시하고 거짓으로 치부하기도 한다. 이를 확증 편향이라고 부른다.

확증 편향은 일종의 '인지적 착시'에 해당한다. 사람들은 자기가 이미 믿고 있는 것에 주의를 기울이며 자신의 의견이나 믿음과 맞지 않는 정보는 걸러낸다.

이 때문에 사람들에게 이미 그들이 믿는 사실에 부합하지 않는 정보를 읽거나 듣게 하기가 어려운 것이다. 사람들은 새로운 것을 시도하고 싶어 하지 않는다.

이미 갖고 있는 편견에 부합하지 않는 정보를 사람들에게 주입하는 것이 가능할까? 새로운 아이디어나 제품, 기존과 다른 처리 과정이 있을 때 어떻게 사람들이 그것을 한 번 고려하기라도 하게 할 수 있을까?

한 가지 방법은 사람들이 이미 동의하는 무언가로 시작하는 것이다. 사람들이 이미 믿고 있는 정보를 먼저 제공하면 첫 번째 장벽은 넘은 셈이다. 절대 새로운 아이디어로 시작하지 말라. 사람들이 이미 갖고 있는 생각을 지지하는 것으로 시작하라.

예를 들어, 사람들에게 새로운 음악 구매 방식을 제안하고 싶다고 하자. 현재 자신이 사용하는 방법(스트리밍 서비스 이용 등)을 애용하는 고객에게라면 그들이 현재 사용 중인 스트리밍 서비스가 얼마나 안 좋은지 이야기하는 것으로 시작하면 안 된다. 우선 그들이 사용하는 서비스가 아주 훌륭하다는 말로 시작한다. 사람들이 그 말에 동조하고 나면 다음 단계로 새로운 제품을 사용해 보는 것은 어떻겠냐는 식으로 접근하는 것이 좋다.

확증 편향을 이겨내는 또 다른 방법은 새로운 신념을 소소하게 인정하게 만듦으로써 인지 부조화를 유도하는 것이다. 이에 관해서는 이 장의 다른 부분에서 더 다룰 것이다.

다시 음악 스트리밍 예로 돌아가서, 사람들이 단기 무료 서비스에 등록하게 하는 것도 좋은 방법이다. 단기로 무료 서비스에 등록하는 것은 별것 아닌 것처럼 보인다. 그 서비스를 즐기고 있는 자신을 발견한 사용자들은 인지 부조화를 갖게 된다. 서비스를 좋아하기는 하지만, 그 서비스가 음악 청취의 최고 방법에 관한 자신의 신념과 맞지 않는 것이다. 그 신념의 간극으로 그들은 확증 편향을 버릴 가능성이 높다.

시사점

- 대부분 사람은 확증 편향을 따른다. 사람들은 이미 오랫동안 갖고 있던 신념과 부합하지 않는 정보를 걸러낸다.

- 사람들에게 그들이 틀렸다거나 정보를 걸러내고 있다고 말하는 것은 대개 인지 편향을 극복하는 좋은 전략은 아니다.

- 대상 고객을 알고 그들이 무엇을 믿는지 안다면 그들의 신념에 반하는 내용이 아니라 부합하는 내용을 먼저 말한다. 이것이 확증 편향의 첫 관문을 통과하게 해줄 것이고, 그러고 나면 현재 신념에 따르지 않는 다른 방법이나 더 나은 방법을 이야기할 수 있을 것이다.

- 확증 신념에 반하는 어떤 작은 행동을 결정하게 만든다. 이것이 인지 부조화를 자극해서 확증 편향을 무너뜨릴 수 있는 기회가 될 수 있다.

38 / 사람들은 몰입 상태에 빠질 수 있다

여러분이 어떤 활동에 몰두하고 있는 모습을 상상해보자. 암벽 등반이나 스키 같은 야외 활동도 좋고 뭔가 예술적이고 창의적인, 예를 들어 피아노를 친다거나 그림을 그린다거나, 아니면 일상적으로 하는 업무인 회사에서 파워포인트 문서를 열심히 만든다거나, 강의를 하는 등의 것에 푹 빠져 있는 모습을 상상해보자. 어떤 활동이든 완벽하게 그 일에만 몰두하게 되는 순간이 있다. 다른 모든 것들은 인식조차 되지 않는다. 시간 감각도 바뀌고, 자기 자신이 누구이며, 어디에 있는지조차 잊어버리게 된다. 이런 상태를 몰입 상태(flow state)라고 한다.

몰입에 대한 책을 저술한 사람은 미하이 칙센트미하이(Mihaly Csikszentmihalyi)다. 그는 현실 세계에 존재하는 몰입 상태에 대한 연구를 수년간 계속해왔다. 다음은 몰입 상태와 몰입 상태가 발생하는 조건, 몰입 상태의 느낌, 그리고 몰입의 개념을 디자인에 적용하는 방법의 일부다.

- 주어진 과업에 엄청나게 주의를 집중할 때 몰입 상태가 일어난다. 주의를 제어하는 능력은 매우 중요하다. 몰입해야 하는 행동 이외의 요인 때문에 집중 상태가 흐트러진다면 몰입 상태가 바로 무너질 것이다. 사용자가 제품을 사용하면서 몰입할 수 있게 하려면 특정 과업을 수행하는 중에 주의가 산만해질 수 있는 요소를 최소화한다.

- 사람들은 구체적이고 명확하며 성취할 수 있는 목표를 갖고 일할 때 몰입 상태에 이른다. 노래를 하든, 자전거를 수리하든, 혹은 마라톤을 하든, 몰입 상태는 구체적인 목표가 있을 때 생겨난다. 그렇다면 당신은 모든 정신을 목표를 달성하기 위한 정보에만 집중하게 될 것이다.

- 사람들은 목표를 달성할 가능성이 높다고 느낄 때 몰입 상태에 빠져 그 상태를 유지할 수 있다. 반대로 목표에 실패할 확률이 높다고 생각한다면 몰입 상태는 시작되지 않는다. 또한 그와 반대로 행동 과업이 충분히 도전적이지 않다면 쉽게 주의 집중 상태가 깨지고 몰입 상태도 끝난다. 사용자의 주목을 단단히 잡아둘 수 있는 충분한 도전 요소를 설계하자. 그렇다고 해서 너무 어렵게 만들어 자포자기하게 만들지 말자.

- 지속적인 피드백이 있어야 한다. 몰입 상태를 지속시키려면 목표 달성과 관련된 끊임없는 정보의 흐름이 생성돼 있어야 한다. 사용자가 과업을 성취하는 과정에서 끊임없는 피드백 메시지를 받을 수 있도록 설계하라.

- 사람은 자신의 행동을 통제할 수 있다. 통제는 몰입 상태의 중요한 조건 중 하나다. 스스로 통제를 할 필요도 없고, 모든 상황에서 사용자가 통제권을 가지고 있다고 느끼게 할 필요도 없다. 그러나 과업을 수행해나가는 과정에서 사용자의 행동이 상황을 통제할 수 있음을 느끼게 해 줄 필요는 있다. 사용자에게 과업을 수행하는 과정에서 다양한 지점에서 통제 수단을 부여하라.

- 어떤 이들은 시간이 빠르게 흐른다고 말한다(시간이 얼마나 흘렀나 뒤늦게나 가늠할 것이다). 또 어떤 사람들에게는 시간이 점점 느리게 갈 것이다.

- 몰입 상태를 유지하려면 '자아'가 두려움을 느끼지 않아야 한다. 충분히 안정된 상태에서 과업에 주의를 집중해야 한다. 사실, 대부분의 사람들은 과업에 집중할 때 자아를 자각하는 능력을 상실한다.

- 몰입 상태는 매우 개인적이다. 몰입의 조건은 사람마다 다르다. 자신에게 몰입을 일으키는 수단이라고 해서 타인도 동일할 것이라고 단정 짓지 말자.

- 몰입은 범 문화권적이다. 정신 질환을 앓고 있는 사람이 아닌 이상, 몰입 상태는 어느 정도까지는 전 인류가 경험할 수 있는 매우 보편적인 현상이다. 예를 들어 정신분열증 환자의 경우 아마도 위 내용과 관련된 조건을 충족하기가 어렵기 때문에 한 가지 일에 집중하기 힘들고, 자신을 통제할 수 없으며, 위협받고 있지 않다고 느끼지 않기가 어려워 몰입 상태에 머무르는 시간이 짧거나 몰입하기가 어렵다.

- 몰입 상태는 매우 즐겁다. 사람들은 몰입 상태에 빠지기를 좋아한다.

- 전전두피질과 기저핵 둘 다 몰입 상태에 빠지고 그 상태를 유지하는 일에 관여한다.

시사점

몰입을 유도하도록 디자인해야 한다면(이를테면, 게임 같은 콘텐츠를 디자인할 때)

- 행위의 통제권을 사용자에게 부여한다.

- 적정 수준의 난이도를 선택한다. 너무 어려우면 사람들은 포기할 것이고, 너무 쉬우면 몰입 상태가 시작되지 않을 것이다.

- 끊임없이 피드백을 제공한다. 피드백은 칭찬("잘 하고 있어!")과 다르다. 피드백은 사람들이 정확히 어떻게 하고 있고 목표를 달성하기 위해 어떤 점을 바꿔야 하는지를 말해주는 정보다.

- 방해 요소를 최소화한다.

39 / 문화는
사람들의 사고방식에 영향을 미친다

그림 39.1을 살펴보자. 소와 배경 중 어디에 더 많이 시선이 가는가?

그림 39.1 한나 추아의 연구에 쓰인 그림 자료(Hannah Chua, 2005)

여러분의 대답은 여러분이 어디에서 성장했는지에 따라(서양 문화권(미국, 영국, 유럽)에서 자랐는지, 동아시아 문화권에서 성장했는지) 다를 것이다. 리차드 니스벳(Richard Nisbett)은 자신의 저서인 『생각의 지도』(김영사 2004)에서 사람의 사고방식이 문화에 의해 어떻게 영향을 받고 정형화되는지 이야기한다.

동양 = 관계 중심 vs. 서양 = 개인 중심

서양권 사람에게 어떤 그림을 보여주면 그들은 대부분 그림의 중앙에 있는 사물이나 가장 눈에 띄는 특정 사물에 주의를 집중한다. 그러나 동아시아권 사람들은 그림의 배경이나 정황에 더 많이 주의를 기울인다. 동아시아인이지만 서양권에서 성장한 사람들은 서양인의 시각을 갖게 된다. 이것은 유전적 인종이 아니라 문화가 사고방식에 영향을 미친다는 사실을 말해준다.

이론적으로, 동아시아의 문화는 집단과 관계를 근간으로 한다. 따라서 동아시아권에서는 정황과 맥락에 더 많은 주의를 기울이도록 배우며 자란다. 서양 사회는 그보다 훨씬 개인 중심적이다. 그래서 서양권에서 자란 사람들은 특정 주체에 주목하도록 배우며 자란다.

한나 추아를 비롯한 여러 연구진(Hannah Chua et al., 2005)과 루 쯔후이(Lu Zihui, 2008)는 그림 39.1을 이용해 아이 트래킹 조사를 실시했다. 그 결과, 동아시아권 참가자의 중앙시는 배경에 더 많이 머물러 있었고 서양권 참가자들의 중앙시는 소에 더 오래 머물렀다.

문화적 차이를 뇌 스캔을 통해 확인할 수 있다

섀런 비글리(Sharon Begley)는 최근 뉴스위크지에 뇌가 문화적 영향을 받는다는 것을 증명한 뇌과학 연구 기사를 기고했다.

"복잡하고 번잡한 장면을 보여줬을 때 아시아계 미국인과 비아시아계 미국인이 반응하는 뇌의 부위가 달랐다. 아시아인들은 도형-배경 관계로 전체적인 맥락을 잡는 부분이 활성화되는 반면, 비아시아계 미국인들은 객체를 인식하는 영역이 활성화되는 모습을 보여줬다."

연구 결과의 일반화 문제

서양인과 동양인이 다른 방식으로 사고한다면 우리는 한 그룹을 대상으로 한 심리학적 연구 결과를 다른 그룹을 대상으로 얼마 만큼 일반화할 수 있을지 고민해야 할까? 연구를 진행할 때는 통상 하나의 지리학적 구역을 대상으로 한 주제를 잡는 것이 일반적이다. 그러나 우리는 이러한 연구의 정확성에 의구심을 가질 필요가 있다. 그 연구 결과가 특정 지역의 특정 문화를 공유하는 사람들에게만 국한된 것이라면? 다행히 세계 곳곳에서 많은 개인 연구자들이 연구를 진행하고 있다. 오늘날의 심리학 연구는 과거에 비해 특정 집단이나 지역에 치중한 연구를 지양하는 편이다.

시사점

- 지리학적 위치와 문화권에 따라 동일한 웹 디자인과 사진 등으로부터 각기 다른 반응이 나타날 수 있다. 동아시아권 사람들은 서양권 사람들보다 배경과 정황에 좀 더 집중하고 더 잘 기억한다.

- 다양한 문화권과 지역을 포괄하는 제품을 디자인할 때는 다양한 지역을 대상으로 사용자 조사를 진행하는 것이 좋다.

- 심리학 연구 자료를 읽을 때 연구 참가자가 모두 지리적으로 한 지역에 속할 경우 연구 결과를 일반화해서는 안 된다. 성급하게 일반화하는 우를 범하지 말자.

05장

사람은 어떻게
주의를 집중하는가?

무엇이 우리의 주의를 끄는가? 어떻게 하면 누군가의 주목을 끌어내고 붙잡아 놓을 수 있을까? 사람은 어떻게 주목할 대상과 방법을 찾아내는가?

40 / 주목은
선택적이다

로버트 솔소는 이 예제를 개발했다(Robert Solso, 2005). 아래의 영어 문단에서 굵게 표시된 단어만 읽어보라. 이때 굵게 표시되지 않은 다른 단어는 무시하자.

Somewhere **Among** hidden on a **the** desert island **most** near the **spectacular** X islands, an **cognitive** old Survivor **abilities** contestant **is** has **the** concealed **ability** a box **to of** gold **select** won **one** in a **message** reward **from** challenge **another. We** Although **do** several hundred **this** people **by** (fans, **focusing** contestants, **our** and producers) have **attention** looked **on** for it **certain** they **cues** have **such** not **as** found **type** it **style.** Rumor **When** has **we** it **focus** that 300 **our** paces **attention** due **on** west **certain** from **stimuli** tribal **the** council **message** and **in** then **other** 200 **stimuli** paces **is** due **not** north X marks **clearly** the spot **identified.** Apparently **However** enough **some** gold **information** can **from** be **the** had **unattended** to **source** purchase **may** the **be** very **detected** island!

사람들은 다양한 상황에서 쉽게 주의가 산만해진다. 사실, 사람의 집중력은 이따금씩 초점을 잃기 마련이다. 그러나 특정 대상에 주의를 집중하며 그 외의 자극을 걸러내는 능력도 지니고 있다. 이를 선택적 주의(selective attention)라 한다.

사람들의 주의를 끄는 일의 난이도는 사람들이 얼마나 대상에 몰입하고, 관련이 있는가에 따라 달라진다. 예를 들어 친구에게 줄 선물을 사러 인터넷 쇼핑몰 페이지를 찾아오기는 했지만 아직 어떤 것을 살지 정하지 못한 사용자가 있다고 해보자. 이때 웹사이트에 동영상이나 대형 이미지, 눈에 띄는 색상이나 애니메이션을 사용하면 매우 쉽게 주목을 끌 수 있다.

반대로, 양식에 내용을 입력하는 것처럼 특정 과업에 집중하고 있는 사람들은 방해 요소를 걸러낼 수 있을 것이다.

어떤 기사를 몰두해서 읽고 있는데, 회원 가입이나 로그인을 하라는 팝업 창이 떠서 방해받은 경험은 누구나 있을 것이다. 몰두하면 할수록 그 경험은 더 짜증스러워진다.

무의식 선택적 주의

숲 속을 걸어가며 다음 주에 있을 출장에 대해 생각하고 있는데 갑자기 기어가는 뱀을 발견했다고 해보자. 깜짝 놀라서 뒤로 물러날 것이다. 심장은 이미 빠르게 뛰고 있고, 온몸은 도망갈 준비를 마쳤을 것이다. 그런데 잠깐, 그건 뱀이 아니었다! 그저 땅에 굴러다니는 나뭇가지였다. 이내 차분해지며 가던 길을 계속 갈 것이다. 이때 나뭇가지를 본 것, 그리고 그것에 대해 반응한 것들은 큰 의미에서 무의식 중에 일어난 것이라고 할 수 있다.

가끔, 이 장을 시작할 때 나온 문단을 읽는 것과 같은 책을 읽는 등의 행위를 하면서 우리는 스스로가 선택적 집중을 하고 있음을 의식적으로 느낄 수 있다. 하지만 선택적 집중은 무의식 중에도 이뤄질 수 있다.

칵테일 파티 효과

여러분이 칵테일 파티에 초대됐다고 가정해보자. 그리고 바로 옆에 있는 사람과 이야기를 하고 있다. 파티장은 소음으로 가득하지만 여러분은 다른 사람들의 대화 소리를 걸러낼 수 있다. 그러다 누군가가 여러분의 이름을 부르면 그 이름이 필터를 통과해 재빨리 주의를 끌게 된다. 이것이 바로 선택적 주의의 한 가지 예시다.

시사점

- 사람들은 어려운 작업을 끝내기 위해 원하거나 필요하다면 한 가지에만 주의를 집중하고 그밖에 다른 것은 모두 무시할 수 있다.

- 그렇지만 사람들이 항상 긴밀하게 선택적 주의를 기울인다고 가정하면 안 된다.

- 사람의 무의식은 특정한 것을 감지하며 끊임없이 주변 환경을 읽는다. 여기에는 자신의 이름이나 음식, 섹스, 위험 등의 중요한 메시지가 포함된다. 이 말은 곧 사람들은 커다란 이미지나 애니메이션, 동영상에 쉽게 방해 받는다는 뜻이다.

1988년 미 해군은 페르시아만에 USS 빈센스라는 선함을 위치시켜 놓았다. 어느 날 레이더를 스캐닝하는 도중 한 선원이 비행기가 자신들을 향해 오는 것을 발견했다. 이들은 다가오는 비행기가 민간 여객기가 아니며 적국의 군용기라고 판단했다. 그래서 비행기를 격추해 버렸는데, 이윽고 그 비행기가 민간 여객기이며 290명의 승객과 승무원이 타고 있던 것으로 밝혀졌다. 모든 탑승객과 승무원은 즉사했다.

이처럼 잘못된 결과는 많은 요인으로 빚어졌다. 당시는 스트레스가 많은 상황이었고(스트레스에 대해서는 '사람은 실수를 저지른다' 장에서 다루겠다) 방은 굉장히 어두웠다. 배의 선원들이 레이더 화면을 통해 보고 있는 것이 무엇인지 이해하기 어렵게 만든 애매모호한 정보의 파편들이 많았다. 하지만 가장 중요한 것은 그들이 무엇을 무시하고 무엇에 주의를 기울였냐는 것이다. 선원들은 적군의 비행기를 스캔하는 일에 익숙했다. 그들은 레이다에 걸린 비행기가 민간 여객기가 아닌 군용 비행기인 상황에 길들여져 있었다. 그들은 반복해서 훈련 시나리오를 통해 영공에 적기가 들어오면 어떻게 행동해야 하는지 훈련돼 있었다. 그에 따라 훈련 시나리오대로 수행했다. 이 모든 것이 잘못된 결과로 이어졌다.

시사점

- 제작자가 제공하는 정보에 대해 사람들이 당연히 주의를 기울일 거라 기대하지 말자. 특히 어떤 정보와 행동에 이미 길들여진 사람들이라면 더더욱 그렇다.

- 가정하지 말자. 디자이너 입장에서 분명해 보이는 것도 사용자 입장에서는 그렇지 않을 수 있다.

- 사람들이 정보가 변하는 것에 익숙하거나 그 사실을 알아차리지 못할 거라고 생각한다면 색깔, 크기, 애니메이션, 비디오, 그리고 소리 등을 사용해 사람들의 주의를 끌어라.

- 사람들이 특정 정보에 주의를 기울이는 것이 매우 중요하다면 필요하다고 생각하는 것보다 10배는 더 부각되도록 해당 정보를 구성한다.

잘 연습된 기술은
의식이 필요하지 않다

필자의 아이들이 클 때 우리 아이들은 스즈키 교육법에 따라 음악 교육을 받았다. 아들은 바이올린을, 딸은 피아노를 익혔다. 언젠가 딸의 연주회에 참석하고 난 후 나는 딸에게 악보 없이 기억을 떠올리며 피아노 소나타를 연주할 때 어떤 생각을 하는지 물어봤다. 음악의 역동성? 언제 소리를 크게/작게 할 것인지? 앞으로 나올 특정 음계나 악절에 대해?

딸은 혼란스러운 얼굴로 날 쳐다봤다.

"생각이요? 아무 생각도 하지 않아요. 그냥 내 손가락들이 노래를 연주하는 걸 지켜봐요."

이제 대답을 들은 내가 혼란스러웠다. 이번엔 아들에게 가서 물어봤다.

"너도 연주회에서 바이올린을 켤 때 그러니? 너는 생각해?"

아들의 대답도 마찬가지였다.

"당연히 생각 안 하죠. 저도 제 손가락이 바이올린 켜는 걸 지켜봐요."

스즈키 교육법은 끊임없는 반복을 강조한다. 학생들은 연주회 동안 자기 앞에 악보를 펼쳐놓지 않는다. 대신 모든 것을 암기하고 연주하는데, 이러한 악보 중 다수는 꽤나 복잡하다. 학생들은 음악을 굉장히 자주 연습하고 나아가 이를 생각하지도 않는 상태에서 연주하는 법을 배운다.

어떤 기술이 저절로 될 정도로 많이 연습하면 이 기술은 최소한의 의식만으로도 수행될 수 있다. 정말 자동으로 되는 경우에는 멀티태스킹 역시 거의 가능해진다. '거의'라고 언급한 이유는 멀티태스킹이란 실제로 존재하지 않기 때문이다.

너무 많은 자동화는 오류를 만들어낸다

프로그램의 특정 항목을 삭제하려고 할 때 연속적인 단계를 밟아야 하는 소프트웨어 애플리케이션을 사용해 본 적이 있는가? 어떤 항목을 선택하고 삭제 버튼을 누르고 창이 나타나면 '예' 버튼을 눌러 확인해야 한다. 파일을 25개쯤 지워야 하는 상황이라면 손가락이 클릭하기에 최적화된 위치로 가 있게 된다. 오래지 않아 일은 손가락이 하고 우리는 뭘 하는지 생각조차 하지 않게 된다. 이런 상황에서는 의도한 바와 달리 실수로 파일을 계속 지워버리기 쉽다.

시사점

- 사람이 같은 과정을 계속해서 반복 수행하면 이 행동은 자동화된다.

- 사람들이 일련의 과정을 반복적으로 수행하게 해야 한다면 이를 쉽게 만들어 제공하자. 하지만 이렇게 되는 경우 사람들이 더는 주의를 기울이지 않으므로 오류를 만들 수 있는 상황이 발생된다는 점을 기억하자.

- 사람들이 마지막에 한 행동뿐 아니라 전체 과정을 손쉽게 되돌릴 수 있는 방법을 제공하자.

- 사람들이 반복 행동을 하도록 요구하기보다는 원하는 행위의 대상이 되는 항목을 한꺼번에 선택해 단 한 번의 행동으로 모든 항목을 처리할 수 있게 구성하는 방법을 고려해본다.

텍사스 휴스톤에 거주하는 기업가인 파리드 사이프(Farid Seif)는 자신의 노트북 가방에 장전된 권총을 넣고 휴스톤에서 비행기에 올랐다. 그는 문제 없이 보안대를 통과했다. 사이프는 테러리스트가 아니었다. 이 총은 텍사스에서 합법이었고 그는 단순히 여행길에 오르기 전에 노트북 가방에서 권총을 빼는 것을 잊어버렸을 뿐이었다.

휴스톤 공항의 보안팀은 이 총을 감지하지 못했다. 엑스선 스캐너를 담당하는 보안 담당자가 이를 쉽게 발견했어야 했지만 아무도 눈치채지 못했다.

미국 국토 안보부는 일상적으로 총, 폭탄 부속품, 그 외 다른 금지된 물품을 위장한 요원을 동원해 통관 보안 능력을 테스트한다. 미 정부는 이 수치를 공식적으로 발표하지는 않지만 대략적으로 추산하면 약 70%의 시험은 실패하는데, 이는 대부분의 요원이 파리드 사이프와 같이 있어서는 안 되는 물건과 함께 보안을 통과한다는 의미다.

이런 일은 왜 일어날까? 왜 보안 담당자는 아주 큰 로션 병은 잡아내지만 장전된 권총은 찾지 못할까?

파리드 사이프의 비디오

ABC 뉴스에서 이 주제를 다룬 기사를 볼 수 있다.

http://abcnews.go.com/Blotter/loaded-gun-slips-past-tsa-screeners/story?id=12412458

빈도에 대한 멘탈 모델

보안 담당자는 장전된 권총이나 폭탄 부속품을 빈번하게 목격하지 못하기 때문에 최소한 어느 정도는 놓치게 된다. 경비원은 사람들과 스캐너의 화면을 보며 한 번에 몇 시간씩 근무한다. 근무 중 이 담당자는 위반 사례가 얼마나 빈번하게 일어나는지에 대해 예상하게 된다. 예를 들어, 손톱깎이나 핸드 로션은 꽤나 자주 발견할 것이고, 이에 따라 이런 것들을 볼 것이라고 예상하면서 찾게 된다. 반면 장전된 권총이나 폭탄 부속품은 자주 보지 못할 것이다. 이 담당자는 이러한 위반 사례가 얼마나 자주 나타나는지에 대한 멘탈 모델을 만들게 되고 이에 따라 무의식적으로 그에 맞춰 주의를 기울이게 된다.

앤드류 벨렝크스는 이런 예상에 대한 실험을 진행해 사람들이 뭔가가 특정 빈도수로 일어날 거라 예상하게 되면 그 사람의 기대보다 더 일어나거나 덜 일어나는 일을 놓치기 쉽다는 점을 발견했다(Andrew Bellenkes, 1997). 사람은 특정 사건의 발생 빈도에 대한 멘탈 모델을 갖고 있고 이 멘탈 모델에 맞춰 주의를 기울이게 된다.

드물고 중요하다면 신호를 보내라

필자는 노트북을 매일 몇 시간씩 사용하고 노트북은 대체로 전원에 연결돼 있다. 하지만 가끔 충전하는 것을 잊고 배터리가 떨어지기도 한다. 내 화면에는 배터리가 줄어들고 있다는 사실을 지속적으로 보여주는 알림창이 있는데, 집에 있을 때는 노트북에 전원을 꼽아 놓았다고 생각하면서 이 알림창을 인식하지 않는다.

그러다 결국 (배터리가 약 8%쯤 남았을 때) 내 컴퓨터는 소리를 내고 배터리 잔량이 낮다는 팝업 경고문이 나타난다. 이것이 드물고 중요한 이벤트에 대한 신호 보내기의 예다(개인적으로 기계에서 내가 원하는 타이밍에 경고를 줄 수 있게 설정하는 기능을 제공하면 좋겠다. 내가 신호를 받을 때쯤이면 배터리가 정말 거의 없다. 그러면 정신 나간 사람처럼 플러그를 찾거나 파일을 저장한다).

시사점

- 사람은 특정 사건의 발생 빈도에 대한 무의식적인 멘탈 모델을 갖고 있다.
- 가끔 일어나는 사건에 대해 알려줄 필요가 있는 제품이나 애플리케이션을 디자인한다면 이를 사람들이 인지할 수 있게 강한 신호를 이용한다.

44 / 주의를 유지하는 것은
약 10분간 지속된다

지난 분기의 판매 수치를 누군가가 프레젠테이션으로 보고하는 회의에 참가했다고 해보자. 보고자는 듣는 사람의 주의를 얼마나 오랫동안 끌 수 있을까? 주제가 흥미로운 경우, 그리고 보고자의 프레젠테이션 능력이 좋다면 기껏해야 듣는 사람은 7~10분간 청자의 집중을 유지할 수 있다. 애초에 주제에 관심도 없고, 보고자가 조금 따분한 스타일이라면 훨씬 빠르게 관심을 잃는다. 그림 44.1은 이와 관계된 그래프를 보여준다.

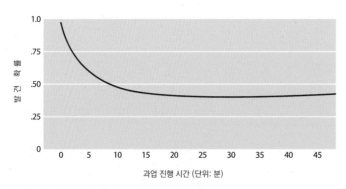

그림 44.1 주의력은 10분 후부터 줄어들기 시작한다.

사람들이 짧은 휴식을 가진 후에 다시 7~10분의 시간 동안 시작할 수는 있겠지만, 한 가지 과업에 주의를 기울일 수 있는 시간은 7~10분밖에 되지 않는다.

웹사이트를 디자인하고 있다면 아마도 사용자가 7분보다 한참 적은 시간을 페이지에서 머무르는 수준에서 웹 페이지를 디자인하고 있을 것이다. 사용자가 페이지를 방문해 링크를 보고 이를 누르는 것을 디자이너는 상상한다. 하지만 가끔 오디오나 동영상 등의 다른 매체를 웹 페이지에 삽입하기도 한다. 이런 매체 역시 7~10분 법칙을 따른다. TED에서 제공하는 동영상은 통상 20분 정도의 길이인데, 이 때문에 한계를 넘어간다(비록 세계 최고수준의 강연자를 모셔와서 이를 최대한 늘려볼 수 있더라도).

시사점

■ 사용자의 주의를 최대 7~10분 끌 수 있다고 가정한다.

■ 7~10분보다 더 주의를 끌어야만 한다면 고급 정보를 소개하거나 잠깐 쉬어라.

■ 온라인 데모나 튜토리얼 등은 7~10분 이하의 길이로 구성한다.

45 / 사람들은 가장 중요한 단서에만 신경을 쓴다

그림 45.1에 있는 미국 동전 그림을 보자. 어떤 것이 진짜 1페니인가? 속임수는 쓰지 말자. 사진을 보고 맞춰본 다음 동전을 찾아 결과를 비교해 보자.

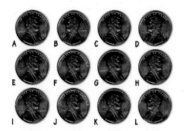

그림 45.1 어떤 것이 진짜 페니일까?

미국에 살거나 미국 동전을 사용한다면 1페니는 자주 봤을 것이다. 그러나 대부분은 이 동전에 대해 특정 속성, 이를테면 크기와 색깔 등에만 주의를 기울인다. 이러한 속성을 심리학자들은 가장 중요한 단서(salient cues)라고 한다. 사람들은 당면한 일을 하는 데 필요한 것에만 주의를 기울인다. 페니 동전에는 다양한 세부적인 내용과 특징이 있음에도 대부분의 사람들에게 가장 중요한 것은 색깔과 크기뿐이다. 동전수집가라면 중요한 단서가 다르다. 이들에게 중요한 단서는 제조 날짜나 쓰여 있는 문구, 아니면 특정 그림이 될 것이다.

'사람은 어떻게 보는가' 장에서 논의한 것처럼 우리가 뭔가를 바라본다고 해서 진짜 보고 있는 것은 아니다. 이와 비슷하게, 우리는 매일 시각, 청각, 미각, 촉각 등을 통해 신경 쓰지 않는 많은 것을 경험한다. 사람은 무의식적으로 인식 능력에 한계가 있다는 사실을 인지하고, 뇌는 무엇이 진짜 필요하고 신경을 써야 하는지, 그리고 무엇을 무시해야 하는지 결정한다.

페니 문제에 대한 답을 맞췄는가? (답은 A다).

시사점

- 사용자에게 무엇이 정말 중요한 단서가 될지 결정한다.

- 중요한 단서가 명확히 제시될 수 있게 디자인한다.

- 사람들이 중요한 단서에만 신경 쓸지도 모른다는 점을 염두에 둔다.

46 / 사람들은
생각보다 멀티태스킹에 취약하다

자신이 멀티태스킹에 능하다고 생각하는 사람이 많고 그러한 멀티태스킹 능력을 자랑스러워하기까지 한다. 하지만 멀티태스킹에 관한 연구에 따르면 대부분 사람들은 자신이 생각하는 것보다 멀티태스킹에 소질이 없다고 한다.

자신이 멀티태스킹을 하고 있다고 생각하는 대부분의 시간 동안 사람들이 하는 일은 '과업 전환'이다. 사람들은 한 번에 한 가지 과업에만 집중할 수 있다. 다시 말하면 한 번에 하나에 대해서만 생각할 수 있다는 말이다. 한 번에 한 가지 정신 활동만 할 수 있다. 따라서 말을 하거나 읽을 수 있다. 글자를 읽거나 입력할 수 있다. 그리고 듣거나 읽을 수 있다. 하지만 두 가지를 동시에 하는 것은 아니다. 과업 전환을 재빨리 하기 때문에 사람들은 멀티태스킹이 가능하다고 생각하지만, 실제로는 그렇지 않은 경우가 대부분이다.

하나의 가능한 예외사항

연구를 통해 하나의 가능한 예외사항이 밝혀졌다. 누군가 매우 자주 하는 육체적인 과업을 수행하고 이에 엄청나게 능숙하다면 정신적인 과업을 수행하면서 그 육체적인 과업을 수행할 수 있다. 그래서 성인이고 걷는 법을 배웠다면 걸어가고 이야기하는 행위를 동시에 할 수 있다. 하지만 심지어 걷기와 말하기조차 항상 잘 되는 건 아니다. 이라 하이먼의 연구는 사람들이 걸어가면서 전화기로 통화할 때 타인과 더 자주 부딪히고, 자신의 주위에 뭐가 있는지 인지하지 못한다는 사실을 보여줬다(Ira Hyman, 2009). 연구자들은 광대 옷을 입고 외발 자전거를 탄 사람을 그들 앞에 지나가게 했다. 전화를 하던 사람들은 실험이 진행되는 동안 광대를 인지하거나 기억할 가능성이 훨씬 낮았다.

운전 중 휴대전화로 통화하는 것은 주의 문제다

미국 내 대부분의 지역에서는 이제 주행 중 휴대전화를 들고 있는 것이 불법이 되었지만 핸즈프리를 사용할 경우에는 통화를 허용하는 편이다. 이 발상에는 결함이 있다. 휴대전화를 손에 쥐고 있는 것이 문제가 아니다. 문제는 다른 사람과 대화하는 것이다. 전화로 대화하고 있을 때 그 사람의 주의는 대화로 기울여지며 이에 따라 운전에 대한 주의력이 떨어진다. 이것은 주의의 문제이지 손이 자유로워야 하는 문제가 아닌 것이다.

휴대폰으로 대화하는 소리가 두 사람이 직접 대화하는 소리보다 듣기에 더 짜증난다

한쪽의 이야기만 듣는 것은 정보를 예측하기가 더 어려워서 사람의 정신적 자원을 더 많이 소비하게 만든다. 사람은 대화의 반쪽만 들으면서 다른 반쪽이 이야기하고 있을 내용 중 놓치고 있는 것이 무엇일까 생각하며 긴장하게 된다. 로렌 엠버슨은 실험 참여자를 대상으로 다른 정신적 과업을 실험했다(Lauren Emberson, 2010). 실험 참여자들은 전화 통화의 양쪽을 모두 들을 때가 한쪽의 대화만 들을 때보다 훨씬 더 과업을 잘 수행했다. 연구자들은 청각적인 요소(소리의 음질 등)를 제어해서 이러한 결과의 차이가 나는 이유가 반쪽 대화를 예측하기 어렵기 때문이라고 결론 지었다. 참여자들은 듣지 못하는 대화의 나머지 반쪽에 대해 생각하기 때문에 당면한 과제에 집중하지 못했다.

나이와 멀티태스킹 경험은 차이를 만들어 낼 것인가?

이얄 오피르와 클리포드 내스는 대학생들을 대상으로 연구한 결과, 멀티태스킹을 하는 데 일반 대중과 대학생들이 별다른 차이가 없다는 결론을 내렸다(Eyal Ophir and Clifford Nass, 2009). 그들은 사람들이 몇 가지 매체를 동시에 사용하는지에 대한 설문지를 만들었다. 그리고 전체 분포에서 양쪽 끝에 위치한 사람들을 골라내서 과다 매체 동시 이용자(HMMs, heavy media multitaskers)와 소량 매체 동시 이용자(LMMs, light media multitaskers)라는 이름을 붙였다.

그다음 각 그룹에서 사람을 뽑아 일련의 과업을 수행하게 했다. 예를 들어, 실험자는 참가자에게 두 개의 빨간 직사각형, 혹은 두 개의 빨간 직사각형이 4개나 6개의 파란 직사각형으로 둘러싸여 있는 것을 보여줬다. 이것들은 두 번 번쩍였는데, 참여자들은 두 개의 빨간색 직사각형이 첫 깜빡임과 두 번째 깜빡임 사이에 이동했는지 판단했다. 이들은 파란 직사각형은 무시하게 돼 있었다.

연구자들은 예상과 정반대의 결과를 얻었다. 소량 매체 동시 이용자들은 파란 직사각형을 무시할 수 있었지만 과다 매체 동시 이용자들은 파란 직사각형을 무시하는 데 어려움을 겪어 과업을 수행할 때 더 좋지 않은 결과를 보였다. 이 실험 이후 문자와 숫자가 들어간 과업으로도 실험을 진행했다. 결과는 같았다. 과다 매체 동시 이용자들은 소량 매체 동시 이용자에 비해 관계 없는 자극에 더 많이 방해받았고 형편없는 과업 수행 수준을 보였다.

멀티태스킹을 즐기는 사람들도 있다

대부분 사람들이 자신이 생각하는 것보다 멀티태스킹을 잘 하지 못하지만, 어떤 사람들은 멀티태스킹을 즐기기도 한다. 그들은 텔레비전에서 운동경기를 보면서 동시에 친구들에게 문자 메시지를 보낸다. 하지만 멀티태스킹 경험을 좋아한다는 것이 반드시 그것을 잘 한다는 의미는 아님을 기억하라.

멀티태스킹 연구에 관한 동영상

오피르와 내스의 연구에 대한 동영상을 아래 링크에서 확인할 수 있다.

http://www.youtube.com/watch?v=2zuDXzVYZ68

멀티태스킹 기술 테스트하기

다음 링크의 테스트를 통해 자신이 얼마나 멀티태스킹에 능한지 테스트할 수 있다.

www.youtube.com/watch?v=IJU7gAWjZx8&t=10s

시사점

- 사람들은 실제보다 자신이 멀티태스킹에 능하다고 생각한다.

- 어떤 사람들은 멀티태스킹을 좋아하는데, 아마 잘 하는 것과 좋아하는 것을 혼동하고 있을 것이다.

- 젊은 사람들이 나이든 사람보다 멀티태스킹을 더 잘하지는 않는다.

- 사람들에게 멀티태스킹을 강요하는 것을 피하라. 사람은 두 가지 일을 한 번에 하기가 어렵다. 예를 들면 손님과 대화하는 중에 컴퓨터나 태블릿의 양식을 채워나가는 것이 여기에 해당한다. 반드시 동시에 두 가지 이상의 과업을 수행해야 한다면 사용하기 쉬운 도구를 사용하는 데 특별히 더 신경 써야 한다.

- 사람들에게 멀티태스킹을 요구할 경우 많은 오류를 만들어 낼 것을 예상하고, 나중에 사람들이 오류를 수정할 수 있는 수단을 만들어 둔다.

47 / 위험, 음식, 섹스, 움직임, 얼굴, 그리고 이야기가 최고의 관심을 받는다

다음은 가장 주의를 끄는 것들이다.

- **움직이는 모든 것**(예를 들어, 동영상이나 깜빡임)
- **사람 얼굴 그림, 특히 우리를 쳐다보고 있는 그림**
- **음식, 섹스, 위험에 대한 그림**
- **이야기**
- **큰 소음**(48번 항목에서 다루겠다)

왜 인간은 음식, 섹스, 위험에 주의를 기울일 수밖에 없을까?

사고 난 곳 옆을 지나칠 때는 왜 항상 교통 흐름이 느려지는지 궁금해 한 적이 있는가? 사람들이 섬뜩한 사고 현장을 궁금해하는 게 영 마뜩잖으면서도 사고 현장을 지나칠 때 자신도 모르게 눈길이 가는 자신을 발견한 적이 있는가? 위험한 장면을 보는 것을 거스르지 못하는 것은 누군가의 잘못이 아니다. 이는 인간의 오래된 뇌가 '주의를 기울여라'라고 이야기하는 것이다.

우리에겐 세 개의 뇌가 있다

『심리를 꿰뚫는 UX 디자인』(에이콘출판 2010)에서 나는 사람들이 실제로 하나의 뇌가 아니고 세 개의 뇌를 갖고 있다고 기술했다. 새로운 뇌는 의식과 추론, 논리를 담당하는 뇌로서, 사람들이 가장 잘 안다고 생각하는 부분이다. 중간 뇌는 감정을 처리하는 곳이고, 오래된 뇌는 생존에 가장 관심이 많은 부분이다. 진화론적인 관점에서 보면 오래된 뇌가 가장 먼저 발달했다. 사실 우리 뇌의 이 영역은 파충류의 뇌와 굉장히 유사하다. 그래서 어떤 사람들은 그것을 파충류 뇌라고도 부른다.

이거 먹어도 돼요? 이것과 섹스해도 되나요? 이게 날 죽일까요?

사람의 오래된 뇌가 하는 일은 환경을 지속적으로 분석해 다음의 질문에 대답하는 것이다. "이걸 먹어도 될까? 이것과 섹스해도 될까? 이게 나를 죽일까?" 오래된 뇌에서는 이러한 질문에만 주의를 기울인다(그림 47.1). 생각해 보면 이것들은 중요한 문제다. 음식이 없으면 죽고, 섹스가 없으면 종이 살아남을 수 없으며, 죽어버린다면 다른 두 문제는 문제도 아니다. 그래서 동물의 뇌는 초기에 이 세 주제에 몹시 신경 쓰도록 발달했다. 동물들이 진화함에 따라 이들은 다른 능력을 발달시켰다(감정, 논리적 사고 등). 하지만 이 부분이 뇌의 일부로 남아 이 같은 세 가지 중요한 것을 항상 감시하고 있다.

그림 47.1 음식을 쳐다보는 것은 우리의 오래된 뇌가 거부할 수 없는 것 중 하나다. 거스리 웨인쉔크(Guthrie Weinschenk)의 사진.

그래서 사람은 거부할 수 없다

이것이 뜻하는 바는 음식과 섹스, 위험을 발견하는 행위는 아무리 그렇게 하지 않으려 해도 신경을 쓸 수밖에 없다는 것이다. 그것은 오래된 뇌가 작용하는 것이다. 일단 이를 인지하고 나면 굳이 어떤 행동을 할 필요는 없다. 예를 들어, 초콜렛 케익을 봤다고 해서 먹을 필요는 없고, 방안에 매력적인 여인이 들어왔다고 해서 추파를 던질 필요는 없으며, 덩치가 크고 무서워 보이는 남자가 아름다운 여자와 함께 방에 들어오더라도 도망칠 필요는 없다. 하지만 스스로 원하거나 말거나 이 모든 것들에 대해서는 자동으로 인지하게 될 것이다.

우리는 사람을 그린 그림에 주목한다

사람은 얼굴에 신경을 쓰게끔 만들어졌다. '사람은 어떻게 보는가' 장에서 뇌가 얼굴에 어떻게 반응하는지 상세한 내용을 읽어보자.

시사점

- 웹사이트나 소프트웨어에서 음식, 섹스, 위험한 내용을 다루는 것이 항상 옳지는 않지만 적용한다면 많은 관심을 끌 수는 있다.
- 얼굴이 잘 나온 이미지를 사용한다.
- 사실을 기반으로 한 정보라도 가능한 한 이야기를 활용하라.

48

큰 소음은 깜짝 놀라게 하고
주의를 끈다

소리로 누군가의 관심을 얻고 싶다면 각종 방법을 다룬 표 48.1을 참고한다 (Deatherage, 1972에서 발췌).

표 48.1 소리로 주의를 끄는 방법

청각 신호	강렬함	관심 확보 정도
뱃고동	매우 높음	좋음. 다른 많은 저주파 소음이 있을 경우에는 좋지 않음
일반 경적	높음	좋음
호루라기	높음	좋음. 단 가끔만 사용할 것
사이렌	높음	강도가 오르내린다면 좋음
벨(종)	중간	저주파 소음이 있을 경우 좋음
버저	낮음~중간	좋음
차임벨, 신호용 징	낮음~중간	적당함

사람은 자극에 길든다

매시간 시간을 알리는 시계가 걸린 집을 방문해 본 적이 있는가? 그런 집에서 잠자리에 들려고 침대에 누웠는데 잠이 들려고 할 때마다 시계가 울려댄다. "누가 이런 집에서 잠을 잘 수 있단 말인가?" 그런데 이 집에 사는 사람들은 잘만 잔다. 이들은 시계의 소리에 길들여진 것이다. 매시간 듣기 때문에 그 소리에 더는 신경 쓰지 않는 것이다.

사람의 무의식은 계속해서 사람의 환경을 조사해 위험한 것이 없는지 확인한다. 이 때문에 주위에 있는 무엇이든 새롭거나 신기한 것이 우리의 관심을 받는 것이다. 하지만 같은 신호가 반복해서 발생한다면 점진적으로 우리의 무의식은 이것이 새로운 것이 아니라고 판단하고, 그에 따라 이를 무시하게 된다.

시사점

- 프로그램을 디자인하고 있다면 실수를 하거나 목표를 달성하거나 돈을 기부하는 등 사람들이 특정 행위를 했을 때 소리가 나게 할 수 있다.

- 필요한 만큼의 적정한 관심을 받을 수 있는 소리를 고르자. 높은 관심을 불러일으키는 소리는 사람들이 하드디스크를 포맷하거나 돌이킬 수 없는 행동을 하려는 경우와 같은 정말 중요할 때만 사용한다.

- 사용자의 주의를 얻고자 소리를 사용하는 경우 사용자가 소리에 길들여져서 관심을 두지 않는 것에 대비해 그 소리를 변경하는 것도 고려한다.

49

사람이 어떤 대상에 관심을 가지려면
먼저 반드시 그 대상을 인지해야 한다

사람들이 뭔가에 관심을 가지려면 먼저 반드시 이를 감지하고 인지할 수 있어야만 한다. 다음은 우리의 감각이 느끼는 것에 대한 예다.

- **시각**: 완벽하게 어두운 곳에 서 있다면 약 48킬로미터 밖의 촛불을 볼 수 있다.
- **청각**: 아주 조용한 방 안에 있다면 약 6미터 밖의 손목시계 소리를 들을 수 있다.
- **후각**: 약 74제곱미터 내에 떨어진 향수 한 방울의 냄새를 맡을 수 있다.
- **촉각**: 피부 위에 올려진 머리카락 한 올을 느낄 수 있다.
- **미각**: 7.5리터의 물에 들어간 1티스푼 분량의 설탕 맛을 인지할 수 있다.

신호 감지 이론

시계가 안 보여서 어디에 뒀는지 알아내려고 할 때 현재 서 있는 자리에서 6미터 안에 시계가 있다면 재깍거리는 시계 소리를 들을 수 있다. 하지만 시계를 찾고 있지 않다면 어떨까? 시계는 신경 쓰지 않고 오늘 저녁으로 뭘 먹을지 생각하고 있다면 시계 소리를 전혀 들을 수 없다.

뭔가를 감지한다는 것이 반드시 단순한 것만은 아니다. 인간의 감각이 자극을 감지할 수 있을지는 모르지만, 그렇다고 해서 사람이 그 자극에 주의를 기울이고 있다는 뜻은 아니다.

민감함과 편견

누군가 집에 와서 나를 데리러 나갈 것을 기대하고 있다고 해보자. 약속한 시간이 돼도 그 사람이 오지 않으면 자꾸만 문 밖으로 나가게 되고 차가 도착하는 듯한 소리를 들었다고 착각하게 된다.

뭔가를 인지하거나 인지하지 못하는 것은 실제 자극이 있느냐 없느냐에 달린 것이 아니다. 사실은 종종 자극이 있어도 그것을 놓칠 때가 있고, 자극이 없는데도 그것을 보거나 듣게 될 때가 있다.

과학자들은 이를 신호 감지 이론(signal detection theory)이라고 한다. 여기엔 네 가지 가능한 결과가 있는데, 이를 그림 49.1에서 확인할 수 있다.

이것은 단지 개념적인 아이디어가 아니다. 신호 감지에 대해서는 연구자들이 연구하는 실제 사례가 있다. 예를 들어 수십 장의 의료 영상을 매일 보는 방사선 전문의가 있다고 하자. 이 방사선 전문의는 영상에 작은 반점이 있는지, 그리고 그것이 암인지 아닌지 결정해야만 한다. 아무것도 없는데 암의 반점을 봤다면(거짓 경보: false alarm) 환자는 불필요한 수술을 받고 방사선치료와 화학요법을 받게 된다. 반면 의사가 실제로 있는 암의 반점을 놓친다면 환자는 치료를 초기에 받지 못해서 죽을지도 모른다. 심리학자들은 사람들이 신호를 더 정확하게 감지할 수 있을 것 같은 다른 조건에 대해 연구하고 있다.

	자극의 존재	
	예	아니오
감지 여부 예	적중(Hit)	거짓 경보(False Alarm)
아니오	놓침(Miss)	바른 기각(Correct Rejection)

그림 49.1 신호 감지 이론

신호 감지 이론을 적용하는 법

하늘에 얼마나 많은 비행기가 서로 가까이 있는지 보기 위한 새로운 항공 교통 관제 시스템을 디자인하고 있다고 하자. 그럴 경우 아무것도 놓치고 싶지 않기에 신호를 켜고(더 밝은 빛과 큰 소리를 사용한다) 제어장치가 신호를 놓치지 않는지를 확인한다. 방사선 전문의를 위한 엑스선 결과 분석 화면을 디자인한다면 거짓 경보를 피하기 위해 신호를 낮추게 될 것이다.

시사점

- 특정 과업을 위한 디자인을 하고 있다면 신호 감지 차트의 사분면을 생각해보자. 신호를 놓치는 것과 거짓경보 중 어떤 것이 더 피해가 큰가?

- 신호 감지 차트의 사분면을 기반으로 디자인에 필요한 것이 무엇인지 고민해 본다. 거짓 경보가 더 나쁘다면 신호를 조금 줄인다. 신호를 놓치는 경우가 더 좋지 않다면 신호를 강하게 한다.

06장

무엇이 사람에게
동기를 부여하는가?

동기부여와 관련된 새로운 연구 보고를 보면 사람들이 동기를 부여하고 유지하는 방법이라 여기던 통상적인 방법들이 사실과는 좀 다르다는 것을 보여준다.

50 / 사람은 목표에 가까워질수록 더 많이 동기를 부여받는다

동네 커피숍에 가서 적립식 스탬프 카드를 받는 경우를 생각해 보자. 커피를 한 잔씩 살 때마다 카드에 도장이 하나씩 채워진다. 카드가 꽉 차면 무료 커피를 한 잔 받는다. 이제 아래의 두 시나리오를 생각해 보자.

- **카드A**: 카드에는 10개의 칸이 그려져 있고 카드를 받을 때 모든 칸은 비어 있다.
- **카드B**: 카드에는 12개의 칸이 그려져 있지만 카드를 받을 때 처음 두 칸에 도장이 찍혀 있다.

여기서 질문. 이 카드를 채워 나가는 데 얼만큼의 시간이 걸릴까? 시나리오 A와 B 중 어떤 경우에 더 빠르게 도장이 채워질까? 상식적으로 계산해 보면 두 시나리오 모두 결국 10잔의 커피를 사야 무료 커피 한 잔을 받게 된다. 둘 중 어느 카드를 사용하느냐에 따라 결과가 달라질까?

답은 명백한 "그렇다"이다. 대부분의 경우 카드 B를 사용하는 사람들은 카드 A를 사용하는 사람들보다 빠른 속도로 스탬프를 채워나간다. 이는 목표 가속화 효과(goal-gradient effect) 때문이다.

목표 가속화 효과는 1934년 클락 헐(Clark Hull)의 쥐를 이용한 실험으로 처음 연구됐다. 그는 미로에서 쥐가 음식을 찾아 나가는 실험에서 음식과 가까워지는 끝부분에서 쥐들이 달리는 속도가 빨라지는 현상을 발견했다. 위에서 예로 든 커피 보상 카드의 시나리오는 란 키베츠(Ran Kivetz)가 2006년에 진행한 연구 중 일부인데, 그는 이 연구를 통해 1934년에 진행된 최초 연구에서 쥐들이 행동한 것처럼 사람들이 행동하는지 확인하고자 했다. 결과는 "그렇다"였으며 대부분의 사람이 그렇게 행동했다.

키베츠는 또한 사람들이 보상 프로그램에 참여하기를 좋아한다는 사실을 알아냈다. 보상 프로그램에 참여하지 않은 고객과 비교할 때 보상 카드를 갖고 있는 고객들이 더 많이 미소를 지었고 카페 직원과 잡담도 더 오래 나누었으며 팁도 더 자주 지불했다.

커피숍 연구와 더불어 키베츠는 사람들이 어떤 사이트에서 보상 목표에 가까워질수록 웹사이트에 더 자주 방문하고 방문할 때마다 더 많은 노래에 별점을 부여한다는 사실도 알아냈다.

사람들은 '무엇을 완성했는가'보다는 '무엇이 남았는가'에 더욱 집중하는 경향이 있다

구민정과 아예렛 휘시바흐가 진행한 연구에서는 사람들이 목표를 달성하는 데 다음의 두 가지 중 어떤 것이 더 동기부여에 효과적인가를 측정했다(Minjung Koo and Ayelet Fishbach, 2010).

A) 사람들이 이미 해결한 내용을 강조

B) 해결해야 하는 남은 과제에 집중

결과는 B였다. 사람들은 무엇을 더 해야 하는지 집중할 때 계속해서 과업을 수행할 동기를 부여받았다.

동기는 보상이 이루어진 직후에 곤두박질친다

고객이 보상 목표 동기를 달성하고 나면 구매가 곤두박질치는 경향이 있다. 이는 보상 후 초기화 현상으로 알려져 있다. 보상이 이루어진 직후에 고객을 잃을 위험이 가장 크다.

시사점

- 목표까지 남은 거리가 짧을수록 사람들은 더 빨리 그것을 성취하려는 기질이 있다. 사람들은 끝이 눈에 보일 때 더 많은 동기를 부여받는다.

- 이 장에서 다룬 커피 카드 B의 경우처럼 과정에 환상을 심어줌으로써 사람들에게 부가적인 동기를 부여할 수도 있다. 사실상 진전된 내용은 없지만(사용자는 여전히 10번 커피를 사야 한다), 뭔가 진행된 것처럼 보임으로써 이미 진전이 있는 듯한 효과를 주는 것이다.

- 사람들은 보상 프로그램에 참여하기를 즐긴다. 하지만 조심하라! 목표를 달성한 직후에 행동은 급격히 둔화되고 보상이 이루어진 직후에 고객을 잃을 위험성이 가장 높다. 보상을 주고 난 후에는 추가로 고객과 상호작용을 하는 것이 좋다(예를 들면, 단골 고객이 되어줘서 고맙다는 이메일을 발송하는 것도 좋은 방법이다).

51

다양한 보상은
강력하다

20세기에 심리학을 공부했다면 B.F. 스키너와 그의 연구인 조작적 조건화 이론에 대해 들어본 적이 있을 것이다. 스키너는 증원(혹은 보상)이 얼마나 자주, 어떻게 주어지느냐에 따라 행동이 증가하는지 혹은 감소하는지를 연구했다.

카지노가 알고 있는 것

막대기가 있는 상자에 쥐를 넣었다고 해보자. 이 상자에서 쥐가 막대기를 누르면 쥐는 음식 덩어리를 갖게 된다. 이때 음식을 강화(reinforcement)라고 한다. 하지만 실험자가 설정을 바꿔서 쥐가 막대기를 매번 누르더라도 항상 음식을 갖지 못하게 하는 경우는 어떨까? 스키너는 다양한 시나리오를 실험했는데, 이를 통해 음식을 제공하는 빈도수와 음식을 일정 시간이 지나면 주는지 또는 막대기를 눌렀을 때 주는지가 쥐들이 막대기를 누르는 빈도에 영향을 미친다는 사실을 밝혀냈다. 다음은 다른 실험 스케줄의 개요다.

- **간격 스케줄.** 실험자는 음식물을 일정한 시간 간격(이를테면, 5분마다)을 두고 준다. 쥐는 5분이 지난 후 처음으로 막대기를 눌렀을 때 음식을 받게 된다.
- **비율 스케줄.** 시간에 비례해 강화를 제공하는 대신 막대기를 누르는 횟수에 비례해 제공하는 것이다. 쥐는 10번 막대기를 누를 때마다 음식물을 받게 된다.

또 다른 설정도 있다. 각 스케줄을 고정 실험으로 진행하거나 변수를 적용해 구성할 수 있다. 고정 실험이라면 같은 간격이나 비율을 사용하게 되는데, 예를 들어 매 5분이나 매 10회 누름 같은 설정을 한다. 하지만 변수를 적용하게 되면 시간이나 빈도수를 다양하게 적용할 수 있고 이에 대한 평균값을 산출하게 된다. 예를 들어 2분만에 강화를 받을 때도 있고 8분만에 받게끔 만들기도 하는데, 이때의 평균값은 5분이 되는 것이다. 따라서 전체적으로 4가지 스케줄을 설정할 수 있다.

- **고정 간격.** 강화는 시간을 기준으로 제공되며 시간 간격은 항상 같다.
- **변동 간격.** 강화는 시간을 기준으로 제공된다. 총 시간은 다양하지만 평균 시간은 특정하게 유지된다.
- **고정 비율.** 강화는 막대기를 누르는 횟수를 기준으로 제공되며 필요 횟수는 같다.
- **변동 비율.** 강화는 막대기를 누르는 횟수를 기준으로 제공된다. 필요한 횟수는 다양하지만 평균 값은 특정한 수를 기준으로 한다.

결과적으로 쥐의 경우(사람도 마찬가지다) 실험자가 사용하는 스케줄에 따라 예상한 대로 행동한다는 것이 밝혀졌다. 그림 51.1에 나온 차트에서는 스케줄의 형태에 따라 사람들이 취하는 행동의 종류를 확인할 수 있다.

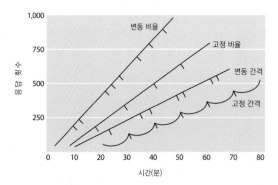

그림 51.1 조작적 조건화 이론의 강화 스케줄

조작적 조건화 이론은 인기를 잃었다

1960년대와 70년대에 조작적 조건화 이론은 많은 대학교의 심리학과에서 으뜸으로 치는 세계적인 이론이었다. 하지만 다른 시각을 갖고 있는 심리학자들(예를 들어, 인지 심리학이나 사회 심리학 관점)은 이 이론을 크게 신뢰하지 않았고, 그렇게 점점 인기를 잃어갔다. 다른 학습 방법이나 동기부여 이론들이 더욱 대중화되면서 오늘날 조작적 조건화 이론은 심리학 책의 몇 페이지만을 장식하고 대학교 심리학 수업 중 잠깐 다뤄지는 수준으로 전락했다. 상상하기 어렵겠지만 필자는 대학을 졸업하기 이전 조작적 조건화에 대한 교육을 받았고 개인적으로 이 이론을 매우 좋아한다. 조작적 조건화 이론이 모든 행동과 동기를 설명한다고 믿지는 않지만 이 이론들은 잘 검증됐으며, 이론 자체도 효과적이었다고 생각한다. 개인적으로는 학교에서 학생들을 가르치거나 아이를 키우는 등 뭔가를 관리할 때 이 이론을 활용하곤 했다.

그렇다면 우리는 사람들이 강화 혹은 보상을 받기 위해 얼마나 자주 특정 행동을 할지 예측할 수 있다. 따라서 다른 사람에게 어떤 일을 최대한 많이 시키고자 한다면 변동 비율 스케줄을 사용할 것이다.

라스베가스에 방문해 본 사람은 이 변동 비율 스케줄이 동작하는 것을 본 적이 있을 것이다. 사용자는 슬롯머신에 동전을 넣고 버튼을 누른다. 사용자는 얼마나 자주 돈을 딸지 예측할 수 없다. 시간에 비례하는 것은 아니지만 아마도 사용자가 게임을 하는 횟수와는 어느 정도 비례할 것이다. 그리고 이 상황은 고정 스케줄이 아닌 변동 스케줄이다. 예측이 불가능하다. 사용자는 언제 돈을 딸지 예측할 수 없지만 게임을 많이 할수록 돈을 딸 가능성이 높아진다는 사실은 알고 있다. 결과적으로 사용자가 최대한 많은 게임을 하게 되고, 카지노는 최대의 수익을 남기게 된다.

조작 이론과 디자인

조작적 조건화 이론이 디자인과 관계가 있는지 확신이 서지 않는다면 조금 더 깊이 생각해 보자. 디자이너로서 여러분은 사람들이 특정 행동을 지속적으로 하게끔 유도해야 할 때가 상당히 많다. 앞에서 언급한 키베츠(Kivetz)의 연구를 살펴보자. 보상 카드는 고정 비율 스케줄의 한 예다. 10잔의 커피를 사면(막대기를 10번 누르면) 공짜 커피를 받게 되는 것이다.

또 다른 예로 Dropbox.com이 있다. 친구가 사용자의 추천으로 드롭박스에 가입할 때마다 사용자는 추가 저장 공간을 받는다.

강화 스케줄의 형식이 하나 더 있다. 바로 연속 강화 스케줄이다. 행동을 할 때마다 보상을 받으면 연속 강화 스케줄에 있는 것이다. 연속 강화 스케줄은 새로운 행동을 자리잡게 할 때 사용하면 좋다. 하지만 스키너의 연구에서는 일단 행동이 수립되고 나면 매번 보상을 하지 않아도 사실상 더 많은 행동이 이어진다는 결과를 보여준다. 드롭박스가 3명이나 5명을 추천할 때마다 더 큰 보상을 제공했다면 더 많은 사용자가 친구를 추천할 것이다. 달리 말하면, 연속 스케줄이 고정 비율 스케줄로 전환되는 것이다.

시사점

- 조작적 조건화가 동작하게 하려면 강화(보상)가 반드시 특정 참여자가 원하는 것이어야만 한다. 배고픈 쥐들의 경우는 음식물을 원했다. 사용자가 정말 원하는 것이 무엇일까?

- 사용자의 행동 패턴을 분석해 보고 어울리는 스케줄과 그에 맞는 보상을 고려해 보자. 변동 비율 스케줄을 사용해 특정 행동이 최대한 반복될 수 있게 유도한다.

- 연속 보상을 이용해 새 행동을 자리잡게 한다. 그러면 그것이 다른 스케줄로 전환되어 사람들이 계속해서 그 행동을 하게 만든다.

52

도파민은
정보 탐색을 자극한다

이메일이나 트위터, 문자 메시지에 중독됐다고 느껴본 적이 있는가? 혹은 메일함에 새 메일이 도착한 것을 알면서도 이를 무시하는 것은 불가능에 가깝다고 느낀 적이 있는가? 구글을 사용하면서 정보를 검색하다가 어떤 내용을 읽고 링크를 누르느라 정작 원래 검색하려던 것은 찾지도 않은 채 다른 정보를 검색하면서 30분이나 지났다는 것을 깨달은 적은 없는가? 이것들은 모두 도파민계가 작용한 사례다.

신경과학자들은 1958년 스웨덴 국립 심장 연구소(National Heart Institute)의 아비드 칼슨(Arvid Carlsson)과 닐스 아케 힐랍(Nils-Ake Hillarp)이 도파민계를 발견한 이후 계속 연구를 해오고 있다. 도파민은 뇌의 다양한 부분에서 만들어지며 생각하기, 움직이기, 잠자기, 분위기 감지, 집중, 동기부여, 찾기, 보상심리 등 뇌의 여러 기능에 큰 영향을 미친다.

기쁨의 화학물질인가? 혹은 동기부여의 화학물질인가?

도파민이 사람이 기쁨을 느낄 수 있는, 뇌의 기쁨과 관련된 시스템을 통제한다는 이야기는 들어본 적이 있을 것이다. 하지만 최근 연구자들은 도파민이 기쁨을 경험하게 한다기보다는 실질적으론 사람들이 뭔가를 원하고 갈망하고 찾도록 유도한다는 것을 발견했다. 이는 사람들의 각성 상태나 동기부여, 목표 지향적인 행동에 대한 강도를 높인다. 물리적인 욕구인 음식이나 섹스뿐 아니라 추상적인 관념에 대해서도 욕구를 갖게 된다. 도파민은 사람이 정보를 찾는 데 호기심을 더 갖게 하면서 뭔가를 추구하기 위한 연료로 작용한다. 최근에 진행된 연구에서는 기쁨이란 감정에 관여하는 시스템은 도파민계보다는 오히려 오피오이드계(opioid, 아편과 비슷한 작용을 하는 합성 진통제)라는 것이 증명되기도 했다.

켄트 베릿지에 따르면 이 두 시스템, 즉 원하는 도파민과 좋아하는 오피오이드는 상호 보완적인 존재다(Kent Berridge, 1998). 원하는 시스템은 사람을 행동하게 만들고 좋아하는 시스템은 사람들이 만족을 느끼게 해서 탐색하는 행동을 일시적으로 멈추게 만든다. 탐색하는 행동이 멈춰지지 않는다면 무한 반복되는 행동이 시작되는 것이다. 도파민계는 오피오이드계보다 강력하다. 사람은 만족 이상의 것을 찾는다.

도파민은 인류가 생존할 수 있도록 진화했다

도파민은 진화의 관점에서 대단히 중요하다. 인류가 호기심에 이끌려 새로운 것이나 아이디어를 찾아내지 않았다면 그냥 동굴 안에 앉아 있기만 했을 것이다. 도파민의 욕구하는 시스템은 우리의 조상에게 동기를 부여해 세상 밖으로 나오게 하고, 배우며 생존하게 만들었다. 만족해서 앉아 있지만 않고 뭔가를 열심히 찾아 다니는 행위 덕분에 계속해서 살아남을 수 있었던 것이다.

기대할 때가 획득할 때보다 낫다

뇌 스캔 연구에 의하면 우리의 뇌는 보상을 기대할 때가 실제로 보상을 받을 때보다 더 많이 자극받고 활발히 활동한다고 한다. 쥐를 이용한 연구에 따르면 도파민과 관련된 신경계를 파괴할 경우에도 쥐는 걷거나 씹고, 삼킬 수 있다. 그러나 음식이 바로 옆에 있는 경우에도 쥐들은 굶어 죽게 된다. 음식을 찾으러 가는 욕망을 잃은 것이다.

시사점

- 사람은 정보를 찾는 행동을 계속하는 것에 동기를 부여받기도 한다.
- 사람들이 정보를 찾기 쉽게 구성할수록 정보를 검색하는 행동을 더욱 자주 하게 된다.

예측 불가능함이
계속 찾게 만든다

53

도파민은 예측 불가능한 상태일 때도 자극받는다. 뭔가 정확하게 예상되지 않는 일이 일어날 경우 도파민계가 활성화된다. 전자기기를 예로 들면, 이메일이나 트위터, 문자 메시지는 불쑥 나타난다. 그러나 그것들을 정확히 언제, 누가 보내는지는 알지 못한다. 그것은 예상이 불가능하다. 바로 이때 도파민계가 자극을 받는다. 이것은 도박류의 게임을 할 때 사용되는 것과 같은 시스템이다. 기본적으로 이메일, 트위터 등 대부분의 소셜 미디어는 앞 장에서 언급된 변동 비율을 기반으로 동작한다. 이는 사람들이 동일한 행동을 반복적으로 하게 할 가능성이 있다.

파블로프의 반사 작용

도파민계는 보상이 온다는 단서에 특별히 민감하다. 무슨 일이 일어나리라는 작고 특정한 신호를 포착하는 즉시 도파민계가 작동한다. 이를 파블로프의 반사 작용이라고 하는데, 파블로프는 러시아의 과학자인 이반 파블로프(Ivan Pavlov)의 이름을 딴 것이다. 파블로프는 개를 이용해 실험했는데 개(인간도 마찬가지다)가 음식을 보면 침을 흘리는 것을 관찰했다. 파블로프는 음식과 소리(예를 들어 벨소리 같은)를 짝지었다. 벨소리는 자극제다. 개가 음식을 볼 때마다 벨소리를 들려줬고, 개는 음식을 보면 침을 흘렸다. 일정 기간이 지난 후 개들은 벨소리만 들어도 침을 흘리게 되었다. 음식은 침을 흘리게 하는 작용에 필요하지도 않았다. 휴대전화에 문자 메시지나 이메일이 도착했을 때 나는 소리나 메시지처럼 어떤 자극제가 정보 검색 행동과 짝을 이룰 경우(그림 53.1), 사람들은 파블로프의 반사 작용과 같은 반응을 보인다. 도파민이 분비되고 정보를 찾는 일련의 과정이 모두 다시 시작되는 것이다.

그림 53.1 문자 메시지가 도착했다는 알림을 받는 것이 파블로프의 단서다.

정보의 양이 적으면 훨씬 더 매력적이다

도파민계는 들어오는 정보의 양이 적어서 정보에 대한 욕구가 완전히 충족되지 않을 때 가장 강력하게 자극받는다. 짧은 텍스트는 도파민계를 폭발적으로 자극하기에 최적이다.

도파민 고리

과학기술의 발달로 만들어진 각종 도구와 알림 시스템은 뭔가를 찾고자 하는 사람들의 욕구를 거의 즉각적으로 만족시켜 준다. 누군가와 당장 이야기하고 싶은가? 문자 메시지를 보내면 몇 초 후에 답장이 올 것이다. 어떤 정보를 찾아보고 싶은가? 온라인에서 검색하면 된다. 친구들의 근황이 궁금한가? 자주 사용하는 소셜 미디어 앱에 들어간다. 사람들은 도파민 유도 고리에 들어갈 수 있다. 즉, 도파민은 사람들이 찾기 시작하면서 발생하는데, 사람들은 찾은 결과를 보상으로 받게 되고, 이것은 다른 찾는 행위를 불러온다. 결과적으로 새로운 메시지가 왔는지 보고 확인하는 행위를 멈출 수 없게 된다.

도파민 고리를 끊는 법

도파민 고리를 설정하길 원하는 것과 반대로 스스로가 이에 속해 있는 것에 넌더리가 날 수도 있다. 그리고 도파민계의 끊임없는 자극에 기진맥진할 수 있다. 도파민 고리를 끊으려면 정보를 찾는 환경에서 빠져나와야 한다. 예를 들어, 전자기기를 끄거나 눈길이나 손길이 닿지 않는 곳으로 치운다. 또 사용자들이 도파민 고리를 끊기 위해 할 수 있는 가장 강력한 행위 중 하나는 메시지가 도착했다는 알림을 꺼버리는 것이다.

시사점

- 신호를 짝짓는 것, 예를 들어 정보가 도착했을 때 소리를 내게 하는 것은 사람들이 더 관심을 갖고 찾아보도록 자극한다.

- 적은 양의 정보를 주고 더 많은 정보를 얻을 수 있는 방법을 제공하면 사람들이 더욱 찾게 하는 결과를 불러올 수 있다.

- 도착하는 정보의 예측이 불가능할수록 사람들은 그것을 찾는 데 중독된다.

54 / 사람들은 외적인 보상보다 내적인 보상에 더 많은 동기를 부여받는다

어떤 미술 선생님이 있다고 해보자. 이 선생님은 학생들이 그림을 그리는 데 시간을 투자하도록 유도하고 싶다. 선생님은 학생들에게 수여할 '좋은 그림 상'을 만들었다. 여기서 선생님의 목표가 학생들이 그림을 더 그리고 집중하게 하려는 것이라면 선생님은 어떤 방식으로 학생들에게 상을 줘야 할까? 학생들이 그림을 그릴 때마다 하나씩 주는 것이 좋을까? 아니면 가끔 줘야 할까?

마크 레퍼와 데이빗 그린, 리차드 니스벳은 이러한 질문에 대한 연구를 진행했다(Mark Lepper, David Greene and Richard Nisbett, 1973). 이들은 아이들을 3개의 그룹으로 나눴다.

- **그룹 1은 예측 그룹이다.** 연구자들은 아이들에게 '좋은 그림 상'을 보여줬고 아이들이 상을 받으려면 그림을 그려야 한다고 알려줬다.
- **그룹 2는 예측불가 그룹이다.** 연구자들은 아이들에게 그림을 그리고 싶은지 물어봤고, 상에 관해서는 언급하지 않았다. 아이들이 그림을 그리는 데 시간을 할애하고 나면 나중에 예상치 못한 그림 상을 받게 된다.
- **그룹 3은 통제 그룹이다.** 연구자들은 아이들에게 그림을 그리고 싶은지 물어봤고, 상을 언급하거나 상을 수여하지 않았다.

실험의 진정한 면모는 2주 후에 등장한다. 쉬는 시간이 시작되자 그림을 그리는 도구를 방안에 늘어 놓았다. 아이들에게 그림에 대한 것은 일절 묻지 않았다. 그림 도구를 그냥 방안에 사용 가능한 상태로 뒀을 뿐이다. 어떤 일이 일어났을까? 예측불가 그룹과 통제 그룹에 속한 아이들이 그림을 그린 시간이 가장 많았다. 예측 그룹에 속한 아이들, 즉 예상했던 상을 받은 경험이 있는 아이들이 그림을 그리며 보낸 시간이 가장 적었다. 조건적 보상(contingent rewards, 미리 구체적으로 밝힌 특정 행동에 따른 보상)은 보상이 반복되지 않는 한 결과적으로 낮은 욕구를 나타냈다. 이후에 연구자들은 이와 유사한 연구를 추가로 진행했는데, 아이들뿐 아니라 어른들도 유사한 결과를 보였다.

사람들은 무의식적으로 동기를 부여받는다

특정 목표를 달성하리라고 결심한 경험이 한번쯤은 다들 있을 것이다. 이 경우 대부분은 동기가 의식적인 과정이라고 생각하게 된다. 하지만 루드 커스터스와 헹크 아츠가 진행한 연구에서는 적어도 어떤 목표들은 무의식적으로 일어난다는 것을 보여준다(Ruud Custers and Henk Aarts, 2010). 무의식이 목표를 설정하고 마침내 목표를 의식적인 영역으로 불러낸다.

금전적 보상은 도파민을 분비시킨다

브라이언 넛슨은 사람들이 과업에 대해 금전적인 보상을 보장받았을 때 대뇌 측좌핵(nucleus accumbens, 사람들이 코카인, 담배 등 중독적인 물질을 기대할 경우 활성화되는 영역) 부위에서 활동이 증가한다는 사실을 발견했다(Brian Knutson, 2001). 이때 도파민이 분비됐고 위험한 행동이 증가하는 경향을 보였다. 사람들에게 돈을 주는 것은 역효과를 낳는데, 이는 사람들이 금전적인 보상에 기대게 되고 추가적인 보상이 발생하지 않으면 일하지 않으려는 성질이 있기 때문이다.

알고리즘적인 업무에서 체험적인 업무로

다니엘 핑크(Daniel Pink)는 자신의 저서인 『드라이브』(청림출판 2011)에서 최근까지 사람들은 알고리즘적인 업무(절차에 따라 완수하는 업무)를 해왔다고 기술했다. 하지만 지금은 선진국의 약 70퍼센트에 달하는 사람들이 체험적인 업무(heuristic work, 절차가 존재하지 않는 업무)를 본다. 전통적인 처벌과 보상은 외적인 동기를 토대로 주어졌는데, 이는 체험적인 업무보다는 알고리즘적인 업무에 효과적이었다. 체험적인 업무에서는 업무 자체가 성취감을 통해 내적인 동기를 스스로 부여하는 것으로 추정한다.

사람들은 사회적으로 연결될 가능성에 의해 동기를 부여받는다

'사람은 사회적 동물이다' 장에서는 사람들이 얼마나 사회적이며 이런 사회적인 성향이 예측과 행동에 미치는 영향을 다룬다. 사회성을 표출할 기회 역시 강력한 동기부여 요인에 해당한다. 사람은 어떤 제품을 통해 타인과 연결될 수 있다는 것만으로 그 제품을 사용할 동기를 갖게 된다.

시사점

- 돈이나 다른 외적인 보상이 사람들에게 제공할 수 있는 가장 좋은 방법이라고 생각하지 말자. 외적인 보상보다는 내적인 보상을 찾아보라.
- 어쩔 수 없이 외적인 보상을 제공하게 됐다면 예측이 불가능한 것이 더 많은 동기를 부여한다.
- 디자인 중인 제품이 사회적 기능을 갖추고 있다면 사람들은 해당 제품을 더 적극적으로 사용하려 할 것이다.

사람은 성과, 숙련 그리고 제어에 의해 동기를 부여받는다

왜 사람들은 자신의 시간과 창의적인 생각들을 위키피디아나 오픈소스 운동에 기부하는 걸까? 하던 일을 잠깐 멈추고 이와 관련해 생각해보면 정말 많은 사람들이 심지어 오랜 시간 동안 높은 수준의 전문성을 요구하면서 금전적인 보상이나 경력에 도움이 전혀 되지 않더라도 이런 행위에 참여하고 있다는 사실을 알 수 있다. 사람은 뭔가 해내고 있다는 느낌을 받길 좋아한다. 또한 새로운 지식이나 기술을 배우고 숙련되고 있다는 느낌도 좋아한다.

성과를 표현하는 작은 표시가 큰 효과를 낼 수 있다

성취(mastery)는 꽤 강력한 동기요인이라서 나아진다는 작은 신호만 있어도 사람들이 한 작업에서 다음 단계로 진행하기 위한 동기부여에 큰 효과를 보인다. 그림 55.1은 온라인 강의에서 사용자가 얼마나 강의를 수료했는지 보여준다.

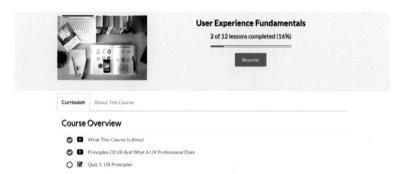

그림 55.1 진행 상태에 대한 작은 신호를 보여주는 것만으로도 사람들은 계속 행동할 수 있는 동기를 부여받을 수 있다.

다니엘 핑크의 아이디어(동영상)

다니엘 핑크(Daniel Pink)는 자신의 저서 『드라이브』의 아이디어를 멋진 애니메이션 영상을 만들어 제공한다.

www.youtube.com/watch?v=u6XAPnuFjJc

결코 성취까지 도달할 수 없다

다니엘 핑크는 자신의 저서인 『드라이브』에서 성취에 다가갈 수는 있지만, 결코 완성할 수는 없다고 했다. 그림 55.2에서는 끝없이 접근하지만 도달할 수 없는 그래프를 볼 수 있다. 이 그래프는 점근선(asymptote)으로 알려져 있다. 사람은 항상 끊임없이 개선해 나아갈 수 있지만 최종 목적지에는 도달하지 못한다. 이러한 성질은 성취를 강력한 동기유발 요소로 만든다.

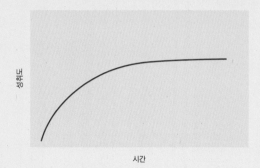

그림 55.2 다니엘 핑크에 따르면 성취도는 점근선과 같아서 완전하게 도달할 수 없다.

시사점

- 충성도 높은 단골 고객(예를 들면, 웹사이트를 자주 방문하는)을 원한다면 사람들이 돈을 벌게 하는 행동만 있는 것보다는 사람들이 선천적으로 하고 싶어하는 행위(예를 들어 친구들과 연결되거나 새로운 뭔가를 수련하는 행위)를 제공하는 것이 좋다.

- 사람들이 지루한 행동을 해야 하는 경우 지루한 업무라는 것을 인정하고, 사용자가 자기만의 방법으로 과업을 달성할 수 있게 함으로써 동기를 유발한다.

- 사용자가 목표를 정하고 달성하는 데 도움이 되는 방법을 찾아본다.

- 사용자가 목표에 얼마만큼 다가갔는지 보여준다.

56 / 사람들은
사회규범에 동기 부여를 받는다

제시카 놀런(2008)은 정보를 제공하는 것만으로 사람들의 행동을 변화시킬 수 있는지, 만약 그렇다면 어떤 유형의 정보가 행동 변화를 일으킬 가능성이 가장 큰지를 알고 싶었다.

놀런은 전기 사용량 절감에 관한 다섯 가지 메시지를 만들었다.

1. 전기 사용량 절감은 환경을 보호한다.
2. 전기 사용량 절감은 사회적으로 좀 더 책임감 있는 사람으로 만들어준다.
3. 전기 사용량 절감은 돈을 절약하게 해준다.
4. 이웃사람들은 이미 전기 사용량 절감에 동참했다.
5. 여기 당신이 사용한 총 전기량이 있다.

이 다섯 가지 메시지를 듣고 나서 전기 사용량을 줄인 사람들은 4번 메시지를 들은 그룹 하나뿐이었다. 자신의 전기 사용량과 이웃 가정의 전기 사용량을 비교해서 보여주는 정보를 들은 사람들은(이것은 실제 데이터임을 밝혀둔다) 행동에 변화를 보였다.

사람들은 다른 사람들의 행동에 크게 영향을 받는다. 대부분 사람들은 자기 주변 사람들의 규범이나 행동을 따르려는 경향이 있으며, 자신의 행동이나 규범적 행동에 관한 정보를 들으면 대부분 다른 사람들이 하는 것에 더 많이 맞추려고 자신의 행동을 변화시키게 된다.

시사점

- 사람들은 자신의 행동을 다른 사람들의 행동과 보조를 맞추는 데 매우 민감하다.

- 행동을 바꾸고자 할 때 좋은 방법 중 하나는 다른 사람들이 어떻게 행동하는지 알려주는 것이다. 그렇게 하면 사회규범과 맞추기 위해 사람들이 행동을 바꾸기 시작하는 경향이 있다.

- 사회규범을 활용하려면 다른 사람들이 어떻게 행동하는지에 관해 콘텐츠에서 정보를 제공하고, 가능하다면 다른 사람들의 데이터나 정보가 어떻게 비슷한지, 또는 다른지를 직접 비교해서 보여준다.

57 / 사람은
선천적으로 게으르다

사람이 선천적으로 게으르다고 하면 조금 과장일 수는 있다. 하지만 일련의 연구 결과를 보면 사람들은 한 과업을 마치기 위해 최소한의 일만 한다는 것을 볼 수 있다.

게으름이란 효율적이라는 뜻의 다른 단어인가?

오랜 시간에 걸쳐 진화하는 동안 인류는 에너지를 아껴 쓰는 경우 더 오래 잘 살아남는다는 것을 배웠다. 일반적으로 자원(음식, 물, 섹스, 피난처)을 얻기 위해서는 충분한 에너지를 사용하지만 이를 넘어서 여기저기 뛰어다니며 더 많은 일을 하는 데 시간을 지나치게 보낸다면 에너지를 낭비하는 셈이다. 물론 얼마나 하는 것이 적당한지, 이미 충분히 한 것인지, 얼마나 이 일을 오래 혹은 자주 해야 하는지 등의 의문이 우리를 괴롭히지만 철학적인 질문은 옆으로 치워두고 정리해 보자면 대부분의 활동과 대부분의 시간에 인간은 만족화의 원리에 따라 행동한다.

만족하는 것과 충분한 것을 합치면 만족화가 된다

허버트 사이먼(Herbert Simon)은 만족화(satisficing)의 개념을 만들어 냈다. 그는 이 개념을 사람의 의사결정 전략(한 사람이 결정을 내릴 때 완벽한 선택을 하기보다 충분한 선택을 하는 것)을 표현하는 데 사용했다. 만족화라는 개념은 모든 선택사항에 대한 완벽한 분석을 통해 의사결정을 내리는 것은 가치가 없을뿐더러 불가능하다는 것이다. 사이면에 따르면 우리는 보통 모든 선택사항을 면밀히 따져볼 만큼의 인식력을 갖추고 있지 못하다. 그래서 최적의 방안이나 완벽한 방안을 찾고자 노력하기보다 '적절성 여부' 혹은 '충분한 정도'를 바탕으로 의사결정을 내리는 편이 더욱 합리적이다. 사람들이 최적화보다 만족화를 선택한다면 웹사이트나 소프트웨어, 그리고 다른 제품들을 디자인하는 데도 그 점을 고려해야 한다.

정독하는 것이 아닌 훑어보는 웹사이트를 디자인하자

스티브 크룩(Steve Krug)은 자신의 저서인 『상식이 통하는 웹사이트가 성공한다』(대웅 2006)에서 사용자가 웹사이트에 접속했을 때 우리가 볼 수 있는 행위에서 만족화의 아이디어를 적용했다. 홈페이지 제작자는 방문자가 전체 페이지를 읽어주길 원하지만 크룩은 '방문자가 실제로 대부분의 시간에 하는 일은(이것조차 운이 좋을 경우) 새로운 페이지를 흘깃 보고 텍스트 일부를 훑어보며, 관심을 끄는 것이나 찾는 정보와 희미하게나마 닮은 첫 번째 링크를 클릭하는 것이다. 대개 방문자는 페이지의 상당 부분을 쳐다보지도 않는다.'라고 한다. 크룩은 웹 페이지가 옥외 광고판을 닮아가는 것에 대해 이야기한다. 웹 디자이너들은 사람들이 빠르게 곁눈질만 한다고 가정해야 한다.

이런 내용을 염두에 두고 다음에 등장하는 2개의 미국 주 정부의 홈페이지에서 제공하는 스크린숏 2개를 보자.

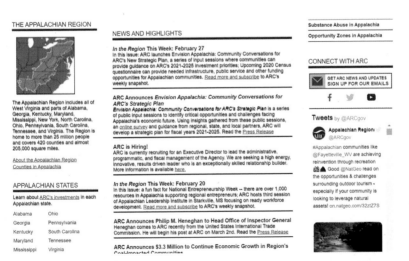

그림 57.1 국립 애팔래치아 지역 웹사이트

그림 57.2 메디케어 웹사이트

앞의 그림을 보면 애팔래치아 웹사이트가 메디케어 웹사이트보다 사용하는 데 더 많은 노력을 들여야 한다는 것을 알 수 있다. 웹사이트를 1~2초 살펴본 인상을 바탕으로 어떤 웹사이트가 사용하기 쉬울지 아닐지를 판단한다. 애팔래치아 웹사이트보다 메디케어 웹사이트가 글꼴이 크고 공간 구성이 더 좋으며 한 페이지에 더 적은 내용이 들어 있다.

만족화에 대한 첫 인상은 사람들이 그 웹사이트에 계속 머무를 것인지 아닌지를 결정하는 데 매우 중요한 역할을 할 수 있다.

58

사람들은
단축키가 쉬운 경우에만 쓴다

입력할 때 키보드 단축키를 사용하는가? 일부를 사용하고 나머지는 사용하지 않는가? 왜 그렇게 행동하는 걸까?

사람은 어떤 과업을 수행할 때 더 빠르게 수행할 수 있거나 더 적은 단계를 거치는 방법을 찾는다. 이는 특히 한 사람이 동일 과업을 반복적으로 수행할 때 더욱 그렇다. 하지만 단축키가 찾기 어렵거나 특정 습관이 배어 있다면 사람들은 기존의 방식을 고수하게 된다. 역설적으로 보여도 이것은 모두 작업량을 감안해서 일어나는 일이다. 만약 단축키를 찾는 데 너무 많은 노력이 필요한 것처럼 보인다면 사람들은 오래된 습관을 그대로 유지하게 된다(심지어 이 상태에 만족하는 것에 만족한다).

기본값을 제공하라

기본값은 과업을 완성하는 데 필요한 일의 양을 줄인다. 예를 들자면 웹에서 사람의 이름과 주소를 자동으로 입력해 주는 경우 전체를 완성하는 데 필요한 일의 양이 줄어든다. 그러나 기본값을 제공하는 경우에도 잠재적인 문제가 존재한다. 하나는 사용자가 항상 기본값을 인지하지는 못해 의도하지 않은 상태에서 기본값을 그냥 사용해 버릴 때다. 여기서 다시 이 문제를 해결하는 방법은 노력의 총량에 달려 있다. 만약 잘못된 기본값을 입력하는 것이 더 많을 일을 해야 하는 결과를 초래한다면 서비스를 디자인할 때 해당 기능을 사용하는 것을 다시 한번 고려해 보자.

기본값이 일을 줄이기보다 늘릴 때

최근에 나는 딸에게 줄 신발 한 켤레를 구입했다. 그다음, 내 신발을 구입하기 위해 해당 사이트를 다시 방문하게 됐다. 그런데 기본값으로 설정된 배송지가 내 주소가 아니라 최근 사용한 주소인 딸의 주소였다. 나는 배송지 주소에 내 주소가 아닌 주소가 기본값으로 입력돼 있다는 사실을 알지 못했다. 딸은 생각지도 못한 신발이 배송되어 놀랐다. 이런 경우 기본값 기능이 작동해 딸과 나는 불필요한 일을 해야 했다.

시사점

- 단축키는 배우고, 찾고, 사용하기 쉬울 때 제공하며, 사용자가 항상 이를 사용할 거라고 가정해서는 안 된다.

- 서비스에서 사람들이 대부분의 경우 어떻게 하고 싶은지 알고 있다면 기본값을 제공하고, 실수로 선택한 기본값의 대가가 크지 않게 만든다.

59

사람은 상황보다
사람에 원인이 있다고 가정한다

한 남자가 붐비는 도시 거리를 지나 약속 장소로 가던 도중, 대학생으로 보이는 사람이 서류 뭉치를 떨어뜨리는 모습을 봤다. 서류는 땅바닥에 흩어졌지만 남자는 힐끗 쳐다보고 자기가 가던 길을 갔다. 이 상황을 어떻게 생각하는가? 왜 남자는 멈춰서 종이 줍는 것을 돕지 않았을까?

'뭐 길에서 처음 만난 사람을 돕지는 않는 자기중심적인 사람인가 보지'라고 생각했다면 근본적 귀인 오류(fundamental attribution error)를 범한 것이다. 사람은 타인의 행동에 대해 상황 요소에 무게를 두기보다는 개인적인 요소를 토대로 설명하려는 경향이 있다. 위 이야기에 등장하는 남자의 행동을 자기 중심적 성향에 기인한 것으로 설명하는 대신 상황을 중심으로 설명한다면 다음과 같을 것이다. '아마 은행에 중요한 볼일이 있는데 조금 늦어 잠시 지체할 여유가 없었나 보지. 다른 상황이었다면 저 사람은 아마 멈춰 섰을 거야.' 하지만 현실에서 사람들은 대부분 상황적인 동기로 타인을 평가하지 않는다. 사람들은 상황이 아니고 누군가의 본성이 그의 행동을 결정한다고 가정한다.

하지만 자신에게는 처한 상황이 중요하다

반면, 자신의 동기와 행동을 설명하고 분석할 때는 타인을 평가할 때와는 정반대의 경향을 보인다. 즉 자신의 행동이나 동기는 상황에 대한 반응에 기인한 것이며, 개인적인 성격이나 성향에 기인하진 않는다는 것이다. 자신이 길을 가다가 누군가가 종이를 줍는 상황을 도와주지 않았다면 약속에 늦어서 잠시 멈출 시간이 없었다거나 다른 상황을 근거로 설명했을 것이다.

근본적 귀인 오류에 대한 연구는 다음과 같은 내용을 보여준다.

- 미국처럼 개인적인 행동의 가치를 중시하는 문화에서는 타인의 행동을 성격에 근거해 평가하는 것이 일반적이다. 이런 문화에서는 근본적 귀인 오류 역시 흔하게 발생한다.
- 한편, 개인 중심의 문화에서는 자신의 행동은 성격적인 요소보다는 상황 요소로 설명하는 경향이 짙다.
- 중국과 같은 집단 중심의 문화에서는 같은 형태의 근본적 귀인 오류가 발생하지만 개인 중심의 문화에서 만큼 빈번히 일어나지는 않는다.

대부분의 연구는 개인의 행동이 성격에 영향을 받았는지, 상황에 영향을 받았는지를 결정하는 것과 관련돼 있다. 사람들은 그런 것 같다. 사람들은 자신이 속하지 않은 타 집단의 결정은 각 구성원의 태도에 기인한다고 보지만 자신이 속한 집단에 대해서는 집단의 규칙에 의해 결정이 내려진다고 생각한다.

사람은 그렇게 행동하는 것을 알면서도 멈추지 못한다

연구 결과에 따르면 근본적 귀인 오류를 멈추는 것은 굉장히 힘든 일이다. 심지어 자기 자신이 그렇게 행동한다는 사실을 알고 있더라도, 그리고 문제의 원인이 정확하지 않다는 사실을 알고 있더라도 같은 오류를 계속해서 반복하게 된다.

사람들은 인재로 발생한 희생자보다는 자연재해로 희생된 사람들에게 더 기부를 잘한다

한나 자게프카는 어떤 섬의 홍수 재난에 관해 지어낸 뉴스를 사람들에게 읽게 했다(Hanna Zagefka, 2010). 첫 번째 집단에 보여준 기사에는 홍수의 이유 중 하나가 그 섬의 댐이 효과적으로 지어지지 않았기 때문이라는 내용이 포함돼 있었다. 두 번째 집단의 사람들에게는 폭풍이 평소 같지 않게 강하게 발생해 홍수가 났다는 점을 암시하고, 댐이 잘못 지어졌다는 이야기는 언급하지 않았다. 실험 참가자중 첫 번째 집단에 속한 사람들이 두 번째 집단에 속한 사람들보다 기부 의사가 적었다.

2004년의 쓰나미와 다푸어의 시민전쟁에 영향을 받은 사람들의 기부 행태에 관한 연구에서도 비슷한 결과가 나왔다. 연구자가 다푸어의 전쟁이 민족 간 갈등으로 야기됐다는 점을 강조했다면 이 전쟁이 인간에 의해 발생했다는 사실을 연구 참여자들이 알기 때문에 기부하려는 경향이 더 적었을 것이다.

자게프카는 추가적인 연구를 통해 항상 같은 결과를 발견했다. 재난이 인간에 의해 발생했다고 생각하면 그 사람들이 다르게 행동했을 수 있기 때문에 실험 참여자들은 재난을 야기한 사람들을 비난하려는 경향을 보였다.

시사점

- 사람들이 어떻게 행동한다거나 행동할 것이라는 이야기를 하는 어떤 주제 전문가나 특정 분야 전문가를 인터뷰할 때는 듣는 내용을 주의 깊게 생각해 봐야 한다. 전문가들이 사람의 성향에 너무 집중한 나머지 상황적 이유를 놓칠 수 있다.

- 스스로의 성향을 대조 검토할 만한 방법을 만들어보자. 자신의 업무가 주로 사람들이 어떤 일을 왜하는지 판단하는 것이라면 결정하고 행동하기 전에 잠깐 멈춰서 생각해 보자. '나는 근본적 귀인 오류를 범하고 있지는 않은가?'

60 / 습관을 형성하거나 바꾸는 것은 생각보다 쉽다

습관을 형성하거나 바꾸는 데 60일이 걸린다는 말을 들어본 적 있는가? 사실 그것은 틀린 말이다. 나도 예전에는 그것이 사실이라고 말했지만, 새로운 연구와 사고방식의 변화에 따라 습관을 형성하거나 바꾸기가 아주 쉬울 수 있다는 사실을 깨달았다.

알든 모르든 일상적 행동의 상당수는 습관으로 이루어진다. 일상적 행동이란 생각하지 않고 하는 자동적 행동을 말한다. 그런 행동은 매일 똑같이 수행한다.

습관으로 만든다는 생각조차 없이 이미 자리잡은 습관들을 떠올려 보라. 집을 나설 때 열쇠를 항상 같은 주머니에 넣는다든지, 주중 아침에 일어나면 매일 같은 행동 루틴을 하고 있을지도 모른다.

그런 반복되는 행동들이 수백 가지는 될 텐데, 예를 들면 다음과 같다.

- 집에서 직장까지 가는 방법
- 직장에 도착하자마자 하는 일
- 집 청소 방법
- 빨래하는 방법
- 친지를 위한 선물 구매 방법
- 운동 방법
- 머리 감는 방법

- 화분에 물 주는 방법
- 개 산책시키는 방법
- 고양이 먹이주는 방법
- 밤에 아이들 잠자리에 들게 하는 방법
- 기타

습관을 형성하기가 아주 어렵다면 그렇게 많은 습관을 가지기도 어려울 것이다.

대부분 사람들은 대개 습관을 무의식적으로 형성하며, 자동으로 실천한다. 습관은 사람들이 인생에 필요로 하고 원하는 수백 가지 일을 모두 할 수 있게 해준다. 습관은 생각하지 않고도 실천할 수 있기 때문에 다른 일을 하는 데 필요한 생각을 할 수 있다. 사람의 뇌가 인간이 좀 더 효율적이 되도록 진화했다는 것은 참 재미있는 일이다.

습관은 사실 파블로프의 고전적 조건화의 또 다른 형태다. 습관의 과학에 관해 알려진 사실을 정리하면 다음과 같다.

1. 어떤 행동을 누군가의 습관으로 만들고 싶다면 행동을 아주 사소하고 쉽게 만들어라. 가령 새로운 소셜 미디어 채널을 개설했는데, 사람들이 앱에 가서 자주 확인하는 습관을 들이기를 원한다고 하자. 여기서 확인하는 행동을 습관으로 만들고 싶은 것이다. 그렇다면 첫 단계는 채널에서의 활동을 확인하는 방법을 정말 쉽고 명백하게 만드는 것이다. 사람들이 처음 앱을 사용할 때 메시지를 보내 활동이 있을 때마다 보여준다고 알려준다.

2. 신체적 움직임이 있는 행동은 습관이 되기에 더 쉬운 조건을 갖추고 있다. 전화기의 버튼 누름이나 스와이프 같은 작은 신체적 움직임도 습관을 자리 잡게 하는 신체적 움직임으로 충분하다. 그 때문에 신체적 움직임(스와이프, 스크롤, 클릭)이 포함된 앱이 습관으로 쉽게 자리 잡을 수 있는 것이다.

3. 청각적 신호나 시각적 신호, 혹은 둘 다 관련이 있는 습관은 형성하고 유지하기가 상대적으로 쉽다. 이것은 알림 시스템 덕분에 어떤 앱이 습관이 되는 이유이기도 하다.

시사점

- 사람들에게 복잡한 것보다는 사소하고 쉬운 과업을 부여하라.
- 청각적 신호나 시각적 신호, 또는 둘 다 구축한다.
- 어떤 형태로든 신체적 움직임(클릭, 스와이프, 스크롤)을 넣어라.

61 / 사람들은 경쟁자가 적을수록 더 많은 동기를 부여받는다

대학에 진학하기 위한 시험인 SAT나 ACT(한국의 수능) 같은 표준화된 시험을 본 적이 있는가? 시험을 볼 때 몇 명의 사람들이 방 안에 있었는가? 이것이 왜 중요할까? 스테판 가르시아와 아비샤롬 토의 연구에 의하면 같이 시험을 보는 경쟁자의 수는 시험 성적과 긴밀한 관계가 있다고 한다(Stephen Garcia and Avisjharlom Tor, 2009). 가르시아와 토는 처음에는 한 방에 많은 학생을 채워 넣고 시험을 보는 지역과 적은 수의 학생이 시험을 치르는 지역의 SAT 점수를 비교했다. 각 지역의 교육 예산과 다른 요소를 고려해 점수에 반영했는데, 결과적으로 적은 사람들이 있었던 방에서 시험을 본 학생들의 SAT 점수가 더 높게 나왔다. 가르시아와 토는 경쟁자의 수가 적다면 사람들은 (아마도 무의식적으로) 자신이 최고가 될 수 있을 것으로 느끼게 되어 더욱 열심히 노력할 거라고 가정했다. 그리고 이 이론은 '사람이 많을수록 자신의 위치를 알기 어려워져 최고가 되기 위해 노력하는 동기 유발이 적어질 것이다'라는 내용으로 확장됐다. 연구자들은 이것을 수학 공식에서 사용되는 숫자 N과 같은 의미로 'N 효과'라고 명명했다.

10명과 경쟁하기 vs. 100명과 경쟁하기

가르시아와 토는 연구실에서 자신들의 이론을 증명하기로 했다. 학생들에게 짧은 퀴즈를 풀도록 지시했는데, 다만 가장 빠르고 정확하게 풀어야 한다는 조건이 붙었다. 실험에 참석한 학생 가운데 상위 20퍼센트는 5달러를 받게 된다고 설명했다. 이어서 A 그룹의 사람들에게는 10명의 학생들과 경쟁한다고 설명했고 B 그룹에는 100명의 학생들과 경쟁할 거라고 설명했다. A 그룹의 피실험자는 B 그룹의 피실험자에 비해 눈에 띄게 빠르게 퀴즈를 풀어냈다. A 그룹은 자신이 소수의 인원과 경쟁한다는 사실을 알게 되면서 커다란 동기를 부여받은 것이다. 흥미로운 점은 사실 피실험자는 그 방에 혼자 있었다는 것이다. 피실험자는 단지 다른 사람들도 시험을 보고 있다는 이야기를 들었을 뿐이다.

경쟁 요소가 있는 소프트웨어 구축하기

판매부서 내 각 팀원의 판매량을 추적하는 소프트웨어든, 어떤 게임이든 경쟁 요소가 있는 제품을 디자인하는 경우에는 앞에서 소개한 경쟁에 관한 연구 결과에 주의를 기울이는 것이 좋을 것이다.

수십 혹은 수백 개의 이름이 나열된 순위표가 있는 제품을 흔히 볼 수 있다. 사람들에게 계속 동기를 부여하고 싶다면 순위표 상위 10개의 리스트만 보여주는 게 좋다.

시사점

- 경쟁은 동기를 부여할 수 있지만 남용하지는 말아야 한다.
- 10명 이상의 경쟁자가 있다는 것을 보여주는 것은 경쟁하려는 동기를 시들하게 할 수 있다.

62 / 사람들은
자율성에 의해 동기를 부여받는다

보통 하루 또는 일주일 정도의 시간 동안 얼마나 자주 셀프서비스로 운영되는 웹사이트나 제품(이를테면, ATM이나 운전면허 갱신 웹사이트나 뱅킹 앱 등)을 이용하는가? 얼마나 많은 제품들이 다른 사람을 통해 사용하기보다 사용자 스스로 사용하게 돼 있는가?

아마 셀프서비스에 대해 불평하는 이야기('실제 사람과 이야기할 수 있었던 그 좋았던 시절은 어떻게 된 걸까?'와 비슷한)를 들어 본 적이 있을 것이다. 특히 셀프서비스가 생기기 전에 살았던 노년층이 그렇다. 하지만 사람들은 다른 사람으로부터 최소한의 도움만 받고 스스로 뭔가를 독립적으로 하고 있다는 느낌을 좋아한다. 사람들은 자기가 하고 싶은 방법대로 뭔가를 하는 것을 좋아하며, 또한 언제 할지도 스스로 결정하고 싶어한다. 사람은 자율성을 좋아한다.

자율성은 자신감을 느끼게 해주기 때문에 동기 부여가 된다

뇌의 무의식을 담당하는 부위는 잘 통제되고 있다는 느낌을 좋아한다. 스스로 통제하고 있다면 위험에 빠져 있을 가능성이 낮다. '오래된 뇌'는 인체를 위험에서 벗어나게 하는 것에 전념하는 부위다. 통제 위험에서 벗어난 것과 같고, 이는 스스로 해결한다는 내용과 상통하며, 이는 자율성이 동기를 부여한다는 의미다.

07장

사람은
사회적 동물이다

우리는 사회적인 관계가 사람에게 얼마나 중요한지 과소평가하고 있다. 사람은 주위에 있는 어떤 것이라도 이용해 사회적 활동을 하고자 하며, 이는 기술에 있어서도 마찬가지다.

이 장에서는 사회적 상호작용의 이면에 놓인 과학을 살펴보겠다.

63 / '강한 유대'를 보이는 단체의 규모는 150명 정도다

소셜 미디어 계정에서 자신이 팔로우하는 사람이나 자신을 팔로우하는 사람이 있을 것이다. 함께 일하는 직장 동료와 학교나 교회 같은 단체에서 만난 사람들, 개인적 친구, 가족도 있을 것이다. 여러분의 온라인 인맥에는 얼마나 많은 사람들이 있는가?

던바의 수

진화 인류학자들은 동물의 사회적 집단을 연구한다. 이들이 오랫동안 연구해오고 있는 과제는 동물의 종에 따라 해당 종이 개인적으로 맺는 사회적 관계의 숫자에 한계가 있느냐는 것이다. 로빈 던바는 다양한 종의 동물을 연구했다(Robin Dunbar, 1998). 그는 뇌의 크기(특히 신피질)와 안정적으로 유지하는 사회적 관계의 숫자가 관계가 있는지 알아보고자 했다. 그는 각 그룹에 한계치를 계산하는 공식을 제안했는데, 인류학자들은 이를 종족 간의 던바의 수(Dunbar's number)라고 부른다.

인간의 사회적 집단 크기의 한계

동물에 관한 연구를 기반으로 던바는 인류에게는 과연 얼마만큼의 숫자가 나올지 추정해 봤다. 그는 인간의 사회적 관계의 한계를 150명으로 계산했다(정확히는 148명을 산출했지만 150명으로 반올림한다. 통계를 공부한 사람들에게 도움을 주자면 꽤 많은 양의 오류가 존재하여 95% 신뢰 구간은 100~230이다).

던바의 숫자는 시간과 문화를 막론하고 변함 없다

던바는 지리학적 위치와 역사적 기간에 따른 공동체 크기를 문서화했는데, 그는 그 수치가 인류의 문화와 지역색, 시간을 넘어 인류에 통용된다고 확신했다.

그는 현재 크기의 인류 신피질은 약 25만 년 전에 등장했다고 가정하고 수렵–채집인 시기부터 연구를 시작했다. 그는 신석기 시대의 마을들은 평균적으로 150명의 인원으로 구성돼 있었다는 점과, 후터파 교도[1]의 정착이나 로마 시대의 직업 군인들과 현대의 군대 역시 유사한 크기의 집단이라는 사실을 발견했다.

안정적인 사회적 관계에는 한계가 있다

그 한계는 특히 얼마만큼의 사람과 안정적인 사회적 관계를 유지할 수 있는지와 관계가 있다. 여기서 안정적인 사회적 관계란 서로 누군지 알고 있으며, 집단 속에서 다른 이들과 어떻게 상호 관계를 맺고 있는지 파악되는 관계를 의미한다.

이 숫자가 적다고 느껴지는가?

필자가 던바의 숫자, 즉 인간에게 해당되는 150 정도의 숫자를 이야기할 때마다 대부분의 사람은 이 수가 너무 적다고 생각한다. 그들은 이보다 더 많은 관계를 맺고 있다. 사실 어떤 집단에서 150이라는 숫자는 함께 머무는 데 상당히 유리한 점을 지닌 규모다. 집단이 강력한 생존의 압박을 받게 될 경우에는 150명의 구성원으로 유지하면서 물리적으로 아주 밀접한 상태를 유지할 것이다. 생존의 압박이 심하지 않은 경우나 집단이 물리적으로 흩어진 경우에는 그 수가 훨씬 더 낮을 것으로 추정한다. 이는 현대 사회를 살아가는 우리들 대부분이 사실상 150만큼 많은 사람과 안정적인 사회관계를 맺지 않는다는 것을 의미하기도 한다. 소셜 미디어의 세계에서 사람들은 수백 혹은 수천 명과 채널을 통해

---

1 (옮긴이) 체코슬로바키아 모라비아 지방에서 일어나 미국 서북부에서 캐나다 일부에까지 걸쳐 농업에 종사하며 재산 공유 생활을 영위하고 있는 재세례파(再洗禮派).

관계를 맺고 있다. 하지만 이런 관계는 던바가 이야기하는 강하고 안정적인 유대관계, 즉 모두가 서로를 알며 사람들이 서로 밀접한 관계를 맺고 있는 형태에 해당하지는 않는다.

약한 연대는 중요할까?

던바의 숫자에 비판을 가하는 어떤 이들은 소셜 미디어에서 정말 중요한 것은 던바가 이야기하는 강력한 유대관계가 아닌 집단에 속한 모든 이가 다른 모든 이들을 알 필요가 없으며, 물리적으로도 밀접할 필요가 없는 약한 유대관계라고 이야기한다(물론 이 맥락에서는 약하다는 것이 덜 중요하다는 의미는 아니다). 예를 들면, 사람들의 소셜 미디어 유대관계는 주로 약한 연대다.

의도적으로 연대가 강하게 혹은 약하게 디자인하기

만들고 있는 제품이나 앱, 서비스에 소셜이나 커뮤니티 피처를 구축한다면 잠시 하던 일을 멈추고 현재 구축 중인 것이 강한 연대의 커뮤니티인지 약한 연대의 커뮤니티인지 생각할 필요가 있다. 사람들이 커뮤니티에서 수백 또는 수천 명의 사람들과 관계를 맺을 거라고 가정하는가? 그렇다면 약한 연대 커뮤니티를 구축하는 것이다. 아니면 150명 이하로 구성된 좀 더 작은 커뮤니티를 계획하고 있을 수도 있다. 그런 경우라면 강한 연대의 커뮤니티를 구축하고 있는 것이다.

약한 연대 커뮤니티라면 숫자가 중요하며, 다른 사람들이 어떻게 서로 관계를 맺고 있는지 누구나 알 필요는 없다.

강한 연대의 커뮤니티라면 구성원 각자가 150명 이하의 사람들과 관계를 맺고 있다고 가정하고 커뮤니티의 구성원 하나하나가 어떤 관계인지 보여주는 것을 고려해 보라.

로빈 던바와의 인터뷰 내용

로빈 던바와의 인터뷰 영상을 다음 링크에서 확인할 수 있다.

http://www.guardian.co.uk/technology/video/2010/mar/12/dunbar-evolution

시사점

- 강한 연대의 그룹에는 대략 150명이라는 한계치가 있다. 약한 연대 그룹은 규모가 그보다 훨씬 더 크다.

- 소셜 서비스와 연계되거나 소셜 서비스 기능이 포함된 제품을 디자인할 때는 제공하는 상호작용이 강한 유대관계를 위한 것인지, 약한 유대관계를 위한 것인지 고려한다.

- 강한 유대관계를 위한 디자인을 하고 있다면 물리적으로 가깝게 구성해 볼 필요가 있으며 네트워크 상에서 사람들이 서로를 알아보고 상호작용하며, 네트워크 내 모든 구성원이 어떻게 서로 연결됐는지 알 수 있게 구성한다.

- 약한 유대관계를 위한 디자인을 하고 있다면 한 사람의 네트워크나 물리적으로 밀접한 관계를 통한 모든 사람 간의 직접적인 커뮤니케이션에 의존하지 말자.

64 / 사람은 흉내 내기와 감정이입에
반응할 수밖에 없다

어떤 사람이 아이의 바로 앞에 얼굴을 들이대고 혓바닥을 내밀면 아이는 그 사람을 따라 자신의 혀를 내민다. 이것은 아주 어린 나이의 아이들에게 일어나는 현상인데, 심지어 태어난 지 한달밖에 되지 않는 아기들도 유사한 행동을 보인다. 이것은 무엇과 관련이 있을까? 이것은 흉내 내기와 관계된 우리의 뇌에 내장된 능력의 한 예라고 볼 수 있다. 최근에 진행된 뇌에 관한 연구에서는 모방 행동이 어떻게 일어나고 행동에 영향을 미치기 위해 제품에 모방을 이용하는 방법을 보여준다.

거울 신경의 송신

뇌의 앞부분에는 전운동피질(premotor cortex)이라는 부분이 있다. 이 부분은 사람이 움직이도록 실질적인 신호를 보내는 뇌의 부위는 아니다. 움직임을 관장하는 뇌의 부위는 주 운동피질이고, 전운동피질은 움직이는 계획을 세우는 곳이다.

어떤 사람이 아이스크림 콘을 손에 쥐고 있다고 해보자. 이 사람은 막 아이스크림이 녹아 흐르는 것을 발견하고 아마 녹은 부분이 이 사람의 옷에 닿기 전에 핥아 먹어야겠다고 생각할 것이다. 이 상태에서 이 사람을 fMRI 기계로 찍는다면 흐르는 아이스크림을 핥아야겠다고 생각한 그 순간 전운동피질 부위가 활성화돼 있는 것을 가장 먼저 발견하게 될 것이다. 그리고는 손이 움직일 때 주 운동피질이 활성화되는 모습을 보게 될 것이다.

자, 이제 흥미로운 부분이다. 이번에는 옆에 있는 다른 친구가 녹고 있는 아이스크림을 들고 있다고 해 보자. 이제 이 사람은 친구의 아이스크림이 녹기 시작한 것을 보고 있다. 친구가 팔을 들어 녹아 내린 아이스크림을 핥는 모습을 볼 때 그것을 바라본 이 사람의 전운동피질 안에 있는 동일한 신경 집합도 반응하게 된다. 타인의 행동을 바라보는 것만으로도 동일한 신경이 반응해 스스로 그 행동을 하고 있다고 느끼는 것과 똑같은 반응을 보이는 것이다. 그래서 이 신경의 집합을 거울 뉴런(mirror neurons)이라고 한다.

거울 뉴런은 공감이 시작하는 지점이다

거울 뉴런과 관련된 최근의 이론은 우리가 타인과 공감하는 것도 관계가 있다고 한다. 우리는 말 그대로 거울 뉴런을 통해 타인이 경험하는 것을 경험하게 되며, 이로써 우리는 타인의 감정을 깊게 이해할 수 있다.

타인의 보디 랭귀지를 흉내 내는 행동은 호감을 불러 일으킨다

두 사람이 이야기하는 것을 지켜보자. 이들을 자세히 관찰해보면 일정 시간이 흐른 후 이 두 사람은 타인의 몸짓을 서로 따라 하는 것을 볼 수 있을 것이다. 한 명이 몸을 기울이면 다른 사람도 몸을 기울인다. 한 명이 얼굴을 만지면 다른 사람 역시 자신의 얼굴을 만진다.

타냐 차트랜드와 존 바흐는 사람들을 자리에 앉혀놓고 어떤 사람(실험 공모자)과 이야기를 나누게 하는 실험을 했다(Tanya Chartrand and John Bargh, 1999). 사람들은 공모자가 실험을 위해 고용됐다는 사실은 몰랐다. 공모자는 다양하게 몸짓이나 행동을 계획한 대로 시행했다. 어떤 공모자는 미소를 많이 짓고, 어떤 공모자는 얼굴을 많이 만지고, 다른 공모자는 다리를 떨었다. 이 연구에서 실험 참여자들은 무의식적으로 공모자를 따라 하게 되었다. 어떤 행동은 다른 행동보다 공모자를 따라 하는 행위의 빈도수가 더 높게 측정됐다. 얼굴을 만지는 행위는 20% 정도 증가했고, 다리를 떠는 행동은 50% 정도 증가했다.

다른 실험에서 차트랜드와 바흐는 두 집단을 설정했다. 첫 번째 그룹은 공모자가 실험 참여자의 움직임을 따라 했고, 두 번째 그룹에서는 공모자가 실험 참여자의 움직임을 전혀 따라 하지 않았다. 대화 이후에 참여자에게 공모자가 얼마나 호감이 가는지 조사해 보고, 교류 과정이 어땠는지 물어봤다. 참여자들의 행동을 공모자가 따라 한 그룹이 그렇게 하지 않은 그룹보다 전반적으로 더 높은 평가를 받았다.

거울 뉴런에 대한 라마찬드란의 연구

빌라야누르 라마찬드란(Vilayanur Ramachandran)은 거울 뉴런에 대한 연구를 선도하는 인물 중 하나다. 라마찬드란이 자신의 연구에 대해 이야기하는 TED 영상(http://bit.ly/aaiXba)을 꼭 한 번 보길 권한다.

시사점

- 다른 누군가의 행위를 지켜보는 것의 힘을 간과하지 말자. 다른 사람의 행위에 영향을 미치고 싶다면 그 사람과 똑같은 과업을 시행하고 있는 모습을 보여준다.

- 연구 결과에 따르면 이야기를 통해 사람의 마음속에 이미지가 만들어져도 거울 뉴런이 활성화된다. 사람들이 행동하길 원한다면 이야기를 활용하자.

- 웹사이트에서 사용되는 동영상은 특히 강력하다. 사람들이 독감 주사를 맞게 하고 싶은가? 그렇다면 사람들이 병원에서 줄을 서서 예방접종을 하고 있는 장면을 보여주자. 아이들이 야채를 먹게 하고 싶다면? 아이들에게 다른 아이들이 야채를 먹고 있는 영상을 보여주자. 거울 뉴런이 작용할 것이다.

65

협업은
인간관계를 두텁게 한다

악단이나 고등학교 축구 응원단, 교회 사람들이 공통적으로 갖고 있는 속성은 무엇일까? 이들은 모두 동시에 이뤄지는 활동을 공유하고 있다.

인류학자들은 북을 치거나 춤을 추거나 노래하는 것과 같은 문화 속에서의 의식절차에 오랫동안 관심을 둬 왔다. 스콧 월터무스와 칩 히스는 사람들이 함께 작업하는 방법에 공동화된 행동이 어떤 영향을 미치는지에 대한 일련의 세부 연구에 착수했다(Scott Wiltermuth and Chip Heath, 2009). 이들은 실험 참여자들을 그룹으로 나눠서 발 맞추어 걷기, 발 맞추지 않고 걷기, 합창하기 등 여러 움직임을 조합해서 실험을 진행했다. 연구 결과, 사람들은 같은 동작을 수행하고 있을 때 일련의 작업을 수행하는 데 효과적으로 협업했고, 그룹에 이익을 주기 위해 개인적으로 기꺼이 희생하고자 했다.

동기화된 행동이란 모두가 같은 행동을 같은 시간에 물리적으로 상호 근접한 위치에서 행하는, 한 개인이 타인들과 함께하는 행위다. 춤추기, 태극권, 요가, 노래 부르기, 단체 구호 외치기 등은 모두 동기화된 행동의 예다.

월터무스와 히스의 연구는 개인이 협력을 더 잘하기 위해 단체나 단체 활동에 좋은 감정을 갖고 있을 필요는 없다는 것을 보여줬다. 동기화된 행동을 하는 것만으로도 단체의 구성원들과 사회적 관계가 강화되는 것으로 나타났다.

온라인 커뮤니티에서 관계 강화하기

그렇다면 온라인 커뮤니티에서는 강한 유대관계를 어떻게 구축할까? 일부 온라인 커뮤니티는 동기화되어 있거나 거의 동기화되어 있다. 화상회의와 다중 플레이어 게임은 동기화되어 있다. 문자 메시지 등의 메시지를 보내는 앱은 거의 동기화되어 있는 경우가 많다. 하지만 커뮤니티가 동기화되어 있어도 동기화된 활동을 커뮤니티가 함께 참여하게 하는 것은 어려울 것이다. 온라인 커뮤니티에서는 대개 동시에 노래하거나 북을 치거나 춤을 추거나 박수조차 치지 않는다.

이것이 바로 온라인 커뮤니티가 오프라인 커뮤니티만큼 강하게 결합하지 못하는 주요 이유다.

사람이 행복해지려면 동기화된 행동이 필요한가?

조너선 하이트는 자신이 기고한 〈벌집 심리학, 행복, 그리고 대중 정책(Hive Psychology, Happiness, and Public Policy)〉에서 동기화된 행동과 인류학에서의 거울 신경세포, 진화심리학을 한데 엮었다 (Jonathan Haidt, 2008). 근본적으로 그의 가설은 동기화된 행동이 유대감을 강화시켜 집단이 생존하는 데 유리하게 한다는 것이다. 거울 뉴런은 동기화된 행동과 관련이 있으며, 인간에게는 동기화된 행동 이외의 방법으로는 얻지 못하는 특정 유형의 행복이 존재한다.

시사점

- 대부분의 온라인 상호작용은 타인과의 물리적인 밀접함을 대체하지 못하기에 디자이너들이 동기화된 행동을 구축하는 데는 한계가 있다.

- 실시간 비디오 스트리밍이나 실시간 화상/음성 연결 등을 통해 제품에서 동기화된 활동을 도울 수 있는 기회를 찾아보자.

66

사람들은 온라인 인터랙션이 사회적 규칙을 따르기를 기대한다

사람들은 타인과 상호작용할 때 사회적 교류를 위한 법칙과 가이드라인을 따른다. 어떤 사람이 카페 밖에 앉아 있고 이때 친구인 마크가 지나가면서 창가에 이 사람이 앉아있는 것을 봤다고 하자. 마크는 이 사람에게 다가와 '안녕 리처드 요즘 어떻게 지내니?'라고 묻는다. 마크는 이 사람이 그의 말에 반응하기를 바라고, 이 반응에서 특정한 규약을 따르기를 예상한다. 마크는 이 사람이 자신을 쳐다보길 기대하는데, 특히 눈을 바라보길 기대한다. 이 사람과의 이전 관계가 긍정적이었다면 마크는 약간의 미소까지도 기대할 것이다. 인사를 건네받은 사람은 마크에게 '어, 잘 지내. 여기 밖에 앉아 날씨를 즐기는 중이야.' 정도의 대답을 해주게 돼 있다. 이제 이 대화는 두 사람이 서로를 얼마나 잘 알고 있느냐에 따라 다음 단계로 진행된다. 가벼운 친분을 갖고 있다면 마크는 대화를 끝낼 수도 있다. '그래, 잘 지내라. 안녕!' 만약 친한 친구 사이라면 마크는 의자를 끌어당겨 앉아 긴 대화로 넘어갈 것이다.

이 둘은 인터랙션의 진행을 예상하고 있으며, 이 예상을 둘 중 한 명이라도 깬다면 다른 사람이 불편을 느낄 것이다. 예를 들어, 마크가 '안녕 리차드, 요즘 어때?'라고 물어봤는데 대답이 없다면 어떨까? 또는 마크를 무시한다면 어떨까? 혹은 쳐다보지 않는다면 어떨까? 만약 '내 여동생은 파란색을 절대 좋아하지 않아.'라고 하면서 허공을 응시한다면? 혹은 너무 개인적인 이야기를 꺼내버린다면? 이 모든 시나리오에서 마크는 불편해 할 것이다. 마크는 아마도 최대한 빠르게 대화를 마치려 할 테고, 다음에 기회가 생겨도 이 사람과 교류하려고 하지 않을 것이다.

온라인 인터랙션도 같은 규칙을 갖고 있다

온라인에서 일어나는 인터랙션도 마찬가지다. 웹사이트에 접속하거나 애플리케이션을 사용할 때 제품이 어떻게 반응하고 인터랙션은 어떨지에 대해 가정한다. 그리고 이러한 예상 가운데 많은 부분이 실제 인간관계 상호작용에서 갖는 기대를 반영한다. 만약 웹사이트가 응답하지 않거나 로딩되는 데 너무 오랜 시간이 걸리면 이는 우리가 누군가에게 말하고 있는데 우리를 쳐다보지 않거나 무시하는 것과 비슷하다. 또 만약 웹사이트에서 개인적인 정보를 너무 빨리 요구한다면 이 역시 타인이 개인적인 질문을 너무 빨리 하는 것과 비슷하다. 한 세션에서 다음 세션으로 넘어갈 때 웹사이트에서 사용자의 정보를 저장하지 않는다면 타인이 우리를 인지하지 못하거나 서로 알고 있다는 사실을 모르고 있는 상황과 비슷하다.

최근 내가 사는 지역 공공 도서관에서 온라인으로 도서를 대여할 수 있는 새 앱을 내놓았다. 나는 독서를 아주 좋아하고 도서관을 많이 이용하는 편이라 그 앱을 사용해 보고 싶은 마음에 들떠 있었다. 앱에 접속해서 처음으로 해야 할 일은 목록에서 내가 사는 지역 도서관을 선택하는 것이었다.

선택해야 할 도서관 목록이 456개나 되고 그 456개의 도서관이 특정 순서 없이 나열되어 있었다는 두 가지 사실만 빼면 그렇게까지 어려운 과업 같지는 않아 보인다. 아무튼 나는 찾는 도서관의 공식 명칭도 알고 있었지만, 목록에서 그것을 찾을 수 없었다. 화면 10개 분량만큼 스크롤을 하고 나서 그림 66.1에 있는 화면이 나타났다.

그림 66.1 이 화면은 인간 대 인간의 소통에서 기대하는 방식에 어긋난다.

어떤 사람이 도서관에 걸어 들어가 어떤 책을 빌리고 싶다고 말했다고 하자. 도서관 사서가 긴 도서관 목록을 보여주며 그 목록에서 현재 방문한 도서관을 선택하라고 말한다. 빨리 선택하지 않으면 사서가 그림에 적혀 있는 메시지를 낭독한다(잘 기억했다가 나중에 다른 사람에게 말해줘야 하는 문자와 숫자로 된 긴 ID 포함).

인간 사서와는 상호작용을 이런 식으로 하지 않는다. 그림의 화면은 단연코 대인관계에서 기대하는 소통 방식이 아니다.

시사점

- 제품을 디자인할 때 소비자가 경험하게 될 인터랙션에 대해 생각해보자. 이 인터랙션은 인간 대 인간의 인터랙션 법칙을 따르는가?
- 제품을 위한 많은 사용성 디자인 가이드라인은 사실 인터랙션에 대한 사회적 기대를 연결하는 가이드라인이다. 기초적인 사용성 가이드라인을 따르면 디자이너들은 인터랙션에 대한 사용자의 예상에 확실히 부합할 수 있다.

67

사람들은 사용하는 매체에 따라
거짓말하는 정도가 다르다

의사소통에는 종이와 펜, 이메일, 얼굴을 마주보고 하는 회의, 전화, 메신저 등의 다양한 방식이 있다. 일부 연구자들은 사람이 사용하는 매체에 따라 정직한 정도에 변화가 있는지 연구를 진행했다.

대학원생의 92%가 거짓말했다

드폴 대학교의 찰스 네이퀸과 그의 동료들은 이메일을 사용하는 사람과 펜/종이를 사용하는 사람들 간의 정직도에 차이가 있는지에 대한 연구를 진행했다(Charles Naquin, 2010).

한 연구에서 48명의 경영대 대학원생들에게 89달러의 돈(상상의 돈)을 나눠 주고 이를 그들의 짝과 나누게 했다. 우선 처음에 돈을 얼마나 받았는지 말할 것인지 말 것인지 결정하고 그중 얼마를 짝과 나눌 것인지 결정해야 했다. (사실 실제로 짝은 없었다. 그냥 짝이 있고 짝에게 메시지를 보내야 한다고 생각하게 했다.) 한 그룹(학생 24명)은 이메일로, 다른 그룹(또 다른 학생 24명)은 손으로 쓴 메모로 소통했다. 이메일을 쓴 그룹(92%)이 손 편지를 쓴 그룹(63%)보다 돈의 총액에 관해 거짓말을 더 많이 했다. 이메일 그룹은 또한 돈을 나누는 데 있어서도 좀 더 공정하지 못했으며, 정직하지 못함이나 공정하지 못한 것에 대해 정당하다고 느꼈다.

관리자 역시 거짓말한다

학생들만 거짓말한다고 생각하지 않도록 네이퀸과 연구팀은 관리자들을 대상으로 추가 연구를 진행했다. 177명의 관리자들이 단체 금융 게임을 진행했다. 참여자들은 세 개의 팀에 각각 할당됐다. 각 팀원이 팀에서 관리자의 역할을 담당하며 프로젝트에 쓸 금액을 할당할 기회를 얻었다. 게임은 실제 화폐를 가지고 진행됐으며, 관리자가 할당할 수 있는 금액의 양은 게임이 끝난 후 공개될 거라고 알려줬다. 일부 참여자들은 이메일을 통해 의사소통했고, 다른 이들은 종이와 펜을 가지고 의사소통을 진행했다. 종이와 펜을 사용한 관리자보다 이메일을 소통하는 데 사용한 관리자들이 거짓말을 더 많이 하고 수중에 돈도 더 많이 보유하고 있었다.

성과 검토에 대해서는 더 가혹하다

테리 커츠버그 팀은 성과 검토를 진행할 때도 이메일로 진행하는 것과 펜과 종이로 진행하는 것이 다른 결과를 보이는지 대해 세 가지 연구를 진행했다(Terri Kurtzberg, 2005). 세 연구에서 모두 이메일을 사용한 집단은 펜과 종이를 사용한 집단에 비해 동료에 대해 더 부정적인 평가를 내렸다.

사람은 전화 통화를 할 때 가장 거짓말을 많이 한다

이 시점에서 아마 '이메일이 거짓말을 하는 최악의 매체가 아닐까'라고 생각할지도 모르겠다. 그렇지 않다. 제프 핸콕은 일지 연구(Diary Study)를 진행했는데, 자가 보고를 통해 진행된 이 실험에서 참여자들은 전화기를 통해 가장 많은 거짓말을 했고, 이메일을 통해서는 가장 적게, 대면 회의, 온라인 메신저 등 다른 수단으로는 중간 정도의 거짓말을 했다(Jeff Hancock, 2004).

도덕적 이탈 이론

스탠퍼드 대학의 사회 심리학자인 알버트 반두라(Albert Bandura)는 사람들은 자신들의 행동으로 기인한 나쁜 결과로부터 스스로 거리를 둘 때 비윤리적이 될 수 있고, 그리고 그렇게 될 거라는 가설을 세웠다. 그는 이것을 도덕적 이탈 이론(moral disengagement theory)이라고 불렀다(Bandura, 1999). 찰스 네이퀸과 그의 팀은 연구 결과를 분석하면서 사람들이 온라인에서는 영구적인 면이 덜하고, 믿음과 관계가 덜하다고 느끼기 때문에 결국 이메일은 이러한 거리두기를 초래한다고 제시했다 (Charles Naquin, 2010).

이메일에서 거짓말하는 것은 어떻게 확인할 수 있는가?

제프 핸콕에 따르면 거짓말쟁이들은 진실을 이야기하는 사람들에 비해 단어를 더 많이 쓰고(28%) 1 인칭 표현(나, 우리 등)을 덜 사용하며, 3인칭 표현(당신, 그, 그녀, 그들 등)을 더 많이 사용한다고 한다(Jeff Hancock, 2008). 흥미롭게도 연구에서 대부분의 사람들은 거짓말을 하고 있는 사람들을 잘 파악하지 못했다.

사람들은 문자 메시지를 보낼 때 거짓말을 할까?

메이들린 스미스의 문자 메시지에서의 거짓말에 관한 연구에서는 문자 메시지에서 거짓말을 하는 비율이 대략 76%인 것으로 나타났다(Madeline Smith, 2014). 스미스는 문자에서 거짓말인 부분은 주로 자기 자신에 관한 것(예를 들어 일 때문에 점심 약속을 못 지킬 것 같다고 말하지만, 사실은 일 때문이 아니라 그 사람과 점심을 같이 먹고 싶지 않은 것이다)이라는 사실을 알아냈다. 스미스는 거의 모든 사람이 문자를 보낼 때 거짓말을 하지만, 그중 5%는 다른 사람들의 3배 정도 많은 거짓말을 한다는 사실을 알아냈다.

시사점

- 대부분 사람들은 거짓말을 자주 하며, 소수의 사람들은 거짓말을 많이 한다.

- 사람들은 전화로 통화할 때 거짓말을 가장 많이 하고 펜과 종이로 소통할 때 거짓말을 가장 적게 한다.

- 사람들은 펜과 종이보다 이메일로 의사를 전달할 때 다른 사람들을 더 부정적으로 바라본다.

- 이메일을 통한 설문조사를 계획하고 있다면 사람들이 펜과 종이를 사용할 때보다 더 부정적으로 응답할 것임을 알고 있어야 한다.

- 설문조사지를 만들거나 고객 피드백을 듣고자 할 때 전화 설문은 이메일이나 펜─종이를 이용한 설문만큼 정확한 응답을 얻지 못할 거라는 점을 명심하라.

- 고객이나 청중의 피드백은 직접 물어보고 수집할 때 가장 정확하다.

68 / 화자의 뇌와 청자의 뇌는 대화하는 동안 일체화된다

누군가 다른 이가 이야기하는 것을 듣고 있을 때 듣는 사람의 뇌는 말하는 사람과 동기화되기 시작한다. 그렉 스티븐스와 그의 연구 팀은 fMRI 장비를 이용해 참여자가 다른 사람이 이야기하는 것이 녹음된 내용을 듣거나 기록하게 하고 이들의 뇌를 분석하는 실험을 진행했다(Greg Stephens, 2010). 그는 이 연구를 통해 사람이 다른 누군가가 이야기하는 것을 들을 때 듣는 사람과 말하는 사람의 뇌 패턴이 하나가 되기 시작하고, 서로 거울과 같이 상호 반영한다는 사실을 발견했다. 이 상호 반영에는 약간의 지연이 일어나는데, 이것은 대화가 시작되기까지 걸리는 시간에 해당한다. 아울러 뇌의 여러 다양한 영역이 동기화됐다. 그는 이 연구 결과를 자신이 이해하지 못하는 언어로 이야기하는 누군가의 대화를 듣고 있는 사람의 상태와 비교했다. 이 경우 뇌의 동기화는 일어나지 않았다.

동기화와 예상을 합치면 이해가 된다

스티븐스의 연구에서는 뇌가 더 많이 동기화될수록 듣는 사람은 말하는 사람의 메시지와 아이디어를 더 잘 이해했다. 그리고 뇌의 어느 부분이 밝게 반응하는지 지켜봤는데, 스티븐스는 뇌에서 예측/예상하는 부위가 활성화되는 모습을 볼 수 있었다. 이 부위가 더 활성화될수록 대화는 더욱더 성공적이었다. 스티븐스는 신뢰, 욕구, 타인의 목표 등을 알아차리는 능력과 같은 성공적인 의사소통을 위한 핵심적인 사회적 정보를 처리하는 것으

로 알려진 뇌 부위를 비롯해 사회적 교류와 관련이 있는 뇌의 부위에서도 동기화가 일어
난다는 사실을 확인했다. 또한 거울 뉴런이 듣는 사람과 말하는 사람의 뇌 동기화 현상과
관련이 있다고 가정했다.

시사점

- 누군가가 이야기하는 것을 들으면 그와 동시에 뇌에서도 무슨 얘기를 하는지 이해하게끔 도와주는
  작용이 일어난다.

- 사람들이 누군가가 이야기하는 것을 들을 수 있는 장소에서 오디오와 동영상 등을 동반해서 정보
  를 전달하면 사람들이 메시지를 이해하는 데 아주 강력한 힘을 발휘한다.

- 사람들이 정보를 확실하게 이해하도록 만들고 싶다면 읽는 것에만 의존하지 말자.

69 / 뇌는 개인적으로 아는 사람에게 고유하게 반응한다

삼촌에게서 월드컵을 같이 보자고 연락이 왔는데 친구들도 좀 데리고 오라는 부탁을 받았다. 삼촌의 집에 도착했을 때, 일부 아는 사람들(친척과 친척의 친구들)과 모르는 사람들이 있었다. 활발한 분위기 속에서 많은 사람들이 TV로 경기를 시청하며 음식을 먹고, 축구와 정치를 비롯한 많은 이야기가 오가고 있다. 예상했다시피 친구나 친척 중 일부는 여러분과 견해가 유사할 테고 일부와는 의견이 같지 않을 것이다. 축구와 정치에 대해서는 방금 만난 사람들이 오히려 알고 지내던 친구나 친척보다 의견이 일치하기도 한다. 방 안의 사람에 관한 한 기본적으로 그림 69.1에 나오는 4가지 유형의 관계가 가능할 것이다.

유사함	공통점이 굉장히 많은 친구와 친척들	공통점이 굉장히 많은 낯선 사람들
유사하지 않음	공통점이 별로 없는 친구와 친척들	공통점이 별로 없는 낯선 사람들

그림 69.1 월드컵 파티에서 사람들이 만들어낼 수 있는 4가지 관계 유형

페나 크리넨이 의문을 갖고 연구를 진행한 내용은 다음과 같다(Fenna Krienen, 2010). 사람의 뇌는 이 네 가지 조합에 다르게 반응하는가? 사람은 자신과 얼마나 닮았는지를 기반으로 타인에 대해 평가를 내리는가? 아니면 친구와 친척을 포함해 그 사람과 얼마나 친밀한지가 중요한가? 그리고 만약 차이가 있다면 fMRI를 이용한 뇌 검사에서 이러한 차이가 나타날 것인가? 자신이 모르는 누군가를(하지만 비슷하다고 느끼는) 생각할 때 동류 의식이나 이전에 느꼈던 친밀감을 통해 연결됐다고 생각할 때와 같은 뇌의 영역이 활성화될까?

크리넨과 그녀의 팀은 이 이론들을 실험했다. 연구팀은 사람들이 자신의 친구에 대해 질문을 받고 답변했을 때, 자신이 친구와 닮았다고 생각하는 것과는 관계 없이 중심 전두엽 앞부분의 뇌피질(medial prefrontal cortex, MPFC)이 활성화되는 것을 발견했다. MPFC는 사회적 행동을 규제하고 가치를 감지하는 뇌의 부위다. 사람들이 자신이 모르는(하지만 관심사가 같은) 타인에 관해 생각할 때 MPFC는 활성화되지 않았다.

시사점

- 모든 소셜 미디어는 비슷하지 않다. 친구와 지인들을 위한 소셜 미디어와 아직 관계를 맺지 않은 사람들을 위한 소셜 미디어를 구분하는 것이 중요할 수 있다.

- 사람들은 친구와 지인에게 특별히 관심을 쏟게 돼 있다. 친구/가족 간에 사용하는 소셜 미디어가 그냥 지인이나 다른 목적으로 사용하는 소셜 미디어보다 동기 부여도 더 잘 되고 충성도도 높을 것이다.

70 / 웃음은
사람들의 관계를 강화한다

우리는 하루에 누군가가 웃는 소리를 몇 번이나 듣는가? 웃음소리는 어디에나 있기 때문에 우리는 웃음이 무엇이고, 사람들이 왜 웃는지에 대해 생각조차 하지 않는다.

우리가 상상하는 것보다 웃음에 관한 연구는 적은 편이다. 그러나 웃음에 관한 연구를 진행한 연구자들도 있다. 로버트 프로바인(Robert Provine)은 웃음과 관련된 연구를 진행한 몇 안 되는 신경과학자다. 연구 결과 그는 웃음은 본능적인 행동이며 사회적 유대관계를 형성한다고 결론 내렸다.

프로바인은 오랜 시간 동안 사람들이 언제, 왜 웃는지 관찰했다(Provine, 2001). 그와 그의 팀은 1,200명의 사람들이 다양한 장소에서 자발적으로 웃는 모습을 관찰했다. 그리고 성별, 상황, 화자(말하는 사람), 청자(듣는 사람), 맥락 등을 기록했다. 연구를 통해 밝혀진 내용은 다음과 같다.

- 웃음은 보편적이다. 모든 문화권의 모든 인간은 웃는다.

- 웃음은 무의식적이다. 실질적으로 사람은 명령에 의해 웃을 수 없다. 누군가가 명령에 의해 웃는다면 그것은 꾸며진 것이다.

- 웃음은 사회적 소통이다. 사람은 혼자 있는 경우 거의 웃지 않는다. 타인과 있을 경우 혼자 있을 때보다 약 30배 정도 더 자주 웃는다.

- 웃음은 전염성이 있다. 사람은 타인이 웃는 소리를 들으면 미소를 짓고 웃기 시작한다.

- 웃음은 약 4개월 된 아기일 때부터 나타난다.

- 웃음은 유머에 관한 것이 아니다. 프로바인은 2,000건 이상의 자연적인 웃음 유발에 대해 연구했고, 그중 대부분은 농담을 하는 것과 같은 유머에 따른 결과로 나타나는 것이 아니었다. 웃음은 오히려 다음과 같은 문장 이후 등장했다. '이야, 죈! 어디 있었어!', '메리다!', '시험은 어땠어?' 이런 문장 이후에 등장하는 웃음은 사람들을 사회적으로 엮어준다. 전체 웃음 중 약 20%만이 농담 이후에 등장했다.

- 사람들은 문장 중간에는 잘 웃지 않는다. 보통 문장이 종료된 이후 웃는다.

- 이야기를 하는 사람은 듣는 사람에 비해 약 두 배 더 웃는다.

- 여자는 남자에 비해 두 배 가량 더 많이 웃는다.

- 웃음은 사회적 상태를 나타낸다. 한 집단 내에서 더 높은 위치에 있을수록 더 적게 웃는다.

간질여 웃는 웃음 vs. 즐거워 웃는 웃음

다이애나 사메이탓과 그녀의 연구 팀은 간질여서 유발되는 웃음과 다른 원인으로 발생하는 웃음을 비교하는 연구를 진행했다(Diana Szameitat, 2010). 이들은 사람들에게 누군가를 간질여 웃음이 터져 나온 것을 녹음한 것과 그냥 웃음소리를 내고 있는 것을 녹음해서 들려줬다. 간질임이 없는 일반적인 웃음소리를 들을 때 뇌의 내측 전두엽 피질 부위가 활성화됐다. 이 부위는 일반적으로 사회적인 활동이나 감정 처리와 관련이 있다. 간질여서 생겨난 웃음소리를 들을 때는 동일한 현상이 같은 지역에서 일어났지만 추가적으로 이차청각피질(secondary auditory cortex)에서도 활동이 일어났다. 간질여서 생겨난 웃음은 다르게 들리는 것이다.

연구자들은 웃음이 아마도 만지는 행위의 반사작용과 유사하게 동물들에게서 생겨나, 시간이 지나면서 다양한 동물과 종에 따라 변화한 것이 아닌가 가정하고 있다.

웃음과 기술

비동기적으로 의사소통을 했을 때(이메일이나 문자 메시지를 통해)의 한 가지 문제는 다른 사람의 웃음소리를 들을 수 없다는 것이다. 친구든 직장 동료든 상관없이 다른 사람과의 의사소통 대부분이 문자 매체를 통해 이루어진다면 다른 사람의 웃음소리를 듣지 못하고 그에 따라 강한 유대관계가 형성되지 않는다.

어떤 그룹이 긴밀한 관계를 형성하고 그 끈끈한 관계를 유지하려면 사람들이 직접 만날 기회를 만들거나 최소한 서로 상대의 웃음소리를 들을 수 있게 음성 통화를 하게 해야 한다.

다른 동물들도 웃는다

웃음은 사람의 전유물이 아니다. 침팬지들은 다른 침팬치를 간질이기도 하고, 심지어 다른 침팬지가 간질이는 척만 해도 웃을 때가 있다. 자크 판크세프(Jaak Panksepp)는 쥐들이 간질이면 웃는 것을 연구했다. 이 동영상은 유튜브에서 확인할 수 있다(http://bit.ly/gBYCKt).

시사점

- 많은 온라인 인터랙션은 비동기적이며(이메일, 문자 메시지), 이에 따라 웃음을 통한 사회적 관계 강화의 기회를 많이 제공하지 못한다.

- 적어도 동시 소통이 가능한 음성 통화(전화 통화, 화상회의)를 할 기회를 찾아서 주기적으로 서로 웃음소리를 듣게 하라. 이것이 인간관계를 더 강화시켜줄 것이다.

- 타인을 웃게 만들려고 꼭 유머나 농담을 준비할 필요는 없다. 일반적인 대화와 인터랙션이 의도적인 유머나 농담보다 더 많은 웃음을 만들어낸다.

- 사람들을 웃게 하고 싶다면 스스로 웃어라. 웃음에는 전염성이 있다.

사람은 미소가 진짜인지 동영상에서
더욱 잘 구분한다

미소 짓는 행위에 대한 연구는 그 옛날 1800년대 중반부터 시작됐다. 프랑스 과학자인 기욤 뒤셴(Guillaume Duchenne)은 전류와 조사 대상을 동원해 실험을 진행했다. 그는 특정 얼굴 근육을 자극해 사람들이 만들어 내는 표정을 사진에 담았다(그림 71.1). 이것은 고통스러운 경험이었고 사진의 상당수는 사람들이 고통스러워하는 듯한 모습을 담고 있다.

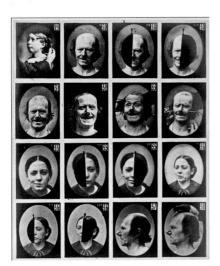

그림 71.1 기욤 뒤셴은 안면 근육에 전기적 자극을 준 사람들의 사진을 찍었다.

진짜 혹은 가짜?

뒤센은 두 가지 다른 형태의 미소를 구분했다. 어떤 미소는 큰광대근(입의 끝부분이 올라가는 근육)과 인륜근(볼을 위로 올리고 눈가에 주름을 잡는 근육) 모두에서 수축이 일어났다. 양쪽 근육이 모두 수축하는 이러한 미소를 뒤센 미소라고 한다. 뒤센 미소가 아닌 경우에는 큰광대근에만 수축이 일어났는데, 다시 말해 입 꼬리는 위로 올라가지만 눈가에는 주름이 생겨나지 않았다.

뒤센의 연구 이후 여러 연구자가 미소에 관한 연구를 진행할 때 그의 연구를 참고했다. 수년간 뒤센 미소는 꾸며내기 불가능한 진실된 미소로 믿어져 왔는데, 이는 약 80%에 가까운 사람들이 의식적으로 눈가의 근육을 제어해 주름을 지을 수 없었기 때문이다. 미소가 진짜 혹은 가짜인지에 대한 관심이 왜 이렇게 많았을까? 이는 사람들이 꾸며낸 감정을 표현하고 있는 사람들보다 진실돼 보이는 감정을 보여준다고 생각되는 사람들을 더 빨리 믿고 호감을 갖기 때문이다.

80퍼센트라는 수치에 대한 의문

에바 크룸후버와 안토니 맨스테드는 대부분의 사람들이 진짜처럼 보이는 가짜 미소를 짓지 못한다고 하는 이야기가 진짜인지 확인하는 연구를 진행해보기로 결심했다(Eva Krumhuber and Antony Manstead, 2009). 그들은 연구를 통해 이전까지 믿어온 내용이 사실은 반대라는 것을 발견했다. 그들의 연구에서 사람들이 미소 짓는 척을 하면서 사진을 찍을 경우 83%의 사람들은 다른 사람들이 진짜라고 생각하는 가짜 미소를 지어낼 수 있었다.

또한 그들은 사진만 사용하지 않고 동영상으로도 실험을 진행했다. 동영상을 사용하는 경우 가짜 미소를 만들어내기가 더 어려웠지만 이는 눈가의 주름 때문은 아니었다. 사람들이 가짜 미소를 구분하는 것은 다른 요소에 주의를 기울이기 때문이었는데, 가령 얼마나 오랫동안 미소를 짓고 있는가를 비롯해 행복해 보이는 표정 이외의 모습(이를테면 초조해 하는 모습)이 얼핏 드러날 경우 거짓을 구분해냈다. 동영상은 사진 한 장에 비해 오래 지속되면서 행동을 그대로 보여주기 때문에 가짜 미소를 더 쉽게 찾아낼 수 있었다.

시사점

- 영상을 사용해 메시지를 전달한다면 미소에 주의를 기울이자. 사람들은 사진보다 영상에서 진짜 미소와 가짜 미소를 더 잘 구분할 수 있다. 사람들이 영상 속의 미소가 진짜가 아니라고 생각하면 그들은 영상 속의 사람을 믿지 않으려고 할 것이며 이것이 브랜드나 제품에 대한 인상에 영향을 미칠 수 있다.

- 가짜 미소를 짓고 눈가 주름을 잡은 미소도 가짜로 지을 수 있지만, 영상보다는 정지된 사진에서 미소를 속이기가 더 쉽다.

- 사람은 미소가 진짜인지 아닌지는 모순되는 감정을 살펴봄으로써 구분할 수 있다. 사람들은 눈을 비롯해 얼굴의 많은 부위를 바라본다.

- 미소가 진짜처럼 보이면 이를 보고 있는 사람에게 신뢰가 쌓인다.

08장

사람은
어떻게 느끼는가?

사람은 그냥 생각만 하는 것이 아니다. 느끼기도 한다. 따라서 청중의 인구통계학
적인 특성을 이해하는 것은 물론 사람들의 심리통계학적인 면도 이해해야 한다.

72 / 어떤 감정은
보편적일 수 있다

우리의 삶에 감정이 아주 중요한 역할을 하는 데 비해 일반적으로 생각하는 것보다 많은 연구가 진행되지는 않았다. 감정을 연구하는 과학자들은 감정을 분위기나 태도와 구분한다.

- 감정은 심리적인 연관성이 있고 물리적으로 표현되며(몸짓이나 얼굴의 표정 등), 특정한 사건의 결과로 나타나고, 종종 행동으로 이어지기도 한다.

- 분위기는 감정보다 오래 지속되어 하루나 이틀을 간다. 분위기는 물리적으로 표현되지 않을 수도 있고 특정 사건으로 인해 일어나지 않을 수도 있다.

- 태도는 좀 더 인식적이고 의식적인 뇌의 요소에 해당한다.

- 조셉 르두는 사람이 특정 감정을 느낄 때 뇌의 특정 부분이 활성화되는 것을 보여줬다(Joseph LeDoux, 2000).

논쟁: 얼굴 표정은 보편적일까?

폴 에크만(Paul Ekman)은 얼굴에 나타나는 표현을 통해 감정을 읽는 전문가다. 그는 『얼굴 심리학』(바다출판사 2006), 『텔링라이즈』(한국경제신문사 2012)라는 두 권의 책을 저술했으며, 미국 폭스TV에서 상영 중인 '라이투미(Lie to Me)'라는 드라마의 자문위원이다. 그는 보편적으로 통용되는 일곱 가지 감정(기쁨, 슬픔, 경멸, 공포, 혐오, 놀람,

분노)을 구별했다(그림 72.1). 에크만은 이 감정들이 문화나 지역에 상관없이 누구에게 나 인식된다고 믿는다.

감정의 보편성에 대한 에크만의 결론에 모두가 동의하는 것은 아니다. 2012년 레이첼 잭 (Rachel Jack)이 수행한 연구는 지역적 및 문화적 요인에 따라 얼굴 표정에서 감정을 인식하는 것의 차이가 있을 수 있음을 보여줬다. 연구에서 서구의 피실험자는 에크만이 만들어낸 7가지 기본 감정을 인식했지만, 동아시아 출신의 피실험자들은 그 모든 감정을 같은 방식으로 인식하지 않았다. 잭은 일부 감정 표현은 문화의 영향을 받아 조정되는 것 같다고 주장했다.

잭의 연구 결과에 동의하지 않는 또 다른 연구자들(Sauter and Eisner, 2013)도 있다.

즐거움	슬픔	경멸	공포
역겨움	놀람	분노	

그림 72.1 폴 에크만의 7가지 보편적인 감정

격한 감정적 자극과 온화한 감정적 자극의 문화적 차이

임낭연(2006)의 연구는 다른 결론을 도출했다. 그에 따르면, 서구 문화는 공포, 화, 경고, 기쁨, 절망, 행복, 긴장 등 좀 더 격한 감정적 자극이 있는 감정을 표현 및 인식하고, 동양의 문화는 좀 더 강도가 낮은 감정적 자극(예: 편안함, 지루함, 자족, 고통, 휴식, 만족, 졸림 등)이 있는 감정을 표현하고 인식한다.

따라서 아직까지는 기본 감정의 보편성에 대해 확실한 동의를 얻은 주장은 없다.

시사점

- 서구의 고객을 위해 디자인한다면 고객이 기쁨, 슬픔, 경멸, 공포, 역겨움, 놀람, 화라는 에크만의 7가지 기본 감정을 인식할 것이라고 가정할 수 있다. 또한 격한 감정 표현이 더 쉽게 주의를 끌 것이라고 가정할 수 있다.

- 비서구 문화를 대상으로 디자인한다면 감정적 자극이 덜한 이미지와 얼굴 표정을 사용하는 것이 좋다.

- 어떤 감정이 특정 대상 고객을 유인할지 조사해 보는 것이 좋다. 기본적인 인구통계학적 정보와 더불어 어떤 감정이 동기를 부여하고 대상 고객 그룹별로 동기를 부여할 것인지 등 사이코그래픽을 식별하고 문서로 정리한다.

73

어떤 집단에 대한 긍정적 감정은
집단사고로 이어질 수 있다

협업이 잘 되는 디자인 팀에 속해 있다고 하자. 팀은 손발이 척척 맞고 내가 그렇게 의좋게 지내는 생산적인 그룹에 속해 있다는 사실에 기분이 아주 좋다.

완벽하지 않은가? 어쩌면 아닐 수도 있다. 제니퍼 러너는 감정과 의사결정에 관한 연구 논문에서 잘 돌아가는 팀이나 그룹에 속하는 것이 어떻게 그룹으로 하여금 잘못된 의사결정을 내리게 할 수 있는지에 관해 이야기한다(Jennifer Lerner, 2015).

'공유된 현실 감각'을 가진 그룹에 속하는 것을 사람들이 좋아하는 것은 사실이다. 하지만 그렇게 협업이 잘되는 그룹에 속한 사람들은 갈등을 최소화하려는 경향이 있다는 단점이 있다. 그런 사람들은 좋은 감정이나 조화를 깨뜨릴 만한 일이나 말은 아무것도 하지 않으려 한다.

이 말은 곧 때때로 중요한 이슈가 처리되지 않는다는 것이며, 어려운 결정을 내리지 않는다는 의미다. 또는 결정을 내리더라도 장기적 안목에서 보면 그것이 최고의 결정은 아닐 수 있다. 결정을 내리는 기준이 그룹을 하나로 유지하고 더 강하게 하는 데만 초점이 맞춰져 있을 수 있다.

시사점

- 팀의 화합이 더 잘 될수록 '집단사고'를 더 조심해야 한다.

- 토론이나 논쟁을 그룹의 사회규범으로 수립하라. 토론이나 논쟁을 허용하고 나아가 장려하는 새로운 사회규범을 만드는 데 그룹의 힘을 이용하라.

- 그룹의 결정을 다른 외부인에게 검토 받는다. 외부인이 그룹의 결정을 검토하게 하라.

74

이야기와 일화를 제공하는 것이
데이터만 제시하는 것보다
더 설득력 있다

고객과 최근에 나눈 대화에 대해 직장의 부서장에게 프레젠테이션을 해야 한다고 해보자. 여러분은 25명의 고객을 인터뷰했고, 또 다른 100명에게 설문조사를 했으며, 보고해야 할 중요한 자료가 너무 많다. 아마 처음 드는 생각은 수치적/통계적/데이터 중심의 형태로 데이터를 요약해서 보여주는 것일 것이다. 예를 들면, 다음과 같다.

- "저희가 인터뷰한 75%의 고객은……"
- "설문조사에 응한 고객 중 15%만이 말하기를……"

하지만 이러한 데이터 중심적인 접근법은 일화를 기반으로 하는 것보다 훨씬 덜 설득적이다. 여러분은 데이터를 포함시키고 싶겠지만 한두 가지 일화에 초점을 맞춘다면 프레젠테이션이 훨씬 강력해질 것이다. 예를 들어, '샌프란시스코의 메리라는 고객께서 저희 제품을 사용한 이야기를 들려주셨습니다. 그녀는……'라고 하면서 메리의 이야기를 들려주는 것이다.

일화가 데이터보다 강력할 수 있는 이유 중 하나는 일화가 이야기의 형식을 띠고 있기 때문이다. 정보를 이야기 형태로 전달하면 그 정보는 다르게 처리된다. 데이터만 전달했을 때와 비교하면 뇌의 다른 영역이 이야기에 반응한다. 이야기는 느낌과 감정을 불러일으켜 정보를 더 잘 그리고 더 오래 기억하게 해준다.

시사점

- 이야기 형식으로 정보를 전달하면 정보가 더 깊게 이해되고 오래 기억된다.

- 감정을 불러일으키고 공감할 수 있는 메시지를 제공하는 방법을 찾아본다.

- 일화와 이야기를 데이터와 더불어 활용한다.

보톡스는 얼굴의 주름을 없애는 데 사용하는 인기 있는 화장용품이다. 다양한 근육(예: 얼굴)에 그것을 주사하면 해당 근육이 마비되어 주름이 완화된다. 보톡스 요법의 부작용으로 사람들이 감정을 제대로 표현할 수 없다는 사실은 이미 알려진 지 오래다(예를 들면 화나거나 행복할 때 보여주는 근육을 움직이지 못함). 새로운 연구에서 밝혀진 보톡스 주사의 또 다른 부작용은 사람들이 감정을 느끼지 못할 수도 있다는 것이다. 근육을 움직여 얼굴 표정을 지을 수 없다면 그 표현과 관련 있는 감정도 느낄 수 없다. 보톡스 주사를 맞고 바로 슬픈 영화를 보러 가면 슬픈 감정을 느낄 때 움직이는 얼굴 근육을 움직일 수 없기 때문에 슬픔을 느끼지 않을 것이다. 근육의 움직임과 감정을 느끼는 것은 서로 연결되어 있다.

버나드 대학의 조슈와 데이비스 팀은 이 아이디어를 시험했다(Joshua Davis, 2010). 그들은 사람들에게 보톡스나 레스틸렌을 주사했다. 레스틸렌은 주사를 맞으면 처진 피부를 채워주지만 보톡스처럼 근육의 움직임을 제한하지는 않는 물질이다. 이 연구에서는 주사를 놓기 전후로 피실험자들에게 감정이 북받쳐 오르는 영상을 보여줬다. 보톡스 그룹은 주사를 맞은 후 같은 영상을 보고 감정적 반응을 훨씬 적게 보였다.

데이비드 하바스는 미소를 지을 때 특정 근육을 수축시키라고 요청했다(David Havas, 2010). 피실험자들은 그 근육을 수축시킬 때 화내는 것을 어려워했다. 사람들에게 찡그릴 때 사용하는 근육을 수축시키라고 요청했을 때 피실험자들은 호의적이거나 행복한 감정을 느끼기 어려워했다.

감정 없이는 결정도 없다

앙투안 베차라는 감정과 의사결정의 관계를 연구했다(Antoine Bechara, 1999). 그는 연구를 통해 감정을 느끼는 뇌부분에 손상을 입은 사람들이 의사결정 또한 할 수 없다는 것을 알아냈다.

뇌는 감정 역시 반영한다

특정 감정을 느끼고 있는 사람을 바라보고 있으면 그 감정을 겪는 사람과 같은 뇌의 부분이 바라보는 사람의 뇌에서도 활성화된다. 한 가지 예로 fMRI 스캔이 후회의 감정으로 이 효과를 보여준다는 것을 알아낸 니콜라 캐네사 연구팀(2009)이 수행한 연구가 있다. 피실험자는 도박하는 사람을 지켜봤다. 도박을 하는 사람은 돈을 잃게 만드는 결정을 내렸을 때 후회의 감정을 느꼈고 뇌의 특정 부분이 그 감정을 느끼는 동안 활성화됐다. 연구에서 피실험자들이 도박하는 사람들을 지켜볼 때 뇌의 같은 부분이 활성화됐다.

시사점

■ 사람들이 제품과 상호작용할 때 만들어내는 감정을 고려해야 한다. 가령 어떤 사람이 슬픈 이야기를 읽고 얼굴을 찡그리고 있다면 그로 인해 사용자가 슬픈 분위기에 휩싸이게 되고 그것이 어쩌면 사용자가 취하는 다음 행동에 영향을 미칠 것이다.

■ 의도하지 않은 얼굴 표정에 주의를 기울여라. 어쩌면 그것이 제품에 대한 사람들의 느낌을 바꿀지도 모른다. 가령 웹사이트의 글꼴이 아주 작고 사람들이 그것을 읽기 위해 눈을 가늘게 뜨고 인상을 찌푸리고 있다면 그로 인해 사람들이 행복감이나 호의를 느끼지 못하고 그것이 사람들의 다음 행동에 영향을 미칠지도 모른다.

■ 사람들이 결정을 내리고 행동을 취하게 하고 싶다면(예: 뉴스레터를 구독하거나 '구매하기' 버튼을 클릭하는 것) 그들에게 감정을 불러일으키는 정보나 이미지, 영상을 보여준다. 감정적 경험을 할 경우에 사람들은 결정을 내릴 가능성이 크다.

놀라는 것을 즐기게 돼 있다

'사람은 어떻게 주의를 집중하는가?' 단원에서 필자는 모든 종류의 위험 가능성이 있는 환경을 감지하는 오래된 뇌의 역할에 대해 설명했다. 이것은 무의식, 즉 오래된 뇌가 뭔가 새롭거나 참신한 것을 찾고 있다는 뜻이기도 하다.

예상하지 않은 것에 대한 갈망

그레고리 번즈의 연구는 인간의 뇌가 예상하지 못한 것을 찾을뿐더러 그것에 대해 갈망한다는 것을 보여준다(Gregory Berns, 2001).

번즈는 컴퓨터로 제어되는 기계를 이용해 fMRI가 참여자의 뇌를 스캔하는 동안 사람의 입 안으로 물이나 과일 주스를 물총으로 쐈다. 실험 기간 중 가끔은 참여자가 언제 물총이 입안으로 들어올지 예측할 수 있었으나 예측이 불가능할 때도 있었다. 연구자는 실험 참가자들이 좋아하는 것에 따라 행동하는 것을 관찰할 수 있을 거라 가정했다. 예를 들어, 한 참가자가 주스를 좋아한다면 측좌핵(nucleus accumbens) 영역에서 활동이 일어날 것이다. 측좌핵은 뇌의 한 부위로 사람들이 즐거운 사건을 경험할 때 활성화되는 쾌락과 관련된 부분이다.

그러나 가정과 같은 결과는 일어나지 않았다. 측좌핵은 대부분 물총이 예측하지 못한 시기에 발사될 때 활성화됐다. 선호하는 액체보다 활동 자체에 반응이 있다는 것은 놀라운 결과였다.

유쾌한 놀라움 vs. 불쾌한 놀라움

모든 놀라움은 같지 않다. 어떤 사람이 집에 가서 불을 켰는데 친구들이 '놀랐지'라고 외치면서 생일 파티를 열어준다면 이것은 집안에서 강도를 발견하는 놀라움의 종류와는 아주 다른 것이다.

마리나 벨로바와 그녀의 팀은 뇌가 이런 두 종류의 다른 놀라움을 서로 다른 곳에서 처리하는지에 대해 연구했다(Marina Belova, 2007).

연구자들은 원숭이를 대상으로 뇌에서 감정을 처리하는 편도체를 중심으로 연구를 진행했다. 그들은 편도체 안의 뉴런에서 일어나는 전기적인 활동을 기록했다. 실험의 변수로는 물을 마시는 것(즐거움)과 얼굴에 공기를 뿜어내는 것(원숭이들이 좋아하지 않는 행위)을 이용했다.

연구 결과, 일부 뉴런은 물을 마시는 것에 반응하고 다른 뉴런에서는 공기를 뿜어내는 것에 반응했으나 두 변수에 모두 반응하는 특정 뉴런은 존재하지 않았다.

시사점

- 주의를 끌고 싶다면 새롭고 참신한 것을 디자인하라.

- 무언가 예측하지 못한 것을 제공하는 것은 관심을 끌뿐더러 실제로 즐거움을 준다.

- 사람들이 특정 과업을 완수하고자 노력할 경우 적정 수준의 일관성이 좋긴 하지만 사람들이 뭔가 새로운 것을 시도하길 바라거나 새로운 것을 찾아 사이트를 재방문하길 바란다면 참신하고 예측하기 힘든 콘텐츠와 인터랙션을 제공하는 것도 좋다.

다음 이야기를 생각해 보자.

여러분이 막 공항에 도착해 짐 찾는 장소로 걸어가 짐을 집어들려고 했다. 거기까지 걸어가는 데 12분의 시간이 걸렸다. 도착했을 때 짐이 이제 막 수하물 컨베이어 벨트에 올라오는 중이었다. 이때 여러분은 얼마만큼 조급해할 것인가?

이와 대조적으로 다음과 같은 시나리오를 생각해 보자.

여러분이 막 공항에 도착해 수하물 컨베이어 벨트까지 오는 데 2분이 걸렸다. 그리고 나서 짐이 나올 때까지 10분간 서성이며 기다려야 했다. 여러분은 얼마만큼 조급해할 것인가?

두 이야기 모두 짐을 찾는 데까지 12분의 시간이 걸렸지만 훨씬 더 짜증이 나고 불쾌한 기분이 되는 상황은 서성이면서 10분간의 시간을 보내야 하는 두 번째 경우다.

사람들은 핑곗거리가 필요하다.

크리스토퍼 시와 그의 동료들이 진행한 연구는 사람들이 바쁠 때 더욱 행복하다는 사실을 보여준다(Christopher Hsee, 2010). 이것은 약간 역설적이기도 하다. '무엇이 사람에게 동기를 부여하는가' 장에서 필자는 우리가 게으르다고 설명했다. 활동적이어야 할 이유가 있지 않는 한 사람은 아무것도 하지 않기를 선택하고, 이에 따라 에너지를 보존하게 된다. 그러나 아무것도 하지 않는 것은 사람을 짜증나고 불쾌하게 만든다.

시 팀은 실험 참가자에게 완성된 설문지를 왕복으로 15분 걸리는 한 장소에 가져다 주거나 단순히 밖으로만 가져가서 15분간 기다리는 것 중 하나를 선택하게 했다. 일부 참여자에게는 선택과 관계없이 같은 음식을 제공했고, 다른 참여자에게는 선택에 따라 다른 음식을 제공했다(여기에 앞서 시는 음식에 대한 선호도가 모두 동일하다고 가정했다).

모든 장소에서 같은 음식이 제공됐지만 대부분(68%)의 참여자는 단순히 방 밖으로 설문지를 운반하는 과업을 선택했다(이것은 '게으름' 옵션이다). 학생들의 첫 반응은 일을 적게 하자는 것이었지만 더 많이 걸어가야 하는 핑곗거리가 생기자 그들 중 대부분은 바쁜 옵션을 선택했다. 실험이 종료된 이후 걷기를 선택한 학생은 게으른 학생보다 확연하게 행복하다고 보고했다.

두 번째 버전의 실험에서 학생들은 '바쁜 팀'과 '게으른 팀' 중 하나에 배정됐다(학생들에게는 선택권이 없었다). 이 실험에서도 마찬가지로 바쁜 학생들이 더 행복하다는 결과가 나타났다.

다음 단계의 실험에서, 시는 학생들에게 팔찌를 공부하도록 요구했다. 그리고 학생들에게 15분간 아무것도 하지 않고 시간을 보내는 것과(이 경우 학생들은 다음 실험에 참여하는 것으로 생각하고 기다렸다) 같은 시간 동안 대기하면서 팔찌를 분리했다가 다시 조립하는 것 중 하나를 선택할 수 있게 했다. 일부 참여자들은 팔찌를 원래 모양대로 조립하는 옵션을 부여받았고, 다른 참여자들은 팔찌를 다른 디자인으로 재조립하는 옵션을 부여받았다.

팔찌를 기존 모양과 똑같이 재조립하는 옵션을 부여받은 학생들은 차라리 게으르게 앉아 있는 쪽을 선택했다. 하지만 팔찌를 새로운 모양으로 만들 수 있다는 이야기를 들은 학생들은 게으르게 앉아 있는 쪽보다 작업하는 쪽을 선호했다. 이전과 같이 15분의 시간을 팔찌와 함께 바쁘게 보낸 학생들이 게으르게 앉아 있던 학생들보다 더 행복감을 느꼈다.

시사점

- 사람들은 게으르게 있고 싶어하지 않는다.

- 사람들은 게으르게 있기보다는 일을 하고 싶어하지만 이 일은 가치가 있어 보여야 한다. 만약 바쁘기만 하고 별로 쓸모는 없는 일이라고 예상하게 되면 사람들은 게으르게 있는 편을 선호한다.

- 바쁜 사람이 더 행복하다.

78 / 목가적인 장면은
사람들을 행복하게 만든다

호텔, 집, 회사, 박물관, 전시장 등 사진이나 그림이 벽에 걸려 있는 장소를 걸어 들어가면 종종 그림 78.1과 같은 그림을 보곤 한다.

그림 78.1 목가적인 장면은 인류 진화의 한 부분이다.

철학자이자 『예술 본능: 아름다움, 기쁨 그리고 인류의 진화(The Art Instinct: Beauty, Pleasure, and Human Evolution)』의 저자인 데니스 더튼(Denis Dutton)에 따르면

홍적세 시대[1] 동안의 진화로 인해 우리가 이러한 그림에 끌리기 때문에 이러한 이미지를 자주 보게 된다고 한다(더튼의 TED 발표는 http://bit.ly/cIj9uo에서 볼 수 있다). 더튼은 전형적인 지평선의 모습에는 언덕, 물, 나무(침입자가 나타나면 숨기 좋은), 새, 동물 그리고 길이 포함돼 있다고 말한다. 이는 보호와 물, 음식이 포함된 인간에게 이상적인 모습이다. 더튼의 아름다움에 대한 이론은 우리의 삶에서 이러한 종류의 미를 필요하다고 느끼게끔 진화돼 왔고, 이로써 이러한 경관에 이끌려 종으로서의 생존을 도왔다는 것이다. 그는 모든 문화에서 이렇게 보이는 지리적 위치에 살아 본 적이 없는 사람들조차 이러한 그림에 예술로서의 가치를 부여한다는 점도 언급했다.

목가적인 장면은 주의 회복을 제공한다

마크 버먼과 그의 연구팀은 사람의 주의 집중 용량을 측정하고자 실험 참가자들에게 역 숫자 폭 실험[2]을 실시했다(Mark Berman, 2008). 그리고 나서 참여자들은 참여자의 임의적인 집중을 떨어뜨리는 작업을 요청받았다. 이후 일부 참여자들을 앤 아버(미시건 주의 도시 지명) 중심가를 걸어가도록 유도했고, 다른 참여자 일부는 도시의 수목원을 걷게 했다. 수목원에는 나무와 넓은 잔디밭이 구성돼 있었다(다시 말해, 목가적인 환경). 각자 장소를 걷고 나서 참여자들은 역 숫자 폭 실험을 다시 실시했다. 실험 결과, 수목원을 걸은 참여자들의 점수가 훨씬 높게 측정됐다. 실험 연구자 중 하나였던 스테판 카플란(Stephan Kaplan)은 이를 주의 회복 요법이라고 불렀다.

로저 울리히는 창문을 통해 자연의 풍경을 볼 수 있는 병원에 입원한 환자는 병원 체류 기간이 더 짧았으며, 벽돌벽을 바라보는 방의 환자보다 진통제 투약이 덜 필요하다는 사실을 발견했다(Roger Ulrich, 1984).

피터 칸과 그의 연구팀은 직장에서의 자연 풍경을 실험해 봤다. 실험 대상 그룹 중 하나는 자연 풍경이 보이는 유리 창가 근처에 앉아 근무했다. 두 번째 그룹은 비슷한 풍경 옆

---

1 (옮긴이) 신생대 제4기의 첫 번째 지질시대로서 제3기 플로이오세(Pliocene)와 홀로세(Ho-locene) 사이의 시기. 약 2~3백만 년 전부터 약 1만 년 전까지에 해당하며, 빙하기로 대표되는 시기다.

2 (옮긴이) 여러 숫자를 잠깐 동안 보여 준 다음 평균 몇 개까지 기억해 낼 수 있는가를 기초로 단기 기억 능력을 측정하는 실험

에서 근무했지만 이는 진짜 자연이 아닌 어딘가의 자연 풍경을 촬영해 온 동영상을 재생하는 것이었다. 세 번째 그룹은 텅 빈 벽 옆에서 근무했다. 연구자들은 실험 참여자의 심장 박동수를 지속적으로 관찰하면서 참여자들의 스트레스 정도를 지속적으로 측정했다 (Peter Kahn, 2009).

풍경 동영상 옆에서 일을 한 사람은 기분이 좀 더 좋다고 이야기했지만 실제 그들의 심장 박동은 벽 옆에서 근무한 사람들과 차이가 거의 없었다. 유리창 앞에서 있었던 참여자들은 실질적으로 더 건강한 심장 박동을 유지하는 것으로 측정됐고, 스트레스를 회복하는 데도 더 나은 모습을 보였다.

시사점

- 사람은 목가적인 장면을 좋아한다. 웹사이트에 사용할 만한 자연 풍경을 찾고 있다면 목가적인 요소가 포함된 이미지를 찾아보자.
- 사람들은 온라인으로 목가적인 화면을 볼 때 더 끌리고 좋아하며 행복하다고 느끼지만, 실제 자연을 창 밖으로 보거나 도보로 걸어 다니며 자연을 느끼는 것과 같은 긍정적인 건강 증진 효과를 보이지는 않는다.

사람은 신뢰의 첫 번째 지표로
외관과 느낌을 사용한다

웹사이트 디자인과 신뢰도에 대한 연구는 많지 않다. 많은 주장들이 있긴 하지만 실질적인 데이터는 찾아보기 힘들다. 엘리자베스 실렌스의 연구는 최소한 건강 관련 웹사이트에 관해서는 비교적 신뢰할 만한 자료로 구성돼 있다(Elizabeth Sillence, 2004).

실렌스는 사람들이 믿을 만한 건강 웹사이트가 어느 것인지 어떻게 결정하는지를 연구했다. 실험 참가자들은 모두 고혈압 환자들이었다(이전의 연구에서 실렌스는 폐경기를 주제로 연구를 진행해 유사한 결과를 얻었다). 이 연구에서 실험 참여자들은 고혈압과 관련된 정보를 웹사이트에서 찾는 과업을 수행했다.

연구에서 실험 참여자들은 건강 웹사이트의 일부를 믿을 수 없다는 이유로 거부했는데, 이들의 논평 중 83%는 외관과 느낌의 첫 인상이 마음에 들지 않는다거나 탐색 구성이 형편없다거나 색상, 텍스트 크기, 웹사이트의 이름 등 디자인과 관련된 요소에 대한 것이었다.

실험 참여자가 웹사이트의 신뢰도에 대해 자신의 결정에 영향을 미치는 것과 관련된 특징을 거론할 때는 74%가 디자인 요소보다는 웹사이트의 콘텐츠에 대해 이야기했다. 그들은 잘 알려지고 높이 평가받는 기관에 속하며, 의료 전문가의 조언이 적혀 있고, 특히 자신과 관련 있는 정보가 담겨 있으며, 자신과 비슷한 사람들을 대상으로 만들어진 것으로 보이는 웹사이트를 선호했다.

신뢰는 행복에 대한 가장 큰 예측 변수다

만약 누가 가장 행복한지 알고 싶다면 누가 가장 신뢰감을 느끼는지 알아보자. 에릭 와이너는 『행복의 지도: 어느 불평꾼의 기발한 세계일주』(웅진닷컴 2008)에서 어느 국가에 가장 행복한 사람들이 있고 왜 그런지 조사하며 전 세계를 여행했다. 아래는 그가 발견하고 기록한 내용이다.

- 외향적인 사람은 내향적인 사람보다 행복하다.
- 낙관주의자는 비관주의자보다 행복하다.
- 결혼한 사람은 독신보다 행복하지만 아이가 있는 부부와 아이가 없는 부부는 비슷하다.
- 공화당원은 민주당원보다 행복하다.
- 교회를 나가는 사람은 그렇지 않은 사람들보다 행복하다.
- 대학을 졸업한 사람은 대학에 가지 못한 사람보다 행복하지만, 석/박사 이상의 학위를 취득한사람들은 덜 행복하다.
- 활발한 성생활을 하는 사람들은 그렇지 않은 사람들보다 행복하다.
- 남녀는 동등하게 행복하지만 여성이 더욱 넓은 감정의 폭을 갖고 있다.
- 바람을 피는 것은 행복하게 하지만 배우자가 바람 핀 사실을 알고 당신을 떠나면 더이상 그렇지 않다.
- 사람들은 출근할 때 가장 행복하지 못하다.
- 바쁜 사람들은 할 일이 너무 없는 사람들보다 행복하다.
- 부유한 사람들은 가난한 사람보다 행복하지만 큰 차이는 없다.
- 아이슬란드와 덴마크가 가장 행복한 지역에 포함된다.
- 행복에서의 변동성 가운데 70%는 사람 간의 관계에 대한 결과로 볼 수 있다.

흥미롭게도 모든 변수 가운데 행복에 대한 최고의 예측 변수는 사람이 신뢰를 갖고 있느냐였다(이를테면, 자신의 조국을 신뢰하는지, 정부에 대한 신뢰가 있는지 등).

시사점

■ 사람은 신뢰가 가지 않는 것에 대해 빠른 결정을 내린다.

■ 디자인 요소, 이를테면 색상, 폰트, 레이아웃, 내비게이션 등은 첫 신뢰 거절 단계에서 치명적인 영향을 끼친다.

■ 최초의 신뢰 거절 단계를 지나게 되면 콘텐츠와 신뢰성이 사용자의 사이트 신뢰 여부를 결정한다.

80 / 음악을 들으면
뇌에 도파민이 분비된다

음악을 들으면서 소름이 돋을 정도로 강렬한 쾌락을 느껴본 적이 있는가? 발로리 살림푸어와 그녀의 팀은 음악을 듣는 것이 신경 전달 물질인 도파민을 분비한다는 것을 증명하는 연구를 진행했다(Valorie Salimpoor, 2011). 심지어 음악을 상상하는 것만으로도 도파민이 분비됐다.

연구자들은 양전자방출 단층촬영술과 fMRI, 그리고 심리생리학적 기법을 이용해 사람들이 음악을 듣는 동안의 심박수 및 반응을 측정했다. 실험 참가자들은 자신이 강렬한 기쁨이나 짜릿함을 느낀다고 한 음악을 듣게 되었다. 음악의 범위는 클래식, 포크, 재즈, 일렉트로니카, 락, 팝, 탱고 등 다양한 장르였다.

기쁨과 예상된 기쁨의 차이

살림푸어의 팀은 사람들이 음악을 들을 때 보상을 받고 희열과 열망을 느낄 때 본 것과 동일한 두뇌 패턴과 신체적 활동이 나타난다는 사실을 발견했다. 기쁨의 경험은 도파민이 분비되는 부위(선조 도파민계)와 일치한다. 사람이 음악의 즐거운 부분을 예상할 때는 뇌의 다른 부위(측좌핵 부위)에서 도파민이 분비됐다.

시사점

- 음악은 강렬한 즐거움을 유발할 수 있다.

- 사람에겐 행복을 유도하는 좋아하는 음악이 있다.

- 음악은 매우 개별화돼 있다. 한 사람에게 행복을 유도하더라도 다른 이에게는 아무런 영향을 주지 않을 수도 있다.

- 음악의 즐거운 부분을 상상하는 것은 실제로 음악을 듣고 경험하는 것과는 다른 뇌의 영역과 신경 전달물질을 활성화한다.

- 어떤 웹사이트, 제품, 디자인, 혹은 행위에서 사람들이 스스로 음악을 사용할 수 있게 허용하는 것은 사람들을 참여시키는 강력한 방법이다. 그것은 또한 사용자들이 되돌아오고 다시 참여하고 싶게 만들 가능성을 높여준다.

- 웹사이트에 음악이 담긴 영상을 포함시키는 것 역시 사용자의 참여도를 높일 수 있다. 영상으로 주의를 얻는 것도 있지만, 음악이 포함됐기 때문이기도 하다.

81 / 달성하기 어려울수록
사람들은 좋아한다

대부분의 독자는 가입 절차가 까다로운 사교 모임에 관한 이야기를 들어 본 적이 있을 것이다. 이 발상은 한 조직에 들어가기가 어렵다면 그 조직 안에 있는 사람들은 그 모임에 가입하기 어렵지 않은 것보다 더 좋아한다는 것이다.

이런 가입 효과에 대한 첫 번째 연구는 스탠퍼드 대학의 엘리엇 아론슨에 의해 진행됐다 (Elliot Aronson, 1959). 아론슨은 세 종류의 가입 시나리오를 설정하고(혹독한 버전, 중간 버전, 완만한 버전이었으며 혹독한 버전이 정말 혹독하지는 않았다) 실험 참가자들을 무작위로 해당 시나리오에 배정했다. 그는 가입이 어려울수록 사람들이 그 그룹을 좋아한다는 사실을 밝혀냈다.

인지 부조화 이론

레온 페스팅거는 인지부조화 이론(cognitive dissonance theory)의 개념을 정립한 사회심리학자다(Leon Festinger, 1956). 아론슨은 이 이론을 이용해 왜 사람들이 고통을 견뎌야 가입할 수 있는 집단을 좋아하는지 설명했다. 사람들은 이 고통스러운 경험을 흥분이나 재미를 위해서가 아니라 그들이 집단의 일부라는 사실을 확인하기 위해 수행한다. 하지만 이것은 이 과정에 있는 사람들의 사고 과정에 충돌(부조화)을 가져온다. 재미 없고 지루하다면 왜 내가 이런 고생을 하는 걸까? 이 부조화를 줄이기 위해 사람들은 그 집단이 정말로 중요하고 가치 있다고 판단한다. 그러면 고통스러운 과정을 기꺼이 수행하는 것이 말이 된다.

결핍과 배타성

이 현상을 설명하기 위해 인지부조화 이론에 더해 필자는 결핍이 작동한다고 생각한다. 집단에 참여하는 것이 어렵다면 많은 사람들이 이를 성취하기가 어려울 것이다. 내가 가입할 만한 능력이 되지 않는다면 나는 패배하는 셈이다. 그래서 내가 큰 고통을 감수한다면 그것은 반드시 좋은 것이어야 한다.

시사점

- 웹사이트나 제품, 소프트웨어를 사람들이 아주 쓰기 어렵게 만들어 사람들이 고통을 느끼고, 따라서 그것을 더 좋아하게끔 만들자는 것은 아니다.

- 온라인 커뮤니티에 사람들을 참여시키고 싶다면 참여하는 데 몇 단계가 필요한 경우 사람들이 온라인 커뮤니티를 더 이용하고 더 가치를 느낀다는 사실을 알게 될 것이다. 지원서를 작성하고, 특정 기준을 만족하고, 다른 이들에게 초대를 받아야 하는 것 등은 참여하는 데 장애물로 보이겠지만 이는 이 집단에 참여한 사람들이 진심으로 참여한다는 것을 의미하기도 한다.

82 / 사람들은 미래의 사건에 대해 과대평가한다

사고(思考) 실험을 하나 진행해 보자. 1부터 10까지의 숫자 가운데 1이 가장 낮고 10이 가장 높다고 했을 때 지금 당장 당신이 얼마나 행복한지 점수를 측정해보자. 숫자를 어딘가에 적어두기 바란다. 이번에는 여러분이 오늘 복권에 당첨됐다고 상상해보자. 이제 지금껏 상상해본 것 가운데 가장 많은 돈을 갖고 있다. 수십억의 돈이 손에 들어왔다. 오늘 하루가 끝날 때 즈음의 여러분의 행복 지수는 어떨까? 이 숫자도 어딘가에 적어보자. 마지막으로, 오늘 수십억의 복권에 당첨되고 나서 2년 후의 여러분의 행복 지수는 어느 정도일까?

사람은 형편없는 예상을 한다.

다니엘 길버트(Daniel Gilbert)는 『행복에 걸려 비틀거리다』(김영사 2006)에서 특정 사건에 대한 감정적 반응을 예상하고 예측하는 것에 대한 실험을 진행했다. 그는 사람들이 자신의 삶에서 일어나는 사건에 대해 기쁜 감정과 불쾌한 감정 모두에 대해 굉장히 과대평가한다는 사실을 발견했다. 부정적인 사건(실직 당하거나, 사고를 당하거나, 사랑하는 사람이 죽는 등)을 예상하거나 긍정적인 사건(큰 돈을 갖게 되거나, 꿈의 직장에 취직하거나, 완벽한 이성을 만나는 등)을 예상해도 모든 사람들은 자신의 반응에 대해 과대평가했다. 부정적인 사건인 경우 사람들은 자신이 매우 오랜 기간 너무 절망스럽고 우울할 것으로 예상했다. 긍정적인 사건인 경우에는 자신이 아주 오랜 기간 굉장히 행복할 것으로 예상했다.

붙박이 규제

위에서 언급한 예에서 사람들이 갖고 있는 것은 붙박이 규제(built-in regulator)다. 부정적인 사건이든 긍정적인 사건이든 사람은 대부분의 시간 동안 비슷한 수준의 행복 상태에 머무른다. 어떤 사람들은 그냥 남들보다 더 행복하거나 덜 행복하고, 이런 행복감은 사람들에게 일어나는 사건과는 관계 없이 항상 일정한 상태를 유지한다. 사람들이 미래의 행복에 대해 예측하는 것은 매우 정확하지 않다는 뜻이다.

시사점

- 사람들은 어떤 것을 다른 것보다 더 좋아하거나, 그럴 것이라고 생각할 수는 있지만 실제로 그들의 반응은 그것이 긍정적이든 부정적이든 상관없이 상상하는 것만큼 강하지는 않다.

- 제품이나 디자인을 특별하게 바꾸면 매우 만족하거나 절대 쓰지 않겠다고 하는 사용자나 고객의 말을 곧이곧대로 믿지 말자. 사람들은 자신의 반응을 과대평가할 가능성이 크다.

83 / 사람들은 사건이 진행되는 시점보다 이전/이후에 더 긍정적으로 생각한다

지금부터 몇 달 후, 동생과 함께 케이만 제도로 여행가는 계획을 세우고 있다고 상상해보자. 여행을 가는 두 사람은 적어도 일주일에 한 번 정도는 전화로 이 이야기를 할 것이고, 스노클링을 하고 싶다거나 체류하는 곳에서 가장 가까운 식당에 대해 이야기할 것이다. 그리고 이 여행을 오랫동안 고대하게 된다.

이와는 반대로, 실제 여행 경험에서는 기대한 바가 실제 여행보다 더 낫다는 사실을 발견하게 될 것이다. 실제로 테런스 미첼과 그의 연구팀은 이런 상황에 대한 연구를 진행했다 (Terence Mitchell, 1997). 그들은 유럽에서 여행 중인 사람들, 추수감사절 주말에 짧은 여행을 가는 사람들, 캘리포니아에서 3주짜리 자전거 여행을 하는 사람들을 대상으로 연구했다.

여행이 진행되기 전에 사람들은 긍정적인 감정으로 여행을 기대했지만 여행이 진행되면서 스스로 매기는 여행에 대한 평가는 그렇게 긍정적이지는 않았다. 여행 중에 발생한 사소한 불만들이 이들의 감정 곡선에 영향을 끼쳐 전반적인 여행에 대해 덜 긍정적으로 평가했다. 흥미롭게도 여행이 끝난 후 며칠 뒤에는 기억이 다시 장밋빛으로 바뀌었다.

훌륭한 휴가와 훌륭한 추억을 갖는 방법

휴가에 대해 이야기할 때 사람들이 가장 즐겁게 휴가를 즐길 수 있는 방법에 도움될 만한 다양한 연구와 흥미로운 정보는 다음과 같다.

- 짧은 휴가를 자주 가는 것이 긴 휴가를 한 번 가는 것보다 낫다.

- 휴가의 끝은 시작이나 중간보다 사람의 장기 기억에 영향을 더 많이 미친다.

- 강렬하고 절정의 경험을 갖는 것은 그 강렬함이 굳이 긍정적인 것이 아니라 하더라도 그 여행을 더욱 긍정적으로 기억하게 만든다.

- 여행을 하는 도중에 방해를 받게 되면 방해받지 않은 부분을 한층 더 즐기게 된다.

시사점

- 사람들이 미래에 일어날 일(복권 당첨, 여행 계획, 업무 관련 행사 준비, 집 짓기 등)을 계획하는 인터페이스를 디자인할 때 기획 단계를 길게 뽑아줄 수 있다면 사람들은 이 경험에 대해 더욱 긍정적인 감정을 갖게 될 것이다.

- 만족감이나 다른 감정들을 측정할 때 조사 결과는 사람들이 웹사이트나 제품을 사용하는 도중 묻는 것보다 며칠 후 진행할 때 더 긍정적으로 나오는 경향이 있다.

- 대신에 웹사이트나 제품을 사용하고 나서 며칠이나 몇 주 후가 아니라, 사용 중이나 사용 직후에 조사를 하면 좀 더 정확하고 현실적인 데이터를 얻을 수 있다.

84 / 사람들은
슬프거나 겁날 때 친숙한 것을 원한다

금요일 오후, 직장 상사가 전화를 걸어 최근에 진행한 프로젝트가 마음에 들지 않는다고 이야기한다. 이 프로젝트는 당신이 내내 직장 상사에게 문제가 있는 프로젝트라고 말했고 더 많은 사람들을 배정해야 한다고 요청한 프로젝트다. 당신은 지금까지 경고한 내용이 모두 무시당했다고 느낀다. 상사는 이 일은 업무 성과에 아주 나쁘게 반영될 것이고 심지어 해고까지 될 수 있다고 말한다. 집에 오는 길에 당신은 식료품 가게에 들렀다. 당신은 슬프고, 겁이 나 있는 상태다. 이때 당신은 매일 사던 시리얼을 사게 될까, 아니면 새로운 것을 구입하게 될까?

사람들은 친숙한 것을 좋아한다

네덜란드 네이메헌의 라드바우트 대학 소속인 마리케 드브리스의 연구에 따르면 이때 우리는 친숙한 브랜드를 구매하게 된다(Marieke De Vries, 2010). 이 연구는 사람들이 슬프거나 겁이 날 때 친숙한 것을 원한다는 것을 보여준다. 실험 참가자들은 친숙한 것에 민감하지 않고 기쁜 상태에 있을 때 새롭거나 다른 것을 시도하려 했다.

친숙한 것에 대한 열망은 잃는 것에 대한 두려움과 관련이 있다

이 같은 친숙한 것에 대한 갈망과 친숙한 브랜드에 대한 선호는 아마도 잃는 것에 대한 본능적인 두려움과 연관돼 있는 듯하다. 『심리를 꿰뚫는 UX 디자인』(에이콘출판 2010)에서 필자는 상실에 대한 두려움에 대해 이야기한 적이 있다. 사람이 슬프거나 겁에 질려 있는 상태에서는 오래된 뇌와 중간 뇌(감정적인 부분)에 정보가 들어간다. 사람은 스스로 보호해야 한다. 그리고 빠르게 안전해지는 방법은 무엇인가 이미 알고 있는 것과 함께 하는 것이다. 강한 브랜드는 친숙하다. 강한 로고는 친숙하다. 그래서 사람들은 겁에 질리거나 슬플 때 이미 아는 브랜드나 로고를 구입하게 된다.

누군가의 기분을 바꾸는 것은 쉽다

타인의 기분에 영향을 주는 것은 특히 짧은 기간 내(이를테면, 웹사이트에서 구매하게 만들기에 충분한 시간)에는 놀랄 만큼 쉬운 것으로 알려져 있다. 마리케 드브리스의 연구에서 참가자들은 좋은 기분을 유도하기 위해 '머펫'(세서미 스트리트에 나오는 퍼펫)이 나오는 동영상이나 나쁜 기분을 유도하기 위해 '쉰들러 리스트'(제2차 세계대전 당시 나치와 유대인 수용소에 관한 영화)의 영상을 시청했다. 사람들은 머펫을 보고 난 후 기분이 극도로 좋아지고, 쉰들러 리스트를 보고 난 후 기분이 급격하게 나빠졌다고 말했다. 이 기분의 변화는 나머지 실험에서 사람들의 행동에 영향을 미쳤다.

시사점

- 브랜드는 지름길이다. 어떤 사람이 과거에 해당 브랜드에 긍정적인 경험을 갖고 있었다면 이 브랜드는 사람의 오래된 뇌에 안전하다는 신호가 된다.
- 브랜드는 온라인에서도 오프라인만큼 중요거나, 혹은 오프라인보다 더 중요하다. 실제 제품을 만지거나 볼 수 없는 상황에서 브랜드는 경험을 대신하는 존재가 된다. 이는 해당 브랜드가 사람들의 온라인 구매에 강력한 영향을 끼친다는 것을 의미한다.
- 브랜드가 이미 마음속에 자리 잡았을 경우 상실의 두려움과 관련된 메시지가 더 설득적일 수 있다.
- 브랜드가 새로운 것이라면 재미있고 행복한 메시지가 더욱 설득적일 것이다.

09장

사람은
실수한다

실수하는 것은 인간이요, 용서하는 것은 신이니라.
— 알렉산더 포프(Alexander Pope)

사람들은 실수를 한다. 인간의 오류에 영향을 받지 않는 시스템을 구축하기란 불가능하다. 이 장에서는 사람들이 저지르는 오류를 다룬다.

85 / 사람들은 항상 실수를 한다
절대 안전한 제품이란 없다

필자는 컴퓨터의 오류 메시지를 수집한다. 이건 개인적인 취미다. 이들 중 일부는 아주 예전의 문자 기반 컴퓨터 화면에 나온 것도 있다. 대부분의 오류 메시지는 웃기려고 만든 것이 아니다. 오류 메시지는 어떤 오류가 발생했는지 설명해주려는 컴퓨터 프로그래머들이 작성한 것이다. 그러나 오류 메시지 가운데 많은 내용은 꽤나 웃기며, 일부는 일부러 그렇게 만든 것도 있다. 내가 가장 좋아하는 문구는 텍사스의 한 회사에서 만든 것이다. 치명적인 오류가 발생했을 때, 즉 시스템이 충돌하려고 할 때 다음과 같은 문구가 등장한다. '헨리 어서 꺼버려, 컴퓨터가 진흙을 토하고 있어!'

무언가가 잘못될 거라고 가정하자

현실에선 언제나 뭔가가 잘못된다. 사용자가 컴퓨터 작업을 하다가 실수를 한다든가, 회사에서 너무 오류가 많은 소프트웨어를 출시한다든가, 사용자가 하고 싶어 하는 일을 이해하지 못한 디자이너가 사용할 수 없는 것을 만들어내기도 한다. 모든 사람이 실수를 한다.

모든 오류에서 자유로운 시스템을 만들기란 매우 어려운 일이고, 그러려면 사람들이 실수하지 않는다는 것을 보장할 수 있어야 한다. 사실 이것은 불가능하다. 오류가 치명적일수록 오류를 예방해야 할 필요성이 커진다. 오류를 피해야 할 필요성이 높아질수록 시스템을 디자인하는 데 더 많은 비용이 들어간다. 사람들이 실수하지 않게 만드는 것이 중요하다면(이를테면, 원자력 발전소나 석유 굴착 장치, 의료 기기 등을 디자인하는 경우) 미리 대비해야 한다. 평소보다 두세 번 더 테스트해야 하고 두세 배는 더 훈련을 쌓아야 한다. 실패에 안전한 시스템을 디자인하는 데는 비용이 많이 든다. 그리고 절대로 완벽하게 성공할 수 없다.

최고의 오류 메시지는 아무런 오류 메시지가 없는 것이다

아마도 오류 메시지는 기기나 소프트웨어에서 최소한의 시간과 에너지가 투입되는 부분일 것이다. 그리고 이렇게 하는 것이 적절할 수도 있다. 결국 최고의 오류 메시지는 아예 오류 메시지가 없는 것이다(이는 시스템이 아무런 오류가 일어나지 않도록 설계됐다는 의미다). 하지만 뭔가가 잘못됐을 때는 사용자에게 여기에 대처할 수 있는 방안을 알려주는 것이 중요하다.

오류 메시지를 작성하는 법

서비스에서 오류가 발생해 디자인한 내용을 이용해 사용자에게 오류 정보를 알려줘야 하는 상황이 발생했다면 오류 메시지에 다음과 같은 내용이 포함돼 있는지 확인한다.

- 사용자의 작업 내용
- 문제 설명
- 문제 해결 방법
- 구어체의 수동형이 아닌 능동형의 쉬운 언어로 작성
- 사례 제시(필요한 경우)

다음은 형편없는 오류 메시지의 예다.

#402: 청구 금액을 지불하려면 청구 금액 지불 일자가 청구 금액이 생성된 날보다 늦어야만 합니다.

대신 이런 형태가 나을 것이다.

"입력한 청구서 결제 일자가 청구서 작성일보다 이릅니다. 청구서 결제 일자가 청구서 발행 시점 이후가 되도록 일자를 다시 확인한 후 입력해 주십시오."

시사점

- 어떤 실수가 생길지 미리 생각해 보자. 우리가 디자인한 서비스를 사용하면서 사람들이 어떤 종류의 실수를 저지를지 가능한 한 많이 생각해보자. 그리고 서비스나 제품이 출시되기 전에 오류가 생길 수 있는 내용을 수정해 실수가 발생하지 않게 만들자.

- 디자인의 프로토타입을 제작하고 사람들이 사용해 보게 해서 어떤 오류 상황이 일어나는지 확인해보자. 그리고 이를 진행할 때 프로토타입을 사용하는 사람들이 실제로 서비스를 사용할 사람들과 같아야 한다는 점을 명심하자. 예를 들어, 병원에서 근무하는 간호사가 사용할 목적으로 만들어진 제품이라면 디자이너들이 오류 상황을 시험하게 만들지 말자. 반드시 간호사가 오류를 시험하게 하자.

- 오류 메시지는 쉬운 언어로 작성하고 사용자의 작업 내용과 오류 발생 이유, 문제 해결 방법을 말해줘야 한다. 그리고 필요하다면 예를 들어 보여준다.

사람들은
스트레스를 받을 때 오류를 범한다

얼마 전 여행에서 필자는 아파서 신음하는 19살 된 딸과 함께 시카고 근교의 호텔방에 있었다. 딸 아이는 일주일째 앓고 있었는데 매일 새로운 증상으로 고생했고 그날 아침에는 증세가 악화됐다(고막이 터져나갈 것 같다고 했다). 고객과의 약속을 취소하고 딸을 응급실로 데려가야 했을까? 여행 중이라서 보험이 적용되는 범위 밖에 있었고, 그래서 가장 먼저 보험사에 전화를 걸어 보험 처리가 되는 의사를 소개해달라고 요청해야 했다. 고객 서비스 센터에서는 내게 특정 웹사이트에 접속해 이 사이트를 통해 선택한 의사에게 진찰을 받으면 보험 처리가 될 거라고 알려줬다.

스트레스를 받는 상태에서 웹사이트 사용하기

딸 아이가 뒤에서 계속 신음하고 있는 상황에서 나는 전화로 알아낸 URL로 들어갔다. 그때 웹 페이지 나타난 첫 필드는 나를 당황스럽게 만들었다. 예전에 가입한 보험 상품에 관해 묻는 서식이 등장한 것이다. 확신 없이 그 필드를 기본값인 'Primary' 그대로 뒀다. 그것이 무슨 뜻인지 몰랐지만, 다음 칸으로 넘어갔다. 딸은 이제 더 큰 신음을 내고 있었다.

나는 양식에 있는 칸을 몇 개 더 채우고 나서 검색 버튼을 클릭했다. 그러자 화면에 내가 뭔가를 잘못했다는 메시지가 나타났다. 다시 칸을 채운 후 검색 버튼을 다시 눌렀지만, 또다시 에러가 있다는 메시지가 나타났다.

똑같은 과정을 여러 번 반복하고 있는데, 회의에 가야 할 시간이 됐다. 어떻게 해야 할까? 스트레스가 심해질수록 양식을 채우면서 범하는 실수는 늘어갔다. 나는 포기하고 딸에게 진통제와 귀에 올려놓을 따뜻한 수건을 건넸다. 그러고 나서 텔레비전을 켜고 딸에게 리모컨을 건넨 후 고객과의 미팅 장소로 나갔다. 딸은 그날 늦게서야 정신을 차렸고, 나는 딸을 병원으로 데리고 갔다.

며칠 후 나는 내 컴퓨터에서 그 웹사이트에 다시 들어가봤다. 며칠 후에 서식을 보니 몇 가지 디자인과 사용성 문제가 있긴 하지만 그렇게까지 혼잡하지 않다는 점을 발견했다. 하지만 스트레스를 엄청나게 받는 상태에서 웹사이트는 위압적이었고, 사용하기 불가능했으며, 전혀 직관적이지 못했다.

여크-도슨의 법칙

스트레스에 관한 연구에서는 작은 스트레스(심리학에서는 각성이라고 한다)는 의식을 고양시키기 때문에 과업을 수행하는 데 도움을 준다고 한다. 그러나 너무 많은 스트레스는 성과를 저해한다. 심리학자인 로버트 여크와 존 도슨은 각성과 성과의 관계를 규정했고(Robert Yerkes and John Dodson, 1908), 이에 따라 여크-도슨의 법칙(Yerkes-Dodson law)이 100여 년간 전해져 오고 있다(그림 86.1).

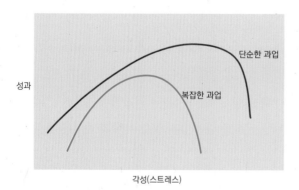

그림 86.1 여크-도슨의 법칙

어느 순간까지는 각성이 도움이 된다

여크-도슨의 법칙은 심리학적이나 정신적 각성과 함께 성과가 증가하지만 일정 지점까지만 그렇다는 것을 보여준다. 각성의 정도가 너무 높아지면 성과가 감소하기 시작한다. 연구에 따르면 스트레스나 각성의 최적의 양은 과업의 난이도에 달렸다. 난이도가 높은 과업은 최적의 성과를 위해 적은 각성을 필요로 하며, 각성 수준이 너무 높아지면 붕괴되기 시작한다. 비교적 단순한 과업은 상대적으로 많은 각성이 필요하고, 빠르게 감소하지 않는다.

터널 행동이 시작되다

각성이 시작되는 것은 활기를 띠게 하는 효과가 있으며, 이는 사람에게 주의를 집중하게 만든다. 그러나 스트레스가 증가함에 따라 부정적인 효과가 발생한다. 주의는 흐려지고, 기억력에 문제가 생기며, 문제 해결 능력이 줄어들고 터널 행동이 시작된다. 내가 보험 웹사이트에서 했던 것처럼 터널 행동은 어떤 과업이 효과가 없음에도 같은 과업을 무수하게 반복하게 되는 것이다.

여크-도슨 법칙의 물리적 증거

소니아 루피엔과 그녀의 팀은 글루코코티코이드(glucocorticoids, 스트레스와 관련 있는 호르몬)와 기억 성과에 대한 관계를 조사했다(Sonia Lupien, 2007). 연구자들은 혈액 내에서 글루코코티코이드의 양에 따라 여크-도슨의 법칙에서 보이는 U자형 곡선과 같은 형태의 변화를 발견했다.

과업은 사람이 생각하는 것보다 더 많은 스트레스를 유발한다

우리가 만드는 제품을 사람들이 스트레스가 없는 환경에서 사용하리라 가정해서는 안 된다. 제품을 만든 기획자나 디자이너로서는 그다지 스트레스 받는 일이 아니더라도 현실 세계에서 제품을 사용하는 사용자에게는 매우 심각한 스트레스를 유발할 수도 있다. 아이의 생일파티 전날 밤 자정에 장난감을 조립하는 일은 스트레스 받는 일이다. 고객과 통화 중 혹은 대면한 상태에서 화면에 가득한 양식을 채워나가는 것도 스트레스 받는 일이다. 대부분의 의료 행위가 일어나야 하는 상황은 스트레스를 받는 상황이다. 저자의 의뢰인 중 하나는 사람들에게 의료 진료가 보험이 적용되는지 여부를 승인하는 양식을 작성하게 했다. 의뢰인은 "에이, 그냥 양식일 뿐인데요"라며 가소롭게 여겼다. 하지만 실제로 우리가 해당 화면을 사용하는 사람들을 인터뷰해 보니 그들은 이 서류 양식에서 오류를 기입할 수도 있는 것에 대해 심각하게 걱정하고 있었다. "만약 내가 실수를 하고, 결과적으로 누군가가 진료에 대한 보험 혜택을 받지 못하면 어쩌죠?"라는 내용도 인터뷰에 포함돼 있었다. 그들은 큰 책임감을 느끼고 있었으며, 이는 스트레스가 가득한 상황이었다.

스트레스에 대해 남자와 여자는 다르게 반응할 수 있다

린제이 클레어와 그녀의 팀은 남자가 스트레스가 많은 과업을 수행하면서 카페인이 들어 있는 커피를 마시는 경우 본래의 능력에 미치지 못하는 결과를 낸다는 사실을 발견했다(Lindsay St. Claire, 2010). 반면, 여성의 경우 카페인이 함유된 커피를 마시는 경우에 같은 과업을 더 빨리 완료했다.

달콤한 음식과 섹스는 스트레스를 감소시킨다

이반 울리히-라이와 그녀의 팀은 쥐에게 당분이 가득한 음료를 마시게 하고 스트레스에 대한 쥐의 생리학적, 생태학적인 반응을 측정했다(Yvonne Ulrich-Lai, 2010). 당이 많이 포함된 음료는 편도체를 진정시키고 스트레스에 대한 호르몬과 심혈관에 미치는 영향을 감소시킨다. 성적인 활동 역시 마찬가지다.

보상이 커지는 경우 오류가 증가할 수 있다

뉴욕 양키즈의 알렉스 로드리게스(Alex Rodriguez)는 2010년 여름 그의 통산 600번째 홈런을 달성했다. 그의 599번째 홈런은 7월 22일에 있었는데, 그는 다음 홈런으로 600번째를 달성하기까지 거의 2주에 걸친 시간을 보냈다. 그리고 그가 원하는 기록을 얻기까지 오랜 시간이 걸린 적은 그 전에도 있었다. 2007년에 그는 499번째 홈런에서 500번째 홈런을 얻는 과정에서 같은 문제를 겪었다.

이는 보상이 커지는 경우 오류가 발생하는 사례인데, 잘 습득된 기술과 행동을 다루면서 흔히 발생하는 문제다. 어떤 기술을 많이 연습하고 숙련돼 있다면 주로 무의식적인 방법으로 이를 수행하게 된다. 하지만 보상이 증가하면 사람은 이를 과의식하게 된다. 과의식은 초보자에겐 긍정적으로 작용하지만 숙련자에게는 오류를 유발한다.

시사점

- 사람이 지루한 과업을 수행하고 있다면 디자이너는 소리, 색상, 움직임 등으로 각성의 수준을 높여줄 필요가 있다.

- 사람이 어려운 과업을 하고 있다면 소리, 색상, 움직임 등 과업과 직접적으로 관계가 없는 모든 산만한 요소를 줄여 각성의 정도를 낮춰야 한다.

- 스트레스를 받고 있는 사람들은 화면의 물체를 보지 않으며 효과가 없더라도 같은 행위를 반복해서 시행하는 경향이 있다.

- 어떤 상황이 스트레스를 유발하는지 조사하자. 사이트를 방문하고 제품과 서비스를 사용하는 사람들을 관찰하고 인터뷰해 스트레스를 측정하고 스트레스가 있다면 디자인을 다시 해본다.

- 특정 과업에 익숙한 전문가라도 성과에 대한 스트레스를 받는 상황에서는 오류를 만들어낼 수 있다.

87 / 모든 실수가
해로운 것은 아니다

디미트리 린든과 그의 팀은 사람들이 컴퓨터와 전자기기를 사용하는 방법을 배울 때 어떤 탐사 전략을 사용하는지 파악하는 연구에 착수했다(Dimitri van der Linden, 2001). 린든의 생각은 오류가 어떤 결과를 가져오더라도 일반적인 믿음과는 반대로 모든 오류의 결과가 부정적이지는 않다라는 것이었다. 오류를 만드는 것은 부정적인 결과를 가져올 수 있으며 실제로 그럴 수 있지만, 오류는 긍정적이거나 중립적인 결과를 가져오기도 한다.

긍정적인 결과를 가져오는 오류는 원하는 결과를 주지는 않지만 행위 당사자에게 전반적인 목표를 성취하는 데 도움이 되는 정보를 제공하는 행동이다.

부정적인 결과를 가져오는 오류는 막힌 길에서 끝나거나, 긍정적인 결과를 무효로 만들고, 행위 당사자를 출발점으로 되돌려 보내는 것과 같이 되돌릴 수 없는 결과를 가져오는 행동이다.

중립적인 결과를 가져오는 오류는 과업을 완료하는 데 아무런 영향도 주지 않는 오류다.

예를 들어, 새 태블릿을 디자인했다고 해보자. 사람들에게 초기 프로토타입을 제공하고 이 기기가 얼마나 유용한지 확인하고자 한다. 사람들은 볼륨 조절 키라고 생각되는 슬라이더 바를 움직여 보지만 화면이 밝아지는 결과를 얻는다. 사람들은 볼륨 조절 키를 원했지만 화면 밝기를 조절하는 키를 선택하고 말았다. 이것은 실수지만 이제 화면 밝기를 조절하는 방법을 알게 된 것이다. 이 기능이 사람들이 동영상을 보는 과업에서 배우고자 했던 것이라면(그리고 마침내 볼륨 조절 키까지 찾았다고 가정하면) 이 오류가 긍정적인 결과를 가져왔다고 할 수 있다.

이번에는 사람들이 어떤 파일을 한 폴더에서 다른 폴더로 옮기려고 한다고 해보자. 하지만 버튼 선택이 의미하는 바를 잘못 이해해서 파일을 지워버리고 말았다. 이는 부정적인 결과를 가져오는 오류다.

마지막으로 사람들이 사용이 불가능한 메뉴를 선택하려 한다고 해보자. 이는 오류를 일으킨 것이지만 결과는 부정적이지도 긍정적이지도 않다. 이것은 중립적인 것이다.

시사점

- 소비자가 제품을 사용하면서 많은 오류를 일으키지 않길 바라더라도 오류 상황은 언제나 발생한다.
- 오류는 언제나 있을 것이므로 사용자 테스트 기간에 이를 늘 살피고 문서를 제공하자. 각 오류의 결과가 긍정적인지, 부정적인지, 아니면 중립적인지 알아두자.
- 사용자 테스트 이후(혹은 이전에라도) 가장 먼저 부정적인 결과를 가져오는 오류를 피하거나 최소화할 수 있는 방안으로 제품을 다시 디자인하는 데 집중하자.

88 / 사람은 예측 가능한 종류의 오류를
만들어낸다

앞에서 설명한 린든의 연구처럼 오류의 결과에 대해 고민하는 것과 더불어 다음과 같은 유용한 오류 분류법도 있다. 모렐 분류법에서는 오류를 수행 오류(performance error)와 운동 제어 오류(motor-control error)라는 두 가지로 구분한다(Morrell, 2000).

수행 오류

수행 오류는 한 절차를 완료하기 위해 단계를 밟아가는 과정에서 만들어내는 오류다. 모렐은 이후 수행 오류를 저지름 오류(commission errors)와 생략 오류(omission errors), 잘못된 행위 오류(wrong-action errors)라는 세 가지로 분류했다.

저지름 오류

태블릿에서 와이파이를 켜는 것과 같은 어떤 과업을 수행한다고 해보자. 이때 화면상의 켜기/끔 버튼을 누르기만 하면 되지만 드롭다운 메뉴를 터치하고 네트워크를 선택해야 한다고 생각한다. 이것이 저지름 오류의 예인데, 어떤 과업을 수행할 때 불필요한 과정을 추가적으로 밟는 오류를 의미한다.

생략 오류

이제 태블릿에서 이메일을 설정하고 있다고 해보자. 먼저 자신의 이메일 주소와 비밀번호를 입력한다. 그런데 보내는 메일과 받는 메일에 대한 설정이 필요하다는 사실을 인지하지 못하고, 보내는 메일만 설정했다. 이런 경우 과정을 누락한 것이며, 이를 생략 오류라고 한다.

잘못된 행위 오류

이메일 설정을 다시 생각해보자. 이메일과 주소를 입력했지만 보내는 메일 서버에 잘못된 서버 이름을 설정했다. 이것이 잘못된 행위 오류다. 전체 과정에서 적절한 시점에 행위를 취했지만 잘못된 행동을 취한 것이다.

운동 제어 오류

운동 제어 오류는 어떤 기기의 제어 장치를 사용하면서 사용자가 저지르게 되는 오류다. 태블릿에서 어떤 사람이 손가락으로 사진을 회전하려고 한다. 하지만 사진이 돌아가는 대신 다음 사진으로 이동하고 말았다. 이런 경우 운동 제어 오류가 발생했다고 한다.

사용자 테스트를 디자인하고 실행하는 동안에는 여러 가지 오류를 추적해야 한다. 사용자가 만들어낼 오류의 종류와 어떤 오류를 발견하고 수정하는 것이 중요한지 미리 결정하는 것이 중요하다.

인간의 오류들에 대한 스위스 치즈 모델

제임스 리즌(James Reason)은 『휴먼 에러』(영 2016)에서 오류는 누적 효과가 있다고 썼다. 그림 88.1은 한 조직에서 오류가 발생하는 것으로 시작하는데, 이는 관리상의 추가적인 오류로 이어지고, 이것은 더욱 많은 오류로 연결된다. 각 오류는 마침내 스위스 치즈처럼(구멍이 많은) 시스템에 취약점을 만들고, 결국 사고로 이어진다. 리즌은 핵발전소의 재앙을 사례로 들었다.

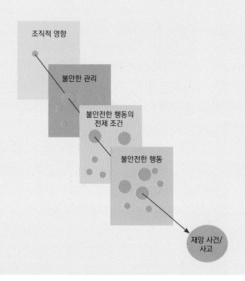

그림 88.1 제임스 리즌의 인간 오류에 대한 스위스 치즈 모델

인간 요소 분석과 분류 체계(HFACS, Human Factors Analysis and Classification System)

스콧 셰플과 더글라스 위그만은 2000년에 항공의학 사무국에서 주관하는 HFACS에 논문을 제출했다(Scott Shappell and Douglas Wiegmann, 2000). 이들은 제임스 리즌의 스위스 치즈 모델에서 시작해 그것을 인간의 오류를 정의하고 분석하는 시스템을 제안하는 데까지 확장했다. 그들은 비행사의 오류나 관제탑의 실수 등 항공 산업에서 일어나는 오류를 방지하는 데 주목했다. 그림 88.2는 HFACS가 분류하고 분석할 수 있는 오류 유형의 예다.

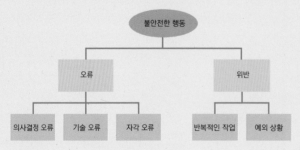

그림 88.2 HFACS 분류에 따른 오류의 유형

시사점

■ 사람들은 우리의 제품을 사용하고 배워가면서 다양한 종류의 오류를 만들어낸다. 사용자 테스트나 사용자 관찰을 하기에 앞서 가장 신경 써야 하는 발생 가능한 오류를 파악해 둔다.

■ 사용자 테스트, 관찰 중에 사람들이 저지르는 오류가 어떤 분류의 오류인지 데이터를 수집한다. 그러고 나면 다음에 제품을 다시 디자인할 때 어떤 부분에 집중해야 하는지 도움될 것이다.

■ 오류가 짜증나고 비효율적일 뿐 아니라 결과적으로 인명 피해를 일으키거나 사고를 내는 분야에 있다면 HFACS 같은 시스템을 이용해 오류를 분석하고 예방해야 한다.

89 / 사람은 각기 오류에 대해 다른 전략을 사용한다

사람들이 저지르는 오류 유형을 분류한 것과 더불어 우리는 사람들이 오류를 수정할 때 활용하는 전략에 대해서도 생각해 볼 수 있다. 강능은과 윤완철은 새로운 기술을 사용하는 방법을 배울 때 젊은 사람들과 나이든 사람들이 저지르는 오류의 유형을 조사했다 (Neung Eun Kang and Wan Chul Yoon, 2008). 그들은 연구에서는 다양한 오류 전략을 파악하고 추적했다.

체계적 탐사

체계적 탐사(systematic exploration)를 이용할 때 사람들은 에러를 바로잡기 위해 어떤 절차를 따를지 계획한다. 예를 들어 어떤 곡을 반복 재생하는 방법을 알아내려고 한다고 하자. 먼저 메뉴의 어떤 항목을 시도해 보고 그것이 효과가 없으면, 메뉴에 있는 각 항목이 어떤 기능을 하는지 모두 시험해 본다. 처음에는 첫 번째 메뉴의 첫 번째 항목으로 시작했다가 결국 다른 모든 선택사항을 시험해 보는 것이다. 사람들은 체계적으로 탐험한다.

시행착오 탐사

체계적인 탐사와는 반대로 시행착오 탐사(trial and error exploration)는 사용자가 불규칙적으로 다른 행동이나 메뉴, 아이콘, 컨트롤을 시도해보는 것이다.

융통성 없는 탐사

오류를 해결하지도 않으면서 같은 행위를 반복적으로 시행하는 것을 융통성 없는 탐사(rigid exploration)라고 한다. 위의 사례와 같이 한 사람이 음악을 반복 재생하기 위해 반복 재생이라고 생각한 아이콘을 화면에서 터치했다. 하지만 효과가 없었다. 이 상황에서 사용자는 그 노래를 다시 선택하고 같은 아이콘을 다시 눌러본다. 그리고 선택한 아이콘이 동작하지 않더라도 이 행동의 조합을 반복적으로 시도한다.

나이든 어른일수록 나이가 적은 어른보다 과업을 다른 방식으로 완료하는 경향이 있다

강능은과 윤완철은 나이에 따라 과업을 완성하는 비율에 차이가 없음을 발견했다(Neung Eun Kang and Wan Chul Yoon, 2008). 하지만 나이가 많은 어른들(40~50대)은 20대 젊은이와는 다른 전략을 사용했다.

- 나이든 사람들은 과업을 완료하는 데 더 많은 단계를 거쳤다. 이는 대부분 그들이 수행한 행동의 오류에 기인했는데, 그들은 젊은 어른에 비해 융통성 없는 탐사를 더 수행했다.

- 나이든 사람들은 종종 의미 있는 힌트를 받는 데 실패하고, 따라서 과업의 목표에 덜 근접하는 경향이 있었다.

- 나이든 사람들은 운동 제어 오류를 더 많이 보였다.

- 나이든 사람들은 젊은 어른에 비해 과거의 지식을 활용하지 않았다.

- 나이든 사람들은 자신의 행동이 맞는지에 대해 확신하지 못하는 정도가 높았다. 그들은 시간에 대한 압박을 많이 느끼고, 만족도가 덜했다.

- 나이든 사람들은 젊은 사람들에 비해 더 많은 시행착오 전략을 활용했지만 데이터를 분석해 보면 이것은 나이에 기인한 것이 아니라 유사한 종류의 기기를 사용한 경험이 부족했기 때문이었다.

시사점

- 사람들은 오류를 수정하는 데 다양한 종류의 전략을 활용한다. 사용자 테스트나 관찰을 진행하면서 특정 사용자가 어떠한 전략을 사용하는지 데이터를 수집하자. 이 정보는 다음 디자인에서 미래에 발생할 이슈를 예측하는 데 도움이 된다.

- 나이든 사람들이 단지 나이가 많기 때문에 과업을 완료하는 것이 불가능할 것이라고 가정해서는 안 된다. 그들은 이를 다르게 시행하고 다양하게 시도할 뿐 젊은 사람들과 동등하게 과업을 수행할 수 있다.

- 젊은 사람들과 나이든 사람에 대해 생각해 보는 것과 더불어 초보자와 숙련자에 대해 생각해보자. 모든 나이든 사람들이 같지는 않다. 단순히 나이가 60살이라고 해서 컴퓨터 사용 경험이 부족하다는 의미는 아니다. 60세의 컴퓨터 광도 있을 수 있고, 이런 사람은 오랜 기간 컴퓨터를 사용했을 테고 지식의 양도 상당할 것이다. 20살인 사람이더라도 특정 제품, 기기, 소프트웨어에 대해서는 경험이 적을 수 있다.

10장

사람은
어떻게 결정하는가?

사람이 어떤 행동을 취하기 위해 결정을 내리는 방법은 생각보다 직관적이지 않다.

이 장에서는 사람들이 어떻게 결정을 내리는지에 대해 과학적으로 접근해보자.

90 / 사람은 대부분의 결정을 무의식적으로 내린다

당신은 TV를 구입하는 것을 고려 중이다. 어떤 TV를 살지 조금 조사해본 다음 인터넷에서 구입하려고 한다. 이러한 의사결정 과정에는 어떤 요소가 관련돼 있을까? 아마 당신이 생각하는 바로 그 프로세스는 아닐지도 모른다. 필자는 『심리를 꿰뚫는 UX 디자인』에서 사람들은 의사결정을 내리기 전에 자신이 신중하고 논리적으로 모든 관련 요소를 비중 있게 다뤘다고 생각하길 좋아한다고 썼다. TV의 경우 당신은 아마 방 공간에 최적의 크기인지, 신뢰할 만한 브랜드인지, 경쟁력 있는 가격인지, 구매하기에 적절한 시기인지 등 다른 점들도 고려했을 것이다. 당신은 모든 요소를 의식적으로 고려했겠지만 의사결정에 대한 연구에 따르면 우리의 실질적인 의사결정은 무의식적으로 내려진다고 한다.

무의식적인 의사결정에는 다음과 같은 요소가 포함돼 있다.

- 다른 사람들은 무엇을 사는가: "나는 특정 TV가 높은 평가와 리뷰 점수를 웹사이트에서 받은 것을 본 적이 있다."
- 자신의 이야기와 일관성 있는 것: "나는 늘 최신 기술의 최신 제품만 구입하는 그런 사람이지."
- 이 구매를 통해 어떤 의무나 사회적 빚을 청산할 수 있는지 여부(호혜): "내 남동생은 집에 일년 내내 스포츠 경기를 보라고 초대해왔지. 내 생각에 이번에는 우리 집에 초대할 차례니까 동생 것만큼 좋은 TV를 사야겠어."
- 손해에 대한 공포: "이 TV는 할인 중이니까 지금 사두지 않으면 가격이 올라가서 당분간 이 TV를 못 사게 될 거야."
- 특정 욕구, 동기, 공포

무의식이 비이성적이거나 나쁜 것을 의미하지는 않는다

우리의 인지 처리는 대부분 무의식에서 이뤄지고 대부분의 의사결정 역시 무의식적으로 일어나지만 이것이 흠이 있거나 비이성적이거나 나쁘다는 뜻은 아니다. 우리는 늘 압도적인 양의 정보를 마주하고 있으며(매 순간 뇌에는 수백만 개의 정보 조각이 들어온다) 우리의 의식은 이 모든 것을 처리할 수 없다. 무의식은 대부분의 데이터를 처리하고 대부분의 경우에 최선이라고 생각하는 법칙과 가이드라인에 따라 의사결정을 하도록 진화해 왔다. 이렇게 해서 '자신의 직관을 믿기' 시작했으며, 그것은 대부분 효과적이다.

시사점

- 사용자들이 특정 행동을 하도록 설득하는 웹사이트나 제품을 기획하려면 대상 고객이 무의식적으로 동기부여를 받는다는 사실을 알아야 한다.

- 사람들이 우리에게 특정 행동을 하도록 결심한 이유에 대해 이야기할 때 그들의 말을 회의적으로 받아들여야 한다. 의사결정은 무의식적으로 이뤄지기 때문에 그들은 아마도 자신이 결정을 내린 진짜 이유에 대해서는 의식했지 못했을 가능성이 있다.

- 사람들은 무의식적인 요소에 기인해 의사결정을 하지만 동시에 자신이 만들어낸 결정에 대한 이성적이고 논리적인 이유를 원한다. 그러므로 디자이너는 소비자에게 이성적이고 논리적인 이유를 제시해 줄 필요가 있다. 실제로는 이런 이유로 그들이 행동하지는 않더라도 말이다.

필자가 좋아하는 무의식적인 인지 처리에 관한 연구 중 하나는 앙투안 베차라와 그의 팀이 진행했던 실험이다(Antoine Bechara, 1997). 이 연구에서 실험 참가자들은 카드 게임을 한다. 각 참가자들은 게임 초반에 2000달러를 배정받았고, 게임이 끝날 때까지 '최대한 2000달러보다 적은 돈을 잃고 최대한 2000달러 이상을 따야 한다'라는 지령을 내렸다. 각 테이블에는 네 벌의 카드가 준비돼 있었다. 참가자들은 각기 네 벌의 카드 중 한 장을 아무거나 임의로 선택해 한 턴(turn)당 한 번씩 돌아가며 뒤집어야 했다. 여기서 주목해야 할 점은 실험 참가자들이 '언제 게임이 끝나는지' 전혀 모른다는 것이다. 그들은 어쩌다 실험 진행자가 '지금 당신은 돈을 땄다'라고 하거나 '지금 당신은 돈을 잃었다'라고만 통보받았다. 실험 참가자들은 이 카드 게임의 규칙에 대해 아는 바가 하나도 없는 셈이다. 실제 실험에서 사용한 카드 게임의 규칙은 아래와 같다.

- A벌과 B벌의 카드를 아무것이나 한 장 뒤집으면 100달러를 번다. C벌이나 D벌의 카드를 뒤집으면 50달러를 번다.
- A벌과 B벌 중의 특정 카드를 뒤집었을 때는 진행자에게 최대 1250달러를 지불해야 한다. C벌과 D벌에 속한 특정 카드를 뒤집을 경우 평균적으로 100달러를 진행자에게 지불해야 한다.
- 게임이 끝났을 때 A벌과 B벌의 카드가 남아있다면 그대로 참가자들의 순손실로 계산되고, C벌과 D벌의 카드가 남아있다면 참가자들의 순이익으로 계산된다.

게임의 규칙은 바뀐 적이 없다. 실험 참가자들이 상세한 규칙을 모르고 있었음에도 게임은 100장의 카드가 뒤집어진 후에 끝났다.

무의식은 위험 요소를 먼저 알아챈다

대부분의 실험 참가자는 네 벌의 카드를 다 쓰려고 노력했다. 처음에는 A와 B의 카드로 참가자들이 몰렸다. 초반에 한 턴당 100달러씩 벌었기 때문이다. 그러나 30턴 정도 지난 후, 대부분의 참가자들은 C와 D를 선호하기 시작했다. 그리고 게임이 끝나갈 때쯤에도 계속 C와 D의 카드를 뒤집었다. 실험 시간 동안 실험 진행자는 수차례에 걸쳐 게임을 중단하고 참가자에게 각 카드의 성격에 대해 물어봤다. 각 참가자들은 피부 전도 센서(SCR)를 부착하고 있어서 그들의 반응을 측정할 수 있었다. 참가자들의 피부 전도 반응은 의식적으로 A와 B가 위험하다는 것을 알아채기 훨씬 전부터 A와 B에(위험 군) 접근했을 때 상승했다. 피부 전도 반응 지수는 카드에 손을 대기도 전에(사용할 생각을 하는 순간에) 상승했다. 무의식은 A와 B가 위험하고 결과적으로 손해를 볼 것이라는 것을 알았다. 이런 현상의 증거가 바로 피부 전도 반응 지수로 나타난 것이다. 그러나 이 모든 것들은 무의식에서 일어난 일이다. 의식은 아직 뭐가 잘못돼 가고 있는지 모르고 있었다.

결국 참가자들은 C와 D 카드가 더 낫다는 것을 짐작했다고 말하지만 피부 전도 반응 지수는 그 사실을 새로운 뇌에서 인지하기 한참 전에 오래된 뇌에서 인지했음을 보여준다. 게임의 끝자락에서 대부분의 참가자들은 각 카드의 특성을 알아챘다. 그러나 30%의 참가자는 어떻게 C와 D의 카드를 선호하게 됐는지는 정확하게 설명하지 못했다. 그저 'C와 D가 더 좋았다'라고만 대답했다.

시사점

- 사람들은 무의식적으로 위험 신호를 감지하고 반응한다.

- 무의식은 의식보다 훨씬 빨리 활성화된다. 그래서 이따금씩 자신이 한 행동의 이유를 설명하지 못할 수도 있다.

92

사람들은 자신들이 처리할 수 있는 것보다
더 많은 선택의 여지와 정보를 원한다

미국의 어느 소매점 상가의 복도에 서 있다고 상상해보자. 그러면 엄청난 양의 선택사항에 노출될 것이다. 단순히 캔디, 시리얼, TV, 청바지 같은 생활 용품을 구입하려고 하더라도 셀 수도 없이 많은 동종 물품들이 진열된 풍경을 접할 것이다. 웹사이트에서도 마찬가지다. 사람들에게 몇 가지 대안과 많은 선택사항 가운데 어떤 것을 선호하느냐고 물으면 대부분은 많은 선택사항을 보고 싶어 할 것이다.

과하게 많은 선택사항은 사고 과정을 마비시킨다

쉬나 아이엔가(Sheena Iyengar)의 책 『쉬나의 선택실험실』(21세기북스 2010)에는 선택과 관련해 그녀를 비롯한 여러 학자들이 연구한 내용이 담겨 있다. 대학원생 시절, 아이엔가는 '잼 실험'이라고 알려진 실험을 실시했다. 아이엔가와 마크 레퍼는 '너무 많은 선택사항을 받으면 아무것도 선택하지 않게 된다'라는 가설을 검증하기 위한 실험을 설계하기로 했다(Mark Lepper, 2000). 그들은 번잡한 야채 가게 앞에 부스를 세우고 마치 가게 종업원인 것처럼 연기했다. 별도의 테이블을 설치하고 실험 시간의 절반 동안에는 6종의 잼을 진열하고, 나머지 시간에는 24종의 잼을 진열했다.

어떤 테이블에 더 많은 사람들이 모였을까?

24가지 잼이 진열된 테이블에는 전체 운집 인원의 60%가 들러서 맛을 보고 돌아갔다. 6가지 잼이 진열된 테이블은 전체 인원의 40%만이 들렀다. 그렇다면 선택사항이 많은 것이 더 좋은 것일까? 사실은 그렇지 않다!

어떤 테이블이 유효 맛보기 횟수가 더 높았을까?

아마 24가지 잼이 진열된 테이블이 더 높았을 거라고 생각할 수 있다. 하지만 실험 결과는 달랐다. 사람들은 선택 가능한 항목이 많은 테이블에서 멈춰 서기는 했으나 실제로 그들은 6개든 24개든 그중 몇 개만 맛을 봤을 뿐이다. 사람들은 한 번에 서너 가지만 기억할 수 있다('사람은 어떻게 기억하는가' 장을 참고). 이와 마찬가지로 사람들은 한 번에 서너 가지 중에서만 결정할 수 있다.

어떤 테이블의 매출이 더 높았을까?

아이엔가의 연구 중 가장 흥미로운 부분은 잼이 6개만 진열돼 있는 곳에 방문한 사람들의 31%가 실제로 잼을 구입했다는 것이다. 반대로 24개의 잼이 진열돼 있던 테이블에서는 방문 인원의 3%만이 실제로 잼을 구입했다. 즉, 더 많은 사람들이 멈춰서 맛을 봤어도 실제로 구입하는 인원은 더 적었다는 얘기다. 조금 더 쉽게 이해할 수 있게 숫자를 위의 사례에 대입해보자. 100명의 인원이 방문했고(실제 인원은 100명이 아니지만 이해를 돕고자 100이라는 숫자를 이용한다) 그중 60명이 24개짜리 테이블을 찾았으나 단 2명 만이 실제로 잼을 구입한 것이다. 40명이 잼 6개짜리 테이블을 방문했고, 그중 12명이 실제로 잼을 사갔다.

사람들이 멈출 수 없는 이유

모든 연구를 종합하면 '선택사항이 적을수록 좋다'라는 결론이 나온다. 하지만 왜 사람들은 항상 더 많은 선택사항을 원하는 걸까? 그 이유는 도파민 효과 때문이다. 사람들은 더 많은 정보를 원한다. 사람들이 자신들의 결정에 확신이 서는 순간은 더는 관련된 정보를 찾을 수 없을 때다.

시사점

- 고객에게 많은 수의 선택사항을 제공하려는 충동을 억누르자.

- 사람들에게 얼마나 많은 선택사항을 원하느냐고 물어보면 대부분의 사람들은 "많이" 혹은 "모든 옵션을 보여달라"고 할 것이다. 따라서 사람들이 준비된 것보다 더 많이 요구할 것이라고 마음을 단단히 먹고 물어봐야 한다.

- 가능하다면 선택사항을 서너 개로 제한하라. 더 많은 옵션을 제공해야 한다면 점진적으로 보여주는 방법을 취하자. 예를 들어, 처음 선택할 때 서너 가지를 선택할 수 있게 하고, 부차적인 선택사항으로 다른 선택사항을 제공하자.

93

『쉬나의 선택실험실』에서 쉬나 아이엔가는 쥐를 이용한 실험에 관해 설명한다. 쥐들은 먹이로 곧장 이어지는 길과 매번 선택이 필요한 갈림길 중 하나를 선택하는 상황에 노출됐다. 두 길은 똑같은 종류에, 같은 양의 먹이로 접근할 수 있게 돼 있었다. 쥐들이 원하는 것이 오로지 먹이라면 당연히 짧은 직선 거리의 길을 택해야 했을 것이다. 그러나 쥐들은 계속 선택의 여지가 있는 갈림길을 선택했다.

원숭이와 비둘기를 이용한 실험에서는 먹이를 얻기 위해 버튼을 누르는 것을 학습시켰다. 버튼 한 개와 여러 개의 버튼을 제공했을 때 원숭이들과 비둘기들은 모두 여러 개의 버튼이 있는 설정을 선호했다.

사람들을 대상으로 한 비슷한 종류의 연구에서는 카지노에서 사용할 수 있는 칩을 이용했다. 그리고 한 테이블에서는 하나의 룰렛을 제공하고, 또 다른 테이블에서는 두 가지 룰렛 중 하나를 선택해 사용할 수 있게 했다. 사람들은 두 테이블 중 두 개의 룰렛을 제공하는 테이블을 훨씬 더 많이 선호했다. 설치된 세 개의 룰렛은 똑같았는데도 말이다.

꼭 그렇지는 않은데도 사람들은 선택권을 가지는 것을 통제권을 가지고 있는 것과 같다고 착각한다. 사람들이 통제권을 가지고 있는 것처럼 느끼려면 그들의 행동이 강력하다고 느낄 필요가 있고 주체적으로 선택을 해야 하는 상황이라야 한다. 이따금 많은 선택사항 때문에 원하는 것을 얻기가 더 어려워질 때도 있지만 그런 상황에서도 사람들은 최종 결정을 내릴 수 있는 통제권이 있다고 느끼고 싶어한다.

우리에게는 환경을 통제하고 싶어하는 본능이 기본적으로 탑재돼 있다. 환경을 통제함으로써 인간의 생존 확률이 높아졌음을 감안할 때 충분히 말이 되는 이야기다.

어릴 때부터 통제하고 싶어하는 본능이 꿈틀댄다

아이엔가는 생후 4개월 된 신생아와 관련된 연구를 소개했다. 연구자들은 아기들의 손에 줄을 하나 쥐어줬다. 아기들이 줄을 잡아 당기면 음악이 나오게 하고, 다시 한 번 당기면 멈추게 돼 있었다. 한동안 이 장난감을 가지고 놀게 하다가 연구자들은 줄과 음악 센서의 연결을 제거했다. 음악은 같은 시간 간격에 걸쳐 연주됐지만 아기들은 음악이 연주되는 시점에 아무런 영향을 주지 못했다. 통제권을 잃은 아기들은 슬퍼하고 화내기 시작했다. 계속 같은 간격으로 음악이 흘러나오고 있음에도 자신들이 원하는 대로 음악을 조절하지 못해 계속 울어댔다.

시사점

- 사람들은 자신이 상황을 통제할 수 있고 선택권이 있다고 느끼고 싶어한다.

- 사람들이 어떤 과업을 수행하기 위해 늘 지름길을 택하는 것은 아니다. 웹사이트나 제품을 디자인할 때 사용자에게 과업을 수행하는 방법을 하나 이상 제공하는 편이 좋다. 효율성이 떨어지는 접근법이기는 하지만, 사용자들은 선택권을 가지고 싶어하기 때문이다.

- 한번 선택권을 사용자에게 주면 향후 버전을 업데이트할 때 그 선택권이 보장되지 않으면 사용자들은 매우 불만족할 것이다. 따라서 제품의 새 버전을 내놓거나, 프로그램을 업그레이드할 때는 이전 버전에서 제공했던 옵션을 몇 가지 남겨놓는 것이 좋다. 그래야 사용자들은 자신들의 선택권을 보장받았다고 생각할 것이다.

94

사람들은
돈보다 시간에 가치를 더 둔다

평소 일요일마다 자주 가는 길에서 자전거를 타고 있다고 해보자. 그러다 우연히 꼬마들이 레모네이드를 파는 모습을 봤다. 당신은 가던 길을 멈추고 레모네이드를 살 것인가? 레모네이드를 좋아하는가? 레모네이드를 사거나 레모네이드를 좋아하는 것이 레모네이드 가판대 옆에 있는 표지판의 글귀와 어떤 관련이 있는가? 확실히 그렇다.

캐시 모길너와 제니퍼 아커는 스탠퍼드 경영대학원에서 시간과 가격에 대한 일련의 실험을 진행했다(Cassie Mogilner and Jennifer Aaker, 2009). 시간과 돈 중 사람들의 발걸음을 붙잡아 서게 하고, 기꺼이 가격을 지불하게 하고, 만족시키는 것은 어떤 것일까? 그들은 총 다섯 종류의 실험을 실시했다.

시간 소비 vs. 돈 소비

첫 번째 실험은 앞에서 설명한 레모네이드 가판대의 상황이다. 어떤 때는 '잠시 시간을 내서 C와 D의 레모네이드를 즐기세요'라는 표지판이 가판대 옆에 배치됐다. 여기서 주목할 것은 '시간'이라는 조건이다. 또 다른 때에는 '약간의 금액으로 C와 D의 레모네이드를 즐기세요'라는 표지판을 세웠다(금전 조건). 그리고 끝으로 'C와 D의 레모네이드를 즐기세요.'(통제 조건)라는 표지판을 세웠다.

총 391명의 사람들이 실험 가판대를 걷거나 자전거를 타고 지나쳤다. 가던 길을 멈추고 레모네이드를 산 사람들의 나이대는 14세부터 50세까지였고, 남녀가 뒤섞여 있었으며 직업 또한 다양했다. 고객들은 레모네이드 한 잔에 1달러부터 3달러 사이의 금액을 지불할 수 있었고 가격 자체를 고객들이 정할 수 있게 규칙을 정했다. 저자들은 높은 금액을 지불한 사람들의 경우, 레모네이드를 담은 컵의 재질이 고품질이어서 컵을 소장하고 싶어서 높은 금액을 지불했다고 밝혔다. 고객들은 레모네이드를 마시고 난 후 설문 조사에 응했다.

14%의 사람들이 시간 조건이 붙은 가판대에서 음료를 구매했다. 이 숫자는 사실, 금전 조건의 가판대에 들른 사람들의 두 배에 달한다(7%). 덧붙여, 시간 조건 가판대의 고객들(평균 2.5달러)이 금전 조건이 붙은 가판대의 고객(평균 1.38달러)에 비해 더 높은 금액을 지불했다. 흥미롭게도 통제 조건 가판대에서는 앞서 언급한 두 가판대의 평균치에 해당하는 고객과 평균치의 금액, 평균치의 매출이 발생했다. 다시 말하면 시간을 언급할 때 더 많은 고객과 더 많은 돈을 유치할 수 있다. 그러나 돈을 언급할 경우 비교적 적은 숫자의 고객과 적은 액수의 매출을 올리는 결과를 낳는다. 이 결과는 고객 만족도 설문조사에서도 동일하게 나타났다.

연구자들은 어떤 메시지에 시간을 언급했을 때 돈을 언급할 때보다 훨씬 더 많은 개인적 유대감을 형성할 수 있다는 가설을 세웠다. 이를 검증하기 위해, 야외가 아닌 실험실에서 4가지 실험을 추가로 실시했다(위와 동일한 형식으로 레모네이드를 전자제품, 청바지, 자동차로 바꿔서 실시했다).

사람들은 유대감을 원한다

위의 모든 실험이 끝날 때쯤 연구자들은 사람들이 개인적인 유대감을 느낄 때 구매 욕구를 더 많이 느끼고 더 많은 돈을 지불하고 싶어한다는 결론에 도달했다. 대부분의 경우 개인적 유대감은 돈보다는 시간이 언급될 때 발생한다. 즉, 시간을 언급하면 제품의 경험을 더 돋보이게 하고, 경험에 관한 이 같은 생각은 개인적 유대감을 형성한다.

그렇지만 특정 제품(디자이너 청바지나 고급 자동차)이나 특정 성격의 고객(경험보다 소유에 더 많은 가치를 두는 경우)에게는 시간보다 돈을 강조하는 메시지가 더 잘 통했다. 아주 소수이지만 이런 사람들도 존재한다는 점을 알아두자.

시사점

- 물론 가장 좋은 것은 시장이나 고객에 대해 알아보는 것이다. 만약 그들이 프리미엄 이미지나 소유 가치에 영향을 받는다면 무조건 돈에 대해 언급하자.

- 대부분의 사람들에게 대부분의 상황에서 시간과 경험은 돈이나 소유보다 더 큰 개인적 유대감을 형성한다는 사실을 알아두자.

- 대상 고객에 대해 충분히 알아볼 수 있는 시간과 예산이 없고 판매하는 제품이나 서비스가 고급이 아니라면 시간과 경험에 대한 메시지를 던져라. 그리고 디자인하는 과업 흐름에서 최대한 돈에 대해 언급하는 시점을 늦춰라.

95 / 기분은 의사결정 프로세스에
영향을 미친다

여러분은 방금 새로운 일자리를 제안받았다. 일은 매우 흥미롭고 급여도 높다. 그러나 그에 따른 단점도 당연히 있다. 출장도 더 많이 다녀야 할 것이고, 야근도 잦을 것으로 보인다. 여러분은 새 일자리로 이직할 것인가? 아니면 현재의 직장에 계속 다닐 것인가? 여러분의 본능은 이직하라고 계속 부추기지만 가만히 앉아서 장단점을 적은 목록을 써내려가다 보면 단점이 장점보다 더 많다. 즉, 논리적 사고의 결과물은 현재가 더 좋다는 결론이 나온다. 당신은 본능을 따를 것인가, 논리적 사고의 결과물을 따를 것인가?

마리케 드브리스와 그녀의 팀은 위 질문의 답을 찾기 위한 연구를 실시했다(Marieke de Vries, 2008). 그들은 기분과 의사결정 전략 사이의 교차점에 관심을 가졌다.

이 연구에서는 실험 참가자에게 머펫(미국의 가족 코미디 애니메이션) 비디오의 재미있는 부분(행복한 분위기)이나 영화 쉰들러 리스트(슬픈 분위기)를 보여줬다. 영화를 다 본 뒤, 실험 참가자에게 '써모스'(주방 기기 브랜드) 브랜드의 제품 몇 가지를 보여줬다. 일부 참가자에게는 '첫 느낌에 복권 당첨이 될 것 같은' 제품을 고르라고 하고(직관 조건), 또 다른 참가자들에게는 각 제품의 기능과 제작 의도의 장단점을 분석해 제품을 선택하게 했다(심의 조건).

제품 선정을 마친 실험 참가자는 써모스 제품의 재정적 가치를 측정했다. 그다음으로 현재 참가자들의 감정 상태에 대한 설문지를 작성하게 하고, 자신들의 평소 의사결정 유형을 적게 했다(직관적인지, 혹은 심사숙고하는 편인지).

이 실험의 결과는 아래와 같다.

- 실험에 앞서 보여준 동영상은 사람들의 기분에 영향을 끼쳤다(행복하거나, 슬프거나).
- 평소 직관적인 의사결정을 내리는 실험 참가자의 경우, 직관적인 의사결정을 내리라는 과업을 받았을 때 써모스 제품의 가치를 더 높게 평가했다.
- 평소 심사숙고해서 의사결정을 내리는 편에 속하는 실험 참가자는 심의 조건인 경우에 제품의 가치를 더 높게 평가했다.
- 평소의 의사결정 유형과 상관없이 행복한 기분의 참가자가 직관적인 의사결정 과업에서 제품의 가치를 더 높게 평가했다.
- 평소의 의사결정 유형과 상관없이 슬픈 기분인 참가자가 심사숙고형의 의사결정 과업에서 제품의 가치를 더 높게 평가했다.
- 성별에 따른 차이점은 나타나지 않았다.

시사점

- 어떤 이들은 직관적으로 의사결정을 내리는 경향이 있고, 또 어떤 이들은 심사숙고하는 경향이 있다.
- 사람들은 어떤 제품의 가치를 평가할 때 자신들의 평소 스타일 대로 자연스러운 방법으로 평가할 때 더 높은 가치를 매길 것이다.
- 누군가의 의사결정 유형을 알아낼 수 있다면 제품의 가치 평가를 더 높게 만드는 방법을 찾을 수 있다.
- 사람들의 기분에 영향을 끼치는 방법은 아주 쉽다. 예를 들어, 짧은 동영상을 보여주기만 해도 된다.
- 좋은 기분인 사람들은 제품에 대해 평가할 때 첫 느낌을 기준으로 빠르게 답변해 달라고 요청받는다면 상대적으로 더 가치 있다고 평가할 것이다.
- 슬픔에 잠긴 사람들은 심사숙고해서 내려야 하는 결정 상황에서 제품 가치를 더 높게 평가하는 경향이 있다.
- 만약 사람들의 기분에 어떤 영향력을 행사했다면 그들에게 자신의 의사결정 과정에 대해 생각하게 만들어줄 수 있다. 이 행동 하나만으로 제품이나 서비스의 가치 평가 점수를 더 높게 만들 수 있다.

96 / 집단 의사결정을
더 잘 조율할 수 있다

세계 어느 사무실 건물이라도 회의실에 사람들이 가득 모여 의사결정을 내리는 모습을 쉽게 볼 수 있다. 매일 수천 가지의 업무 또는 조직의 의사결정이 크든 작든 단체 의사결정의 형태로 내려진다. 아쉽게도 연구 결과는 이런 단체 의사결정에 심각한 오류가 있다는 것을 보여준다. 하지만 집단 의사결정을 향상시키는 비교적 간단한 방법이 있다.

집단 사고의 위험성

안드레아 모치쉬와 슈테판 슐츠-하르트는 사람들에게 이상적인 충원 인력에 대한 정보를 보여줬다(Andreas Mojzisch and Stefan Schulz-Hardt, 2010). 모든 사람들은 회의에 앞서 개별적으로 정보를 제공받고 개인적으로 검토한 후, 그룹 회의에 참가했다. 한 무리의 참가자에게는 회의에 참가할 다른 사람들에 대한 선호도 정보를 이상적인 충원 인력 정보를 검토하기 전에 제공했다. 그리고 또 다른 무리의 참가자에게는 선호도에 대한 아무런 정보도 제공하지 않았다. 그리고 이 모든 사람들이 모인 후 충원 인력 지원자에 대한 정보를 공개했다. 최선의 선택을 하기 위해 참가자들은 자신이 가진 모든 정보를 검토해야만 했다.

연구자들은 선호도에 대한 정보를 제공받은 참가자들이 모든 지원자들의 정보를 꼼꼼히 검토하지 않는다는 사실을 발견했다. 따라서 그들은 최선의 의사결정을 할 수 없었다. 실제로 기억력 테스트에서도 그들은 가장 관련성 있는 정보를 기억해내지 못했다. 단체 선호도에 대한 정보를 받았던 참가자들은 단체의 선호도 범위 밖에 있는 정보에 별로 주의를 기울이지도, 제대로 시간을 할애하지도 않는다는 결론에 다다랐다. 결론적으로 그들은 최적의 의사결정을 비껴갔다.

모치쉬와 슐츠-하르트는 대면 그룹 회의에서 조건을 바꿔서 또 다른 실험을 실시했다. 이번에는 각 그룹의 구성원에게 충원 인력 지원자에 대한 각기 다른 정보를 제공했다. 모든 그룹이 자신들만이 가진 특징적인 정보를 완벽하게 공유했을 때만 최선의 의사결정을 내릴 수 있었다. 그러나 또 다시 어느 특정 그룹에서 선호도를 보이기 시작하면 회의 구성원들은 특정 정보 이외의 정보를 무시하는 결과를 낳았고, 결국 잘못된 의사결정을 내렸다.

90%의 단체 논의는 초반부터 잘못된 방향을 짚는다

90%의 단체 논의는 특정 구성원의 주된 영향력으로 시작된다. 연구 결과는 이것이 잘못된 의사결정의 원인임을 명확히 보여준다. 의제와 관련된 객관적인 정보로 회의를 시작할 경우 더 나은 의사결정에 다다를 확률이 더 높다.

그렇지만 한 명보다는 두 명이 더 낫다

와이드 리시버[1]가 엔드 존 구석에서 볼을 잡는다. 이것은 터치다운인가? 아닌가? 두 명의 심판이 각각 다른 각도에서 경기 장면을 보고 있다. 그 둘의 개인적 결론이 정확할까? 아니면 두 명의 논의를 거친 결론이 더 정확할까? 바하도르 바라미(Bahador Bahrami)는 '한 명의 두뇌보다 두 명의 두뇌가 더 낫다'라는 사실을 연구를 통해 증명했다. 두 명이 함께 논의하고 각자의 지식과 기술에 능숙할 때 두 명은 한 명보다 더 나은 의사결정을 내릴 수 있다.

---

1   (옮긴이) 미식 축구에서 쿼터 백이 던지는 패스를 전문적으로 받는 포지션. 또, 그 포지션을 지키는 선수

바라미와 그의 팀은 사람들이 본 것뿐만 아니라 그들이 본 것에 대해 얼마나 확신하는지에 대해서도 의견의 불일치를 자유롭게 토론하는 한 의사결정에서 짝을 이룬 사람들이 개인들보다 낫다는 사실을 발견했다(Bahrami, 2010). 단, 자유 토론 상황이 아니라 단순히 알고 있는 정보만 교류할 경우 개인의 의사결정만 못하다는 사실도 밝혀냈다.

시사점

- 다른 사람들이 어떤 생각을 하고 있는지 알게 되기 전에 스스로의 생각과 관련 정보를 숙고할 수단과 시간을 부여하라.

- 다른 사람들의 의사결정 내용을 공개하기 전에 자신들의 의사결정에 얼마나 확신이 있는지 반드시 평가해 달라고 요청한다.

- 의견 교환이 시작되면 참가자 모두가 의견 불일치 상황에 대해 충분히 논의할 수 있는 시간을 부여하라.

- 사람들이 현재 가지고 있는 정보를 공유하는 것은 매우 쉬워서 정보 자체는 광범위하게 퍼져나간다. 하지만 집단적 의사결정 상황에서 최적의 의사결정을 내리지 못하게 되는 경향이 있다. 의견을 나누기 전에 회의가 시작되기까지 기다리는 것이 좋다.

사람들은 습관 기반의 결정이나 가치 기반의 결정을 내리지만, 동시에 두 가지 방법으로 결정을 내리지는 않는다

켈리는 회사에서 IT 클라우드 서비스 선택 담당이다. 2년 전 그녀는 업무 차원에서 챗봇 서비스에 가입했다. 그 서비스는 3가지 등급으로 제공된다. 무료, 전문가용, 기업용이 그 것이다. 켈리는 지금까지 매년 전문가용 등급에 가입해왔다.

매년 있는 재가입 기간이 왔다. 멤버십을 갱신할까? 갱신은 하되 무료 서비스로 돌릴까? 아니면 기업용 등급으로 업그레이드할까? 그녀에게 멤버십 갱신을 권장하거나 하고 싶 지 않게 하는, 또는 어떤 등급의 멤버십을 고를지 결정하는 데 영향을 미치는 이메일 알 림이나 웹 페이지가 있는가?

습관 기반 결정 vs. 가치 기반 결정

사람들이 의사결정을 하는 데는 두 가지 유형이 있다. 습관 기반 결정과 가치 기반 결정 이 그것이다.

습관 기반 결정은 기저핵(뇌의 깊은 부분)에서 일어난다. 식료품점 진열대에서 항상 구 입하는 시리얼을 집어 들어 아무 생각 없이 쇼핑 카트에 담았다면 그것은 습관 기반 결정 을 한 것이다.

켈리가 서비스 등급을 바꿀 것인지에 대한 아무런 고민 없이 챗봇 소프트웨어의 갱신 버 튼을 눌렀다면 그녀는 습관 기반 결정을 내린 것이다.

가치 기반 결정은 뇌의 안와전두피질(OFC)에서 내린다. 이는 계획이나 비교와 관련 있는 논리적 사고와 지적 활동이 일어나는 영역이다. 어느 자동차 브랜드를 살 것인지, 또는 중고차가 아닌 새 차를 구매할 만한 돈이 있는지 아닌지를 비교할 때 가치 기반 결정을 하게 된다.

켈리가 챗봇 서비스의 여러 등급의 특성을 비교했다면 그녀는 가치 기반 결정을 내리게 될 것이다.

둘 중 한 가지 결정만 내릴 수 있다

안와전두피질이 활동하지 않으면 뇌의 습관 담당 영역이 활성화된다. 이 말은 곧 사람들이 가치 기반 결정을 내리거나 습관 기반 결정을 내릴 뿐, 두 유형의 결정을 동시에 내릴 수 없다는 말이다.

어떤 사람에게 많은 정보를 제공하면 습관 기반 결정에서 가치 기반 결정으로 메커니즘을 바꾼다. 사람들이 습관 기반 결정을 내리기를 원한다면 너무 많은 정보를 제공해 검토하게 하지 말아야 한다. 가치 기반 결정을 내리게 하고 싶다면 검토할 정보를 많이 제공하면 된다.

켈리가 전문가용 등급으로 다시 멤버십을 갱신하게 하고 싶다면 그녀에게 너무 많은 정보를 제공하지 않아야 한다. 그녀가 습관 기반 결정을 내려 멤버십을 갱신하게 내버려둔다.

그렇지만 그녀가 멤버십을 업그레이드(다운그레이드 말고)하기를 원한다면 그녀가 선택할 수 있는 옵션에 관한 정보를 제공하는 것이 좋다. 그러면 습관 기반 결정 메커니즘에서 가치 기반 결정 메커니즘으로 변경될 것이다.

시사점

- 습관 기반 및 가치 기반 결정은 뇌의 다른 영역에서 일어난다.

- 안와전두피질이 활동하지 않으면, 즉 가치 기반 결정을 내리지 않으면 뇌의 습관 담당 영역이 활성화된다.

- 어떤 사람이 습관 기반 결정을 하게 하고 싶다면 너무 많은 정보를 제공하지 않는다.

- 어떤 사람이 가치 기반 결정을 내리게 하고 싶다면 더 많은 정보를 제공한다.

98 / 사람들은 불확실한 상황에서 타인이
결정을 내리도록 유도한다

장화를 사기 위해 웹사이트를 찾아 다니는 경험을 떠올려보자. 마음에 딱 드는 물건을 찾았는데, 난생 처음 보는 브랜드의 제품이라고 가정해보자. 그 장화를 정말로 구매할 것인가? 확신이 들지 않는다면 분명 페이지를 좀 더 내려서 다른 사람들이 남긴 구매 후기와 평점을 찾아볼 것이다. 얼굴 한 번 보지 못한 사람들의 이야기임에도 최대한 많이 듣고, 많은 후기를 참고하게 되는 자신을 발견할 수 있을 것이다.

불확실성은 판단을 기울게 한다

필자는 『심리를 꿰뚫는 UX 디자인』에서 사람들은 타인이 어떤 의사결정을 내리는지를 알아보는 경향에 대해 이야기했다. 그것을 '사회적 검증'이라고 한다.

빕 라탄과 존 달리는 애매모호한 상황에서 의사결정을 내릴 때 타인의 행동에 어떤 영향을 받는지에 대한 실험을 실시했다(Bibb Latane and John Darley, 1970). 이 실험에서 참가자들은 미리 준비된 장소에서 창의력에 관련된 설문조사를 했다. 실험 장소에는 한 명 이상의 사람들이 마치 자신들도 실험 참가자인양 위장해 참가자 사이에 섞여 있었고, 진짜 참가자들은 이 사실을 전혀 모르고 있었다. 위장한 사람은 어떤 경우에는 한 명, 또 다른 경우에는 한 명 이상이 배치됐다. 사람들이 설문지를 작성하는 동안 환기구 쪽에서 연기가 흘러나오기 시작할 것이다. 실험 참가자는 그 방을 떠날 것인가? 누군가에게 연기에 대해 말하러 갈 것인가? 아니면 그냥 무시해버릴 것인가?

사람들은 대세에 따라 행동한다

어떤 행동이든, 어떤 상황에서든 실험 참가자의 행동은 같은 장소에 있었던 다른 사람들의 영향을 받으며, 얼마나 많은 사람들이 함께 하느냐에 따라 좌우됐다. 더 많은 사람들이 연기를 무시할수록 실험 참가자 역시 아무런 행동을 취하지 않았다. 만약 참가자 혼자그 방에 있었다면 분명 방에서 나와 누군가에게 연기가 나고 있다는 사실을 알렸을 것이다. 그러나 누군가와 함께 있을 때, 그리고 타인이 아무런 반응을 하지 않는 경우 참가자들 역시 아무런 행동을 취하지 않았다.

추천과 평점은 막강하다

온라인 세상에서 사회적 검증은 대부분 평점과 후기를 근거로 이뤄진다. 어떻게 해야 할지 혹은 뭘 구매해야 할지 확신이 서지 않을 때 사람들은 추천 평을 읽고, 평점을 따져보며, 후기를 읽으며 조언을 찾는다.

'나 같은 사람들'의 후기가 가장 영향력이 있다

이펀 첸은 인터넷 서점에서의 세 가지 종류의 평점과 구매 후기(주기적으로 방문하는 사람이 쓴 후기, 관련 분야의 전문가가 쓴 후기, 그리고 서점에서 자체적으로 작성한 추천평)에 대한 연구를 진행했다(Yi-Fen Chen, 2008). 세 종류의 후기는 모두 사용자 행동에 영향을 끼쳤고, 그 중 가장 영향력이 있던 것은 주기적으로 방문하는 사람이 쓴 후기였다.

시사점

- 사람들은 타인의 의견과 행동으로부터 지대한 영향을 받는다. 특히, 불확실한 상황에서는 더욱 그렇다.

- 사용자 행동을 변화시키고 싶다면 추천, 평점, 후기를 적절히 이용하라.

- 평점이나 후기를 쓴 작성자에 대한 정보를 더 많이 제공할수록 영향력이 훨씬 막강해진다. 특히, 그 내용을 읽은 사람이 글을 쓴 사람이 자기와 비슷하다고 느끼는 경우 더욱 그렇다.

99

사람들은 자신보다 타인들이 더 쉽게
영향력에 휩쓸릴 것이라고 생각한다

필자가 앞에서 다룬 평점이나 후기와 같은 사회적 검증에 관한 연구를 주제로 토론을 진행할 때였다. 토론에 참여한 모든 사람들은 타인들이 평점이나 후기에 크게 영향을 받는 것이 사실임은 인정했다. 그러나 대부분의 사람들은 '자신들은 그렇지 않다'라고 생각했다. 필자가 사람들은 사진과 그림, 단어 등에 자신도 모르는 사이에 영향을 받는다고 누누이 이야기해도 늘 돌아오는 반응은 한결같다.

"네, 다른 사람들이야 그렇지요. 하지만 전 그렇지 않아요."

제3자 효과

실제로 '다른 사람들은 몰라도 나는 안 그래!'라는 믿음은 매우 보편적이다. 그리고 이런 현상을 증명하는 연구도 있으며, 이를 일컫는 단어도 있다. 바로 '제3자 효과'다. 이 연구는 대부분 사람들이 타인은 설득력 있는 메시지로부터 영향력을 받는다고 생각하나 자신들은 예외라고 주장한다는 것을 보여준다. 그리고 이런 지각이 사실이 아님을 보여준다. 제3자 효과는 본인이 흥미 없다고 생각하는 주제일 경우 특히 강하게 나타난다. 예를 들어, TV 구매 의사가 없을 때 사람들은 자신이 TV 광고에 별다른 영향을 받지 않는다고 믿는다. 하지만 실험 결과는 그들이 실제로는 영향을 받고 있음을 보여준다.

왜 사람들은 자신을 이런 식으로 속이는 걸까?

스스로 속이는 이유는 뭘까? 부분적으로 영향력이란 것이 무의식의 영역에서 발생하기 때문이다. 글자 그대로 사람들은 자신이 영향력 아래에 있는지 깨닫지 못한다. 또한 본능적으로 자신이 '쉽게 휘둘리지 않는 사람, 잘 속지 않는 사람'이라 생각하고 싶기 때문이기도 하다. 잘 속아 넘어가는 것은 통제할 수 없는 상황이지만 생존과 직결된 사항인 만큼 오래된 뇌는 항상 상황을 통제하고 싶어한다.

시사점

- 모든 사람들은 무의식적인 처리에 영향을 받는다.
- 사용자 조사를 실시할 때 '평점이나 후기 따위는 내 의사결정에 영향을 미치지 않아요'라는 말을 하는 사람이 있으면 믿지 마라. 무의식 중에 반드시 영향을 받고 있다. 다만 그 사람이 깨닫지 못하고 있을 뿐이다. 그들이 하고 있다고 말하는 것을 듣지 말고 직접 그들의 행동을 보라.

100 / 사람은 제품이 눈앞에 실재하는 경우
가치를 더욱 높게 평가한다

여러분은 인터넷에서 자신이 가장 좋아하는 펜을 한 상자 다시 주문하려고 한다. 이때 우리는 제품 소개 페이지에 펜 사진이 있는 것과 단순히 글로 쓴 설명만 있는 것 중 어떤 것을 더 가치 있게 평가할까? 사무용품 매장에서 눈 앞에 펜을 보고 있다면 그 펜이 더 가치 있다고 느끼게 될까? 펜뿐 아니라 음식이나 다른 제품을 산다면 어떨까? 제품을 구입하는 시점에서 품목이 진열된 형태는 더 많은 돈을 낼 가치를 느끼게 할까? 벤 부숑과 그의 팀은 이에 대한 실험을 진행했다(Ben Bushong, 2010).

첫 번째 실험에서 연구자들은 간식(감자 칩, 막대 사탕 등)을 이용했다. 실험 참여자들은 자신이 쓸 돈을 받았고 많은 선택권이 있는 환경에서 참여자들은 자신이 원하는 것을 골라 구매하게 되었다(실험에 앞서 연구자들은 다이어트 중이거나 특정 식품에 거부감이 있는 사람들은 실험에서 제외했다). 물품 구입은 참여자들이 해당 상품마다 가격을 입찰하는 방식으로 진행됐고, 연구자들은 참여자들이 각 제품에 대해 얼마나 지출하고 싶어하는지 확인했다.

어떤 참가자들에게는 물건의 간단한 이름과 설명만 보여줬는데, 예를 들면 "42그램짜리 레이스 감자칩" 같은 내용이었다. 또 다른 참가자들은 물건의 사진을 보기도 했고, 다른 참가자들은 실제 물건을 봤다. 그림 100.1은 실험의 결과다.

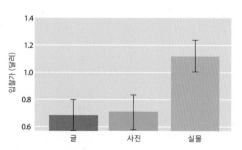

그림 100.1 사람들은 음식이 실제로 자신들 앞에 놓여 있을 때 가격을 높게 불렀다.

진짜 거래가 중요하다

사진을 보여주는 것만으로는 사람들이 물건을 위해 입찰하는 가격을 눈에 띄게 올리지 못했지만 실제 물건을 두고 거래하는 것은 60% 정도로 압도적으로 가격을 올렸다. 흥미롭게도 보여주는 형태는 사람들이 물품의 선호 정도에는 영향을 주지 않았지만 제시하고 싶어하는 가격에는 영향을 끼쳤다. 오히려 실험을 시작하기 전에 참가자들이 좋아하지 않는 물건으로 실험을 진행했을 때도 실제 물건이 있는 경우 가치를 더욱 높게 측정했다.

장난감, 장신구, 유리상자인 경우

음식에 대한 실험 이후 연구자들은 장난감과 자질구레한 장신구로 똑같은 실험을 진행했다. 그림 100.2는 장난감과 장신구를 대상으로 한 실험 결과다. 차트는 과자/음식으로 진행된 것과 결과가 같다.

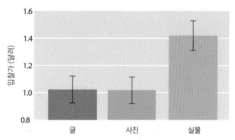

그림 100.2 사람들은 장난감이나 장신구가 물리적으로 존재할 때 더욱 가치를 높게 측정했다.

견본인 경우

다른 방향으로 시도해보기 위해 연구자들은 다시 음식으로 돌아가서 이번에는 견본을 보고, 먹어볼 수 있게 했다. 실제 물품은 존재하지 않고 견본만 제공됐다. 연구자들은 분명 견본이 실제 제품이 앞에 있는 것과 동일한 효과를 가져올 것으로 가정했다. 하지만 그렇지 않았다! 그림 100.3은 견본이 전체 제품이 존재하는 것보다 영향력이 있지 않다는 것을 보여준다.

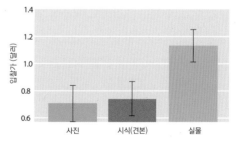

그림 100.3 먹는 견본의 경우 실제 물건보다 효과가 적었다.

연구자들은 이 시식 환경에 대해 참여자들은 포장 안에 견본과 동일한 음식이 들어 있다는 사실을 알고 있었기에 종이컵 안의 견본은 쳐다보지도 않았다고 기록했다.

후각의 문제일까?

연구자들은 음식이 무의식적인 후각 경로를 자극해 뇌에 영향을 준 것은 아닌지 확인하고자 다른 실험을 진행했다. 음식을 볼 수 있게 하고, 유리로 된 판 뒤에 배치했다. 음식이 시야에 들어오지만 유리판 뒤에 있다면 아주 작은 금전적 가치를 더하게 되겠지만 손에 닿는 만큼은 아닐 것이다. 연구자들은 후각 효과가 작용한 것

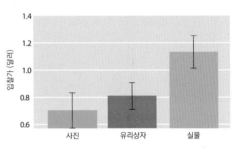

그림 100.4 유리상자는 가치를 높이기는 했지만 물리적으로 제품에 근접해 있는 것에는 미치지 못했다.

이라고 잠시 착각했지만 음식이 아닌 물건에서도 같은 결과가 나왔고 냄새가 계기가 된 것은 아니라는 점을 확인했다. 그림 100.4는 유리상자로 시도한 결과를 보여준다.

조건반사인가?

부숑과 그의 팀은 조건반사 작용이 있을 것이라고 가설을 세웠다. 즉, 실제로 제품이 근처에 있으면 이것이 조건 자극으로 작용해 반응을 이끌어낸다는 것이다. 그림과 텍스트의 경우에는 잠재적 조건자극이 될 수 있고 같은 반응을 이끌어낼 수도 있지만 실제 물품만큼 반응을 이끌어내지는 못한다.

시사점

- 재래식 상점은 제품을 계속 보유하는 한 특히 가격에 관해서는 우위를 유지할 수 있다.
- 유리 뒤에 제품을 진열하거나 다른 종류의 장벽을 이용하는 것은 소비자가 지불하고 싶어하는 가격을 낮추는 효과를 불러올 수 있다.